DIOS

Dios

Una historia de revelaciones

Deepak Chopra

Traducción de
Ariadna Molinari Tato

Grijalbo

Dios
Una historia de revelaciones

Título original: *God: A Story of Revelation*

Primera edición: enero, 2015
Primera reimpresión: mayo, 2015

D. R. © 2012, Deepak Chopra

Traducción de Ariadna Molinari Tato

D. R. © 2015, derechos de edición para América Latina
        y Estados Unidos en lengua castellana:
        Penguin Random House Grupo Editorial, S.A. de C.V.
        Blvd. Miguel de Cervantes Saavedra núm. 301, 1er piso,
        colonia Granada, delegación Miguel Hidalgo, C.P. 11520,
        México, D.F.

www.megustaleer.com.mx

Comentarios sobre la edición y el contenido de este libro a:
megustaleer@penguinrandomhouse.com

ISBN 978-607-312-763-9

Impreso en México/*Printed in Mexico*

ÍNDICE

PRÓLOGO

Como si fuera un auto con dos volantes, el mundo está guiado por dos fuerzas que luchan por tener el control: la espiritual y la secular. Hoy en día, la fuerza secular tiene la ventaja, pero durante muchos siglos el poder radicó en la espiritualidad. Los visionarios configuraban el futuro tanto como los reyes, e incluso más. El rey era ungido por Dios, pero los visionarios eran visitados por Dios mismo y escuchaban su mensaje personalmente antes de aparecer en público para anunciar lo que Dios quería que la gente hiciera.

Empecé a sentir fascinación por la desconcertante situación en la que se ven envueltos los visionarios. Muy pocos pidieron ese poder para afectar a otros. Dios los desvió de la comodidad cotidiana y guio sus pasos. La voz que oían en su cabeza no era suya, sino que era de inspiración divina. ¿Cómo fueron esas experiencias? Por un lado, deben haber sido aterradoras, pues en un mundo en el que alimentar leones con mártires, crucificar a los santos por considerarlos enemigos del Estado y resguardar con recelo las antiguas religiones es un espectáculo, la voz de Dios bien podría estar enunciando una sentencia de muerte. Por otro lado, experimentar lo divino debe haber sido extático, como lo experimentaron los poetas místicos de todas las culturas que tuvieron un romance con la divinidad. Esa combinación de arrebato y tormento se convirtió en la semilla de este libro.

"Dios" es un término vacío, excepto cuando se expresa a través de las revelaciones de los santos, profetas y místicos de la historia. Éstos existen para plantar las semillas de la espiritualidad como experiencia directa, más que como una cuestión de fe y esperanza. No obstante, nadie puede afirmar que Dios se ha revelado de forma única y estable, ni con un mensaje consistente, sino todo lo contrario. De algún modo, las revelaciones pueden ser divinas y contradictorias al mismo tiempo.

¿Por qué Dios no dice lo que tiene en mente y permite que el mensaje se extienda a todas las personas? La contradicción de los mensajes divinos surgió debido a nuestras propias limitaciones. Supongamos que Dios es infinito. Por desgracia, nuestras mentes no están equipadas para percibir el infinito, sino que sólo percibimos lo que estamos preparados para ver y conocer. La infinitud se revela a sí misma por pedazos hechos a la medida de cada sociedad, época y hábitos mentales. Etiquetamos como Dios los meros vistazos que percibimos de una realidad superior, como ver una figura en *La última cena* de Da Vinci. Este vistazo nos maravilla, pero la totalidad a la que pertenece escapa a nuestra percepción.

Teniendo eso en mente, he convertido esta novela en una meditación sobre Dios en nosotros mismos. Sólo la mitad es ficticia y está dedicada a diez visionarios que quedaron extasiados cuando Dios les habló. La otra mitad consiste en reflexiones sobre lo que Dios quiso decir al elegir a estos sabios, videntes, profetas y poetas. El mensaje no siempre fue el mismo, pues Job en el Antiguo Testamento escuchó algo distinto de lo que san Pablo que en el Nuevo Testamento, pero aun así es posible rastrear un patrón.

Dios evoluciona. Por eso es que sigue hablando y nunca se queda callado. El hecho fundamental de que Dios ha sido "Él", "ella", "ello" y ninguna de las anteriores demuestra lo cambiante que es la presencia divina. No obstante, afirmar que Dios evoluciona implica que comenzó en un estado de inmadurez y creció hasta convertirse en la totalidad, cuando toda fe sostiene que Dios es infinito desde el principio. Lo que en realidad ha evolucionado es la comprensión humana de su existencia. Durante milenios, quizá incluso desde la era de las cavernas, la mente humana ha tenido la capacidad de percibir una realidad superior. Las pinturas y las estatuas sagradas son tan antiguas como la civilización misma, preceden el lenguaje escrito y quizá incluso hasta la agricultura.

La cercanía con Dios es una constante, no sólo en la historia humana sino también en la naturaleza humana. Si estamos en contacto con nuestra alma, la conexión es permanente, aun si nuestra conciencia flaquea. Pensamos que Dios cambia, quizá porque nuestra propia percepción espiritual aumenta o disminuye. Mientras tanto, los mensajes siguen llegando y Dios sigue mostrándose con distintos rostros. A veces la noción de lo divino queda oculta cuando las fuerzas seculares toman la batuta e intentan dirigir la orquesta por sí solas. Sin embargo, la fuerza de la espiritualidad nunca se rinde por completo. Dios representa nuestra necesidad de conocernos a nosotros mismos, así que, a medida que la conciencia evoluciona, también evoluciona Dios. Es un viaje que no terminará jamás. En este momento, en algún lugar del mundo, alguien acaba de despertar a la mitad de la noche al escuchar un mensaje que parece extraño, como si proviniera de otra realidad. De hecho, todas las noches debe haber visitas de este tipo, y quienes dan un paso al frente para anunciar lo que han oído forman un grupo variopinto de locos, artistas, avatares, rebeldes y santos.

Siempre he deseado ser parte de tan variopinto grupo, por lo que en la siguientes páginas intento imaginar que pertenezco a él. ¿Acaso no deseamos todos, en cierto modo, unirnos a los inadaptados? Sus historias nos desgarran el corazón y elevan nuestra alma. Las lecciones que han aprendido han llevado a la raza humana por caminos desconocidos. Hay cosas peores en la vida que saltar la barda de cotidianidad y seguirlos.

DEEPAK CHOPRA
Abril de 2012

1

JOB

"Yo soy el Señor, tu Dios"

—¿Dónde termina el mundo? —preguntó el padre.

Job, su hijo, no estaba preparado para ser cuestionado. Era primavera. Afuera de la carpa las cálidas brisas traían consigo el agradable trinar de las aves y el balido de los corderos. Los amigos del niño pateaban un balón de cuero por los campos.

—¡Te hice una pregunta!

Job jaló las correas de sus sandalias y fijó la mirada en el suelo cubierto de tierra.

—El mundo termina en las murallas de la ciudad que no dejan entrar a los demonios.

Para un niño de diez años, era una respuesta razonable. Le habían advertido que tuviera cuidado con los demonios desde pequeño, y nombres como Moloch y Astaroth se le habían grabado en la memoria desde entonces. Las imágenes de garras y colmillos le causaban una fascinación pavorosa. Cuando el frío del invierno obligaba a los pastores a regresar por los portones de la ciudad, Job se sentía atrapado, pero tenía prohibido aventurarse a ese lugar en el que se le podría meter un demonio a la boca con la misma facilidad que un mosquito.

Su padre negó con la cabeza.

—Inténtalo de nuevo. ¿Dónde termina el mundo?

La sombra de su padre, un hombre alto y fuerte, se cernía sobre Job. Su mirada amenazante era inusual en un tejedor que solía ser tan benévolo con sus hijos como una mujer. Pero esta vez Job sabía sin lugar a dudas que esa mirada era peligrosa.

—El mundo termina donde Judea y la tierra de la guerra se encuentran —contestó el niño. Debía ser la respuesta correcta. El

verde valle de su pueblo, conocido como la Tierra de Uz, terminaba en los linderos de un abrasador desierto pardo, como leche
derramada de una vasija que fluye hasta que la arena la bebe. La
diferencia era que la tierra de la guerra bebía sangre.

Pero su padre seguía mirándolo amenazadoramente.

—Última oportunidad, niño. ¿Dónde termina el mundo?

La perplejidad enmudeció al muchacho, quien bajó la mirada.
De pronto, recibió un golpe tan fuerte a un lado de la cabeza que
lo dejó tumbado en el suelo, donde se quedó tirado sin moverse.
Tan pronto dejó de ver estrellas, miró a su padre, quien estaba inclinado hacia él y lo examinaba como se mira la herida de un cordero en busca de gusanos.

—El mundo termina aquí —gruñó su padre y levantó su for-
nido brazo frente al rostro de su hijo—. Nunca olvides mi puño.

¿Por qué su padre se estaba comportando así? El niño no podía
soltarse a llorar. El golpe había sido injusto, por lo que en su interior surgió el tipo de orgullo que los niños pequeños conocen bien.
Lo habían insultado, y los insultos merecían desprecio, no lágrimas.
Pero el puño de su padre seguía cerrado, y Job no se arriesgaría a
que lo golpeara de nuevo. Se mordió el labio y se mantuvo im-
pávido hasta que su padre, quien había establecido su postura, se
enderezó y salió a zancadas de la carpa sin decir una palabra más.

Al irse dejó caer algo. Era un trozo de tela, de delicada lana
blanca atravesado por una franja púrpura. Job no la notó sino hasta que su madre entró corriendo con las manos empapadas de agua
de la palangana. No hubo tiempo para contarle lo ocurrido. No
hubo tiempo para decirle una sola palabra, pues al instante la mujer se desvaneció y soltó un grito desconsolado. Tomó entre sus
manos el trozo de tela y lo apretó contra su mejilla.

Job se quedó aturdido. Su madre era una mujer digna que pre-
fería darse la vuelta antes de ser vista amamantando a su bebé. Job
nunca la había visto de otra forma que no fuera completamente
vestida. De repente, su madre jaloneó sus vestiduras negras, al punto de casi arrancárselas del pecho. Después de un rato, en medio de
sus apagados sollozos esbozó una palabra que Job logró entender.

—¡Rebeca!

¿Su hermana? ¿Por qué mencionaría su madre el nombre de su hermana? En medio de la confusión, Job se quedó estupefacto hasta que una horripilante idea le cruzó por la mente. Su hermana mayor usaba una prenda interior blanca y delicada. El pigmento púrpura proveniente de Tiro era costoso, pero su hermana estaba comprometida, y la madre del novio había venido a visitarla. Las dos familias estaban complacidas con el arreglo y, antes de irse, la madre del novio le regaló a la madre de Job un ovillo de lana púrpura. De inmediato tejieron con ella el borde del dobladillo de su falda blanca, de modo que cuando caminaba se asomaba un destello de púrpura a la altura de sus tobillos.

—¿Está muerta? —murmuró Job, con miedo de preguntar, pero con más temor de quedarse con la incertidumbre. Su hermana había arrancado el trozo de tela de su ropa. O alguien más lo había hecho.

Su madre lo abrazó contra su pecho y lo apretó con fuerza. El muchacho se retorció al sentir el calor que surgía de debajo del corpiño de su madre. Casi no podía respirar, pero ella se negaba a soltarlo, hasta que el niño dio bocanadas de aire.

—¡Job!

Era la voz de su padre que lo llamaba a gritos. Al mismo tiempo, el sonido de las mujeres que corrían hacia la carpa hizo que el cuerpo de su madre se relajara. Las mujeres entraron a la carpa y de inmediato el niño se encontró ahogado entre lamentos.

Su padre gritó de nuevo, y Job logró liberarse del abrazo. Salió de prisa y miró por encima del hombro. En la oscuridad de la carpa, su madre estaba rodeada por una docena de manos que la sujetaban, como un bebé traído al mundo por un grupo de parteras en medio de un parto aterrador. Job quería proteger a su madre. Quería regresar y arrancarla de los brazos que la sostenían, pero entonces su padre lo obligó a darse la vuelta.

—¿Ahora entiendes? —exigió saber su padre.

¿Cómo podría entender? Al ver la confusión en los ojos de su hijo, el padre se puso en cuclillas.

—Dios nos dio este lugar y lo hizo hermoso. Pero no cegó a los extraños, quienes nos miran con envidia. Nos arrebatan las cosas hermosas y, como saben que son malignos, se ocultan en la noche.

Estaba despuntando el alba. Los caminos traían viajeros que pasaban por la ciudad. A veces los extraños venían a cuentagotas, fueran comerciantes o peregrinos. Pero no, a los peregrinos no se les podía llamar extraños, sólo a los otros. Pero, cuando las gotas se convertían en un torrente, los ejércitos marchaban por los caminos y la tierra de la guerra llegaba hasta las puertas de su hogar.

—¿Una batalla? —preguntó Job. No tenía miedo. En un par de años más le tocaría montar guardia en los muros de la ciudad, en caso de que los invasores de Persia o de más allá mataran a los hombres y a los muchachos mayores. Ya se había armado con una vara con punta de hierro. En dos años quizá incluso sería tan alto como una lanza.

—No fue una batalla, hijo mío. Fue un ataque hecho por cobardes, por hombres peores que bestias.

El suceso hizo que al padre de pronto le flaquearan las rodillas y, al estirar la mano para tomar a su hijo del hombro, las manos le temblaron. No podría soportar que su hijo Job viera su rostro cubierto de lágrimas. El chico no supo que ésa era la razón por la cual su padre se levantó y se fue corriendo sin decir una palabra. Pero sería algo que nunca olvidaría. El día en que su padre lo tiró al suelo de un golpe fue el día que su hermana, Rebeca, murió. Probablemente había ido al pozo balanceando un jarrón vacío para llenarlo de agua. Probablemente iba sonriente, pero luego se desilusionó un poco al ver que no había otras mujeres ni muchachas reunidas en torno al pozo para chismorrear. ¿Acaso los pajarillos que se zambullían en el agua estarían cantando, o acaso sabían lo que estaba por pasar?

Rebeca habría tardado un minuto en descifrar por qué estaba sola, habría tirado el jarrón al suelo y habría escuchado que se rompía en pedazos. Después de dar apenas dos o tres pasos, que no habrían sido suficientes para escapar, los saqueadores la habrían capturado. Cuando más tarde, los hombres de Uz salieron de los muros de la ciudad y llegaron al manantial rodeado de rocas que formaban un pozo, encontraron gotas de sangre. La muchacha había forcejeado y había rasgado un trozo de tela de su ropa interior.

Era un trozo de fina lana blanca, tejido por el padre, pero bien podría haber sido una nota escrita con tinta:

Olvídenme. He sido deshonrada. Ya no existo para ustedes. Olvídenme, queridos míos.

El círculo de mujeres que se lamentaban seguía rodeando a su madre. Job y su padre pasaron la noche afuera de la carpa. El muchacho nunca había visto un cielo tan oscuro. No se dio cuenta de cuándo se quedó dormido, pero despertó al amanecer y vio salir una figura sombría de la carpa. De pronto, le llegó la imagen de su madre arrastrándose para ahogarse en el pozo. No era muy profundo, pero si estaba decidida y se tumbaba de cara al agua…

—Despierta, niño.

Job abrió los ojos y se dio cuenta de que había sido un mal sueño. Su padre estaba sentado junto a él en el suelo y le entregó un tazón de cuajada mezclada con granos. Job asintió y tomó el tazón. Cuando se arrebujó en la piel de cordero para dormirse creyó que no querría volver a comer de nuevo, pero ahora estaba famélico. Usando sus dedos como cuchara, comió mientras esperaba a ver qué haría su padre. Un niño, si es bien amado, le dará al padre una segunda oportunidad, pero Job aún sentía una punzada en la cabeza donde se había golpeado con el suelo. Esperó más. Al principio su padre se quedó sentado, inmóvil, como si estuviera decidiendo en qué clase de hombre se convertiría ese día. Su silencio hizo que Job empezara a ponerse nervioso, hasta que un momento después su padre se puso de pie y caminó hasta el otro extremo de la carpa, donde estaba su telar. Luego se escuchó el familiar repiqueteo de su trabajo, sonido que a Job siempre le había parecido reconfortante.

Cuando terminó de comer, el muchacho se dirigió a donde estaba el telar; durante la primavera, los tejedores trabajaban al aire libre si hacía buen clima. Su padre fue el primero en empezar, mientras el sol seguía asomado a medias en el horizonte. Job lo miró trabajar sin decir una palabra. El resto de sus vidas estaría siempre bajo la sombra del ataque. Job desconocía los detalles. ¿Se realizarían los ritos funerales sin el cuerpo presente? ¿Un grupo de hombres ataría sus lanzas a los animales de carga y saldría para intentar rescatar a la muchacha? Durante largo rato, su padre estuvo lanzando la naveta en silencio.

—Dios bendice a su gente.

Al escuchar al padre enunciar esas palabras, Job se sobresaltó. Se preguntó si el dolor de la pérdida lo había vuelto loco. Luego repitió la misma oración, pero con más fuerza, como si quisiera que en las carpas de los alrededores lo escucharan.

—Dios bendice a su gente. Nosotros provocamos nuestros propios infortunios. Nadie está libre de pecado —el padre no se dirigía a nadie en particular, excepto quizá al cielo; luego miró a Job, como si notara su presencia por primera vez—. ¿Comprendes?

El muchacho negó con la cabeza. Hasta el día anterior, había creído que su padre era perfecto. Jamás había pensado en Dios, pues no había tenido la necesidad de hacerlo. Su propio padre proveía todo y sabía todo. ¿Qué quería decir? ¿Que él había sido el causante del crimen contra Rebeca? En el fondo de su ser, Job quería gritarle: "¡Basta! ¡Tú no la mataste!" Pero no podía, porque, si lo hacía, quizá su padre lo golpearía de nuevo, y esta vez no sabía qué tan fuerte sería el embate. Pero también había otra razón para no gritar. Si su padre no era responsable de tan cruel revés del destino, entonces sólo quedaba alguien más a quien culpar.

Su padre habló con voz apagada.

—Está bien. No espero que comprendas, pero recuerda lo que te dije esta mañana —luego se dio vuelta y siguió tejiendo, y, conforme sus manos se deslizaban con destreza a lo largo del tenso hilado, algo cambió. Su cuerpo se relajó y su rostro volvió a tener la expresión tranquilizante que siempre ostentaba. No tardó en empezar a silbar para sí mismo, por lo que nadie se habría imaginado que algo malo había ocurrido si no lo supieran.

—Mi padre estaba sereno. ¿Saben cómo era posible? Alguno de ustedes responda. ¿Cómo puede un hombre trabajar con tanta serenidad el día después de que le arrebatan a su hija?

Job ya no era un muchacho. Ahora también era un padre, con hijos e hijas. Los hombres que lo rodeaban se quedaron callados.

Había llegado un nuevo bebé. Job lo sostuvo en sus brazos mientras relataba la historia de la desaparición de Rebeca. Era su costumbre hacerlo cada vez que su esposa concebía un varón. Los hombres se habían reunido para el rito de circuncisión, pero el sacerdote mantuvo guardada la navaja mientras Job relataba la historia.

Los hombres, quienes ya la habían escuchado antes, podrían haberle respondido, pero les complacía escucharlo revelar la moraleja.

—Mi padre estaba sereno porque sabía que Dios recompensaría a los justos y castigaría a los indignos. Mi hermana no era la excepción. Rezo porque haya sobrevivido, pero, aunque no haya sido así, Dios es justo, siempre.

Los hombres reunidos en la oscura habitación con los postigos cerrados asintieron entre murmullos.

—Dios es justo —repitió uno de ellos.

Sobre la mesa donde yacía el recién nacido brillaban los cirios encendidos. El bebé daba patadas ocasionales, pero no lloraba. Cuando el cuchillo del sacerdote lo tocó, hizo un sonido peculiar, entre sorprendido y angustiado. Parecía más bien el chillido de un animal pequeño, como el de un perro pastor al que le cortan la cola, más que un llanto humano. El sonido era la señal para que la esposa de Job entrara a prisa, cargara al infante, cuyo rostro se había puesto de un rojo brillante, y lo llevara cuanto antes a ser lavado y vendado.

La atmósfera solemne cambió una vez que la mujer y el niño salieron de la habitación. El sacerdote fue el primero en levantar su copa de vino, y los hombres vitorearon y colmaron al nuevo padre de elogios. Pero nadie se atrevió a darle una palmada en la espalda. Job no era el tipo de hombre que se prestara a esos gestos de familiaridad. Después de la tercera copa, los hombres sabían, sin que nadie se los dijera, que era hora de que se fueran. Cuando llegaran a casa, sus esposas los abordarían, curiosas. ¿Los tapices de los muros eran de seda? ¿Los platos eran de oro? ¿Qué tan hermosas eran las jóvenes sirvientas? No me digas que Job no las seleccionó personalmente. Los ricos escriben sus propias leyes.

Uno de los invitados estaba exhausto, pues se había quedado en vela toda la noche para atender el nacimiento difícil de un ternero.

Podría haber perdido tanto a la madre como al bebé, pero había sido la voluntad de Dios que el ternero naciera muerto. Pero el hombre estaba tan exhausto como iracundo, así que el alcohol apenas si le permitía mantenerse en pie.

—Tu padre no tenía derecho a golpearte —exclamó—. He sabido de hijos que huyen o hacen cosas peores —el invitado embriagado acercó su cara a la de Job. Los otros se quedaron mirando la escena, avergonzados y sorprendidos.

Job lo miró con gesto tolerante.

—¿Qué habría hecho otro hijo?

—No me lo preguntes. Pero no se habría acobardado. Si hubiera sido mi padre, habría tenido que ocultar los cuchillos después de eso.

El rostro del invitado embriagado ardió con un repentino apasionamiento. Sin advertencia alguna, se dio la vuelta y tomó el cuchillo del sacerdote, el cual yacía sobre la mesa esperando a ser limpiado y bendecido para el siguiente ritual.

—¡Oculten sus cuchillos! —gritó el hombre alcoholizado—. ¡Porque ahí les voy!

El apasionamiento se esfumó tan rápido como surgió. El invitado embriagado parpadeó y miró a su alrededor, confundido, como si hubiera escuchado sus propias palabras sin saber quién las había vociferado.

—Lo lamento —murmuró. Soltó el cuchillo, que resonó al golpear el piso de piedra, y salió corriendo sin mirar a nadie a los ojos. Los demás se quedaron en silencio, esperando la reacción de Job. Ninguno de ellos poseía tanto como Job, y la mayoría incluso había tomado prestado de sus arcas, las cuales siempre estaban abiertas.

—¿Es el único que piensa así? —murmuró Job con serenidad.

Los hombres a su alrededor arrastraron los pies con incomodidad ante tan desconcertante pregunta, pero Job se contestó a sí mismo antes de que ellos dijeran una palabra.

—Todos se lo preguntan, como yo también me lo pregunté. Mi hermana había desaparecido y mi padre eligió ese preciso instante para golpearme. Yo era joven, pero sabía usar un cuchillo —Job sonrió, como si estuviera recordando un antiguo impulso que no se había extinguido del todo con el paso del tiempo—. Hasta los muchachos más jóvenes ayudan a sacrificar a los corderos lechales.

—Tu padre era tu padre. Podía hacer lo que le placiera —contestó un amigo cercano, llamado Elifaz.

—¿Eso te habría bastado a ti si hubieras estado en mi lugar? —preguntó Job.

—*Estuve* en tu lugar. Cuando mi padre tenía un arrebato de ira, arremetía en todas direcciones —contestó Elifaz. Varios de los presentes asintieron y se escuchó un murmullo de aprobación generalizada.

—¿La ira de tu padre era un gesto de bondad? —preguntó Job. Elifaz dudó un instante, pero luego sonrió.

—Hoy estás lleno de misterios.

—También lo está el mundo y también lo está Dios. Pero éste fue un misterio que logré resolver —dijo Job, sin hacer una pausa para esperar las reacciones de los demás—. ¿Qué sabemos de Nuestro Señor? —Job no se habría atrevido a mencionar el verdadero nombre de Dios, pues estaba prohibido—. Él mismo nos lo dijo. Es un dios celoso e iracundo. ¿Acaso Moisés no recibió esa enseñanza? Tenemos la ley, así que sabemos cómo complacer a Dios. Incluso cuando está enojado es justo.

Job se había entusiasmado y habría podido darles un sermón, pero de pronto se detuvo. Se quedó en blanco, como un hombre que se pierde en sus pensamientos o está escuchando voces. Era imposible saber cuál de las dos cosas.

Luego continuó, con absoluta calma.

—¿Qué es para un niño su padre? Dios encarnado. Eso es justo. Es la ley que los padres gobiernen como Dios, y mi padre quería protegerme. ¿Hasta dónde podía llegar su protección? Sólo hasta donde terminaba su brazo. Después de su puño yo estaría en el final del mundo y caería en los mismos peligros que nos arrebataron a mi hermana. El golpe que me asestó mi padre fue amor puro. Lo odié con todo el corazón hasta que Dios me mostró lo que significaba. Ahora sólo desearía haber podido retribuir tal amor, el tipo de amor que está dispuesto a ser odiado y que aun así no puede ser detenido por el odio.

Algunos de los invitados murmuraron al oír esas palabras, pues estaban muy conmovidos. Pero no todos. Bildad, otro amigo, se mostraba escéptico.

—¿Cuál es tu enseñanza? ¿Que dios nos golpea por amor? De ser así, ¿qué es lo que hace entonces cuando nos odia? Sin duda condena a los pecadores y recompensa a los justos.

Antes de que Job pudiera contestar, Zofar, otro amigo suyo, intervino.

—Ésa no es más que una lección para un niño. Cuando eras un muchacho, el mundo terminaba en el puño de tu padre. Ahora eres un hombre. No hay mundo que esté fuera del alcance de la ira de Dios.

Job miró a sus amigos con gesto sobrio. Los tres sonreían. Para estar cerca de los ricos, debes aprender a ser sutil, y la primera lección es esbozar una sonrisa disimulada, como la que esboza un asesino hasta acercarse lo suficiente como para atacar.

—¿Qué creen ustedes, amigos míos? ¿Que nunca he conocido el sufrimiento?

—El dinero es como una cama de plumas, sólo que más suave —contestó Bildad con una de sus máximas favoritas.

—Hoy es un día de celebración. No nos rompamos la cabeza discutiendo sobre Dios —intervino Zofar.

Job asintió.

—Esas discusiones no tienen ningún punto. Lo que sabemos sobre Dios es lo que sabemos. ¿Cierto?

Luego hizo una reverencia con la cabeza. ¿Acaso estaba rezando o siendo modesto o sintiéndose derrotado? La habitación estaba a media luz. Era imposible saberlo. Los invitados estaban agradecidos de poder irse. Cada uno le apretó la mano a Job con aprecio, pero él jamás levantó la cara. Fuera lo que fuera que estuviera pensando, la voz en su interior se había quedado sin palabras.

Un peón estaba de pie en medio del campo, cubierto de sudor y sosteniendo dos espigas de cebada renegridas. Estaban llenas de plaga, por lo que lo primero que preguntó Job fue qué tanto se había extendido la peste. El peón se encogió de hombros.

—Ve a preguntarles a mis amigos —le ordenó Job—. Sus cultivos están cerca de los míos. Muéstrales lo que me acabas de enseñar. Quizá no sea nada, pero pregunta si a ellos les parece preocupante.

El peón hizo una reverencia y se retiró. Por alguna razón, la imagen de las dos espigas de cebada infectadas se le grabó a Job en la mente. No estaba preocupado por sí mismo, pues poseía los campos más opulentos de todo el valle y siempre tenía guardada en el granero la cosecha de toda una temporada. Sus vecinos no habían sido tan bendecidos, pues ellos vivían al día con sus cosechas. Una hora después, el peón volvió negando con la cabeza.

—Los cultivos de tus amigos están bien —dijo, pero no tenía el semblante de quien trae buenas noticias. Traía un saco abultado colgando de un costado. Con un gesto lo soltó, y de él salieron cien espigas de cebada, todas infectadas y marchitas. Las espigas rodeaban los pies de Job como orugas quemadas. Job frunció el ceño.

—¿Por qué no las trajiste antes? —preguntó.

—Traje todas las que había. Esto acaba de ocurrir. Sea lo que sea, se está expandiendo rápido —el peón dio un paso atrás, como si la plaga de los granos fuera contagiosa.

Job era un hombre apacible, igual que su padre, pero aun así le lanzó una mirada mordaz al peón y le ordenó que hiciera guardia esa noche para cuidar el cultivo. A la mañana siguiente tendría que avisarle si había alguna novedad. Pero la plaga se movía a una velocidad alarmante. Antes de que anocheciera llegaron las primeras noticias; las plantas de uno de los campos más grandes estaban totalmente ennegrecidas. Un fuego invisible había matado el cultivo, pero se detuvo, como si alguien se lo hubiera ordenado, justo en el punto en que la tierra de Job colindaba con la de su vecino. La gente empezó a murmurar. Había una línea muy delgada entre tener mala fortuna y estar maldito. Cuando salió el sol, a la mañana siguiente, el fuego invisible se había extendido a dos campos más, los que daban las mejores cosechas. Las puntas de las espigas ya estaban chamuscadas. El campo contiguo, que era propiedad de su amigo Elifaz, estaba intacto. La línea entre mala fortuna y maldición había sido cruzada.

Job fue a buscar a su esposa, a quien una sirvienta estaba vistiendo.

—Deja tus joyas en casa y, si sales, cúbrete la cabeza —le dijo. Ella lo miró desconcertada y le indicó a la muchacha que se retirara.

Una vez que estuvieron solos, su esposa habló.

—¿Por qué me pides eso? ¿Sospechas de mí de alguna forma? Soy completamente inocente.

Otro esposo se habría preguntado por qué a su mujer se le había ocurrido tal idea, pero Job confiaba en ella.

—Querida mía, algo malo está pasando en los campos. Dios lo ve todo. Si acaso está enojado, mostrémosle que no somos orgullosos —el orgullo era un pecado común entre los ricos, lo cual Job siempre tenía en mente. No sentía que hubiera pecado en realidad, pero Dios siempre mira en los recovecos más profundos del corazón. Siendo doblemente cuidadoso, Job incluso santificó las casas de sus hijos con ofrendas, por si acaso alguno de ellos había albergado pensamientos malignos.

Más tarde, Job se envolvió en su hábito de penitencia y se apareció frente a la puerta de Elifaz.

—¿Ya supiste? —le preguntó.

—¿Que tus cultivos fueron aniquilados? Todos lo saben —Elifaz tenía una expresión sombría, pero luego invitó a Job a atravesar el umbral de su casa. ¿Hubo cierta incertidumbre en su gesto? Job no lo notó, pues estaba ansioso de escuchar el consejo de su amigo. Ya había hecho todo lo que podía para apaciguar a Dios. Pagó sacerdotes para que encendieran cirios en los altares y sacrificaran una docena de animales recién nacidos de su ganado. Ordenó a sus hijos e hijas que siguieran su ejemplo y usaran hábitos de penitencia sencillos como el suyo, y a las mujeres que caminaran al mercado con un trazo de ceniza gris en la frente como símbolo de expiación.

Elifaz no estaba de acuerdo con ese gesto.

—Es como si estuvieran declarando que han pecado. La gente se volverá contra ustedes. La conozco.

Job negó con la cabeza.

—Caminar por esta tierra es una declaración de que todos hemos pecado. Lo que importa es complacer a nuestro Padre.

No obstante, a pesar de la penitencia, la mala fortuna siguió cerniéndose sobre él. El ganado de Job enfermó y murió. Durante la noche, la cosecha almacenada en el granero se marchitó. ¿Qué podía significar todo eso? A sus espaldas, no toda la gente sentía el mismo desconsuelo. De algún modo, encontraban la fuerza para sobrevivir a la caída en desgracia de un rico. Elifaz se llevó a Bildad a un lado. ¿Qué les estaba intentando decir Dios?

Bildad se encogió de hombros.

—¿Me ves parecido con Moisés? A él Dios lo mandó con el faraón a advertirle que Egipto sería atacado por diez plagas. Yo no tengo mensaje alguno.

Elifaz torció la boca.

—Sólo faltan ocho plagas más.

Su mórbida broma no llegó a oídos de Job. La envidia y la compasión dividían a la gente, pero todos estaban horrorizados al ver que los enormes rebaños de ovejas y de camellos de Job perecían. En el transcurso de un mes, los bueyes de arado cayeron de rodillas al suelo y no se volvieron a levantar. Algunas personas presupusieron que era obra demoniaca y no de la ira de Dios, hasta que ocurrió la calamidad de todas las calamidades. Job reunió a su familia en la casa de su hijo mayor para rezar en busca de una respuesta. Juntos se hincaron, pero tan pronto enunciaron la primera sílaba de la plegaria, los muros a su alrededor se derrumbaron y todos murieron, excepto Job y su esposa. Entonces la compasión ajena se convirtió en pánico, pues las plagas tenían la mala costumbre de esparcirse. Y quizá también las maldiciones.

—Estamos solos y abandonados —gimoteó la esposa de Job.

Él no contestó, sino que se dirigió hacia el desierto, donde se sentó desnudo bajo el sol y se echó cenizas sobre la cabeza. Al día siguiente, sus amigos más cercanos fueron a verlo desde la ciudad para consolarlo, aunque los cínicos lo veían distinto. Job ya no era rico. Dado que ya no tenía nada, en realidad se había vuelto paupérrimo. Se había convertido en un extraño entre los justos, y la gente no tenía obligación alguna con los extraños, ¿cierto?

Los tres amigos se horrorizaron ante la escena, aunque lo primero que percibieron fue el espantoso olor. Durante la noche, Job se había cubierto de llagas supurantes. Estaba sentado con la espalda arqueada hacia el árido desierto, arañando las cenizas y la pus de su piel con una esquirla de la jarra de agua rota que yacía a su lado. Si no hubieran sido valientes y leales, sus estimados amigos habrían huido al ver tan monstruosa imagen.

Se arrodillaron en círculo alrededor de Job, extendieron sus manos (con cuidado de no tocarle la piel) y le imploraron.

—Déjanos llevarte a casa. No puedes perecer aquí de esta forma.

Job no dijo nada. La imagen de las llagas que supuraban cuando las arañaba con la esquirla era nauseabunda. Elifaz volteó a ver a los otros dos amigos. ¿Acaso Dios los castigaría si dejaban a Job morir solo después de ser testigos de su aflicción?

De pronto, Job habló. Su voz era un graznido que provenía de su polvorienta garganta.

—Soy intachable y honesto. Si en sus corazones creen que he pecado, huyan. Si se quedan, se estarán deshonrando.

—Somos tus amigos. ¿Qué es lo que debemos creer? —preguntó Zofar.

—Que camino por el camino de los justos.

—De eso estoy seguro —dijo Bildad—. Pero, perdóname, ¿acaso nuestro Dios no es justo?

Job levantó la cabeza y miró a su amigo con dolor en el rostro.

—Dios nos trae todo; lo bueno y lo malo.

Quizá ese comentario asustó a sus amigos, pues empezaron a llorar y a desgarrarse las vestiduras, y después se echaron tierra sobre la cabeza como si estuvieran sufriendo por los muertos. Le rezaron a Dios para que liberara a Job y al día siguiente regresaron a verlo, acompañados de la esposa de Job, quien casi se desmaya al posar sus ojos sobre su marido.

—Díselo —ordenó Elifaz.

—No puedo llorar para siempre —dijo la esposa de Job—. Basta ya. Maldice a Dios y muere —Job sabía de dónde venían esas palabras. Su mujer quería ser libre para casarse de nuevo con algún hombre a quien Dios no odiara.

—Debería maldecirte a ti, por ser tan estulta —contestó Job, y su esposa se fue.

Sus amigos se quedaron para montar guardia. El sol desértico salió y se puso. Los hombres armaron una carpa para protegerse de los elementos y mandaron traer agua del pozo de la ciudad. Job se sentó bajo el sol, casi sin moverse. Los huesos se le asomaban por debajo de la piel abierta, pero no murió. Sólo empezó a hablar y fue incapaz de parar. Maldijo el día en el que nació. Maldijo toda la alegría del mundo e invocó a aquellos capaces de convocar a los monstruos más temibles. Maldijo las buenas nuevas de que una mujer fuera a concebir un varón. Sus maldiciones eran interminables, por lo que sus amigos se inquietaron e intentaron razonar con él.

En ese instante estaba maldiciendo a las estrellas para que volvieran a la oscuridad, pero se detuvo al ver a los otros acercarse.

Elifaz fue el primero en hablar.

—No pretendo ofenderte, pero tus quejidos fluyen como el agua. ¿Dónde está el hombre que nos enseñó tanto y cuya fuerza nos sostenía? Deberías mostrarte más paciente. Hace unas cuantas noches me estremecí en sueños y desperté con los pelos en punta. Un espíritu pasó a mi lado y me susurró al oído: "¿Quién puede mostrarse libre de culpa frente a Dios? El Señor no confía ni en quienes son más cercanos a él. ¿Acaso los ángeles no fueron maldecidos también por Dios cuando lo desobedecieron? Los hombres que labran la tierra y siembran la maldad son mucho peores".

Job susurró con voz ronca.

—Entonces, ¿qué esperas que haga, amigo mío?

—Haz las paces con Dios. Él es capaz de hacer cualquier maravilla. Él lleva lluvia a los campos. Él causa la enfermedad, pero su mano también es curativa. Arrepiéntete y acepta tu destrucción en paz. Morirás en armonía con las piedras de la tierra y las bestias del campo —dijo Elifaz.

La voz de Job se convirtió en un lamento.

—Si tan sólo pudieran ver qué tan pesada es esta calamidad. Estoy en un arrebato porque las flechas del Todopoderoso recaen sobre mí. Pero créanme que me regocijaría en mi dolor interminable si tan sólo Dios me soltara. No estoy hecho de piedra ni de bronce. No me pidan ser paciente. He perdido mi fuerza y sólo me queda

gritar como un animal herido —miró a Elifaz con ojos abrasado-
res—. Óyeme bien. Un amigo que se guarda su bondad ha traicio-
nado a Dios.

"Pero yo no soy a quien Él maldijo, ¿verdad?", pensó Elifaz
para sus adentros, sin decir una palabra. Los demás estaban estupe-
factos y empezaron a inquietarse.

Job los detuvo con su mirada acusadora.

—¿Quién de ustedes puede decirme en qué he pecado? ¿Acaso he dicho algo más que la verdad? —cuando era rico, Job jamás
había sentido vergüenza de arrodillarse en medio del mercado para
rezar. Ahora elevaba la mirada al cielo—. Dios que miras a los hombres, ¿en qué te he contravenido? ¿Por qué cuidas tanto de tus hijos
y aun así permites que la noche sea tan larga y oscura? Sin ti, el
hombre es incapaz de despertar al amanecer. Muéstrame cuál fue
mi pecado.

Bildad tomó la palabra, con más descaro que su amigo.

—¿Cuánto más soplará ese viento que sale de tu boca? Dios no
pervierte la justicia. Tú lo has dicho muchas más veces de lo que
cualquiera se atrevería a contar. Pero ahora has olvidado todo lo
que nuestros padres nos enseñaron. Si eres honesto y justo, como
todos hemos creído que eres, tus días terminarán en medio de la
grandeza. Ahora lo veo. Tu boca se llenará de risa y tus enemigos
caminarán avergonzados. Eso es lo que tú me dirías si estuviera en
tu lugar.

Sus punzantes palabras tuvieron un efecto en Job, quien se quedó mudo.

—¿Crees que estoy en guerra con el juicio de Dios? Él es sabio y lo sabe todo. Si discutiera con él, yo tendría un punto a mi
favor, mientras que él tendría miles.

Con la misma amargura con la que antes maldijo la creación,
Job levantó la cara para alabarla.

—Dios mueve montañas cuando nadie lo ve, extiende los cielos y hace la tierra temblar. Cuando le da órdenes al sol, éste lo
obedece. Es capaz de ocultar las estrellas y aplastar las olas del mar.
Realiza maravillas sin fin y hace cosas grandiosas que exceden el
entendimiento —Job hizo una pausa—. Pero también Dios les

ocasiona calamidades a todos. Destruye a los inocentes y a los pecadores por igual. ¿Acaso se burla de nosotros? Yo estoy libre de
culpa, pero no quiero preguntarlo sólo por mí. Desprecio mi vida.
Sólo quiero entender esta única cosa.

—Entonces déjame ayudarte —dijo Zofar, el tercer amigo—.
Balbuceas sin parar como si las palabras pudieran salvarte. Dices
que eres puro e inmaculado a los ojos de Dios. Pero mírate. Te
retuerces en la inmundicia. Y luego le suplicas a Dios que te revele
sus secretos más profundos y descubra la verdad sobre tus calamidades. Es ridículo. No puedes desentrañar su sabiduría, porque
ésta es infinita. Él pasa a nuestro lado y reconoce al hombre que
no vale nada —Zofar esbozó una sonrisa—. No me importa si
mis palabras te avergüenzan. Dije que podía ayudarte. Deshazte
de tu iniquidad, sin importar qué tan profundamente esté escon-
dida. Estira los brazos hacia Dios. Una vez que Él te toque, olvi-
darás tu miseria, y ésta se desvanecerá como agua que ha secado
el sol.

La respuesta de Job fue aún más amarga que la anterior.

—En quien disfruta su comodidad hay desprecio por la desgracia ajena. Veo que soy el hazmerreír de mis amigos. Pero no
estoy por debajo de ustedes. Los ladrones duermen con placidez
por las noches en sus cuevas, a pesar de haber provocado a Dios.
Él convierte a los jueces en tarados, y hace que una nación sea
grande para después aplastarla contra el suelo. ¿Cómo me han
ayudado ustedes a entender todo esto? Las aves y las bestias nacen
con esa sabiduría que ustedes creen estar enseñando. Todas las
criaturas saben que Dios las hizo y que tiene poder sobre ellas.
Lo he visto con mis propios ojos y lo entiendo mejor que ustedes
tres. El hombre que nace de mujer recibe apenas unos cuantos
días de vida, los cuales están llenos de calamidades.

Elifaz respondió con serenidad.

—Si entiendes tanto, entonces ya sabes qué te llevó a estar perdido a los ojos del Señor.

—No nos lo preguntes —agregó Bildad.

"Ni nos arrastres contigo", pensó Zofar, pero no dijo nada, pues
era el más supersticioso y temía que, de algún modo, Job resurgiera.

El grupo de hombres que rodeaba a Job creía que estaba solo, pero de pronto una voz detrás de ellos intervino.

—Todos se equivocan.

Voltearon hacia atrás. Ninguno de ellos había reparado en el insignificante muchacho que había ido con ellos para cargar los jarrones con agua. Durante la discusión estuvo sentado con las piernas cruzadas a unos cuantos metros de ellos, esperando en caso de que alguno de los amigos le indicara que tenía sed. El muchacho, que no tenía más de dieciséis años, se puso de pie.

—Soy joven, y por respeto a mis mayores por lo regular no me atrevería a levantar la voz —dijo.

—Entonces guarda tu lengua —intervino Elifaz con brusquedad—. ¿Quién eres?

—Me llamo Elihú y sé que no tengo derecho alguno a interferir. Sé que al volver a casa me enviarán a ser azotado. Pero el Señor es capaz de comunicarse a través de los animales más tontos, ¿no es verdad?

—Aparentemente —lo espetó Zofar. Pero Elihú lo ignoró.

—Él habla a través de cualquiera que haya sido tocado por su espíritu. Así que me inclino ante ustedes, pero insisto en que se equivocan —el joven señaló a los amigos de Job—. Primero, ustedes tres. Se equivocan porque culpan a Job, pero cuando él los retó a que señalaran su fallo, no pudieron hacerlo. No obstante, eso no les impidió seguir juzgándolo. Ven el pecado en el corazón ajeno, mas no en el propio, y eso los convierte en hipócritas.

Los amigos podrían haber sacado sus armas y arremetido contra el muchacho, pero la voz de éste era fantasmal, como si no fuera la suya. No querían apuñalarlo y liberar algún demonio, pues estaban solos e indefensos en el desierto. Elihú se volteó hacia Job.

—Y tú. Tú protestas que estás libre de culpa. Has obedecido la ley y has hecho holocaustos para limpiarte y limpiar a tus hijos. Pero hasta el hombre libre de culpa no se atreve a cuestionar a Dios. El Señor no necesita justificar sus formas a los hombres. Él nos creó y nosotros somos suyos. Su mirada se extiende hasta los confines de la eternidad. Él ve en tu interior aquello que tú eres incapaz de ver en ti mismo. Por tu arrogancia, mides a Dios según tu insignificante concepción del bien y el mal, como si él estuviera ceñido a sus propias leyes. Sin embargo, hay algo que sí puedes saber, pues Él mismo nos lo ha dicho: "Yo soy el Señor, tu Dios". No hay respuesta a eso, como tampoco hay pregunta.

Los amigos de Job estaban sobresaltados, no sólo por la reprimenda que habían recibido, sino por el cambio en Job, quien había dejado de temblar. Su encorvado cuerpo comenzaba a enderezarse. Por las mejillas le caían lágrimas, y, cuando una de ellas descendió sobre una de sus heridas supurantes, la pus se convirtió en un líquido claro.

Durante el trance de Elihú —pues era evidente que este muchacho sencillo, que apenas si era poco más que un esclavo, estaba lleno del Espíritu Santo— se desarrolló un extraño relato. El muchacho veía a través de este mundo hacia el siguiente y contempló a Dios arrojando a los ángeles desobedientes al infierno. Sin embargo, mientras caían, Dios mantenía cerca de sí a un consejero del mal. Este adversario, o Satanás, como se hacía llamar, sólo enunciaba maldad, y por lo tanto tenía una especie de sabiduría torcida sobre los humanos. Le susurraba a Dios al oído las fechorías y los pecados de los hombres. Las transgresiones humanas eran tan numerosas que este adversario empezó a alardear que él era el verdadero amo del mundo.

Dios empezó a impacientarse e intervino.

—Ve a buscar a Job, mi servidor. Él es justo e intachable. Mientras haya en el mundo alguien como él, tú nunca prevalecerás.

Satanás esbozó una sonrisa maliciosa.

—No hay nadie que esté tan perfectamente entregado a ti, o sería imposible que hubieran nacido de una mujer —dijo. Luego sobrevoló la faz de la Tierra hasta que encontró a Job, y el simple acto de posar su maligna mirada sobre el hombre provocó que los cultivos de éste se marchitaran. El adversario volvió entonces al cielo—. Déjame poner a prueba a Job.

Se estableció entonces una especie de desafío. Dios le dio a Satanás libertad para causar cualquier tipo de calamidad a Job e infligirle cualquier tipo de dolor, excepto uno. No podía causarle la muerte.

—El hijo del hombre puede maldecir el día en que nació, pero jamás me maldecirá a mí —dijo Dios.

—Y por eso la desgracia recayó en ti —murmuró Elihú—. Tus aflicciones han sido una prueba, no un signo de crueldad.

En ese instante, el muchacho parpadeó dos veces y miró a su alrededor, confundido. El Espíritu Santo había dejado su cuerpo de forma tan repentina como había entrado en él. Job se quedó en silencio, con la mirada fija en el horizonte. Su respiración era estable, y por la mirada desorientada que tenía parecía que acababa de despertar de un sueño. Los tres amigos se pusieron dificultosamente de pie y se dispersaron, resentidos y desconcertados. Sin importar cuánto hubieran acusado a su amigo, una verdad era innegable. De todas las palabras que habían salido de la boca de Job, ninguna de ellas había sido dicha para maldecir a Dios.

—No he pecado —murmuró Job y miró directamente a Elihú—. Sólo había olvidado.

—¿Olvidado qué? —preguntó el muchacho, agradecido de que no lo hubieran golpeado. Al volver en sí, pues apenas si recordaba lo que acababa de decir.

—Había olvidado lo más importante. Dios bendice a su gente.

Sus palabras eran difíciles de descifrar, porque Job había empezado a llorar sin control. Su padre había confiado en el Señor más de lo que él jamás lo había hecho. Entonces Job supo que el mayor poder de Satanás no era infligir maldad, sino hacer olvidar a los hijos de Dios quiénes eran.

Después de eso, Job volvió a casa e hizo a Elihú su sirviente personal, y lo que había sido infortunio se convirtió en milagro. La esposa de Job le dio más hijos e hijas. Recuperó su oro, y su granero rebosaba de cosechas. No obstante, a medida que se volvía más rico, también se volvía más huraño. Rara vez salía de casa y, si lo hacía, iba cubierto con un manto de oración y mantenía la mirada en el suelo. La gente empezó a usarlo como una especie de moraleja andante: nunca cuestiones a Dios o tendrás que rendirle cuentas. Otros creían que la moraleja era justo lo contrario: mantén la fe en Dios y te recompensará con gloria y esplendor.

Lo que nadie se imaginaba era que Job se había convertido en un buscador. Alguna vez había creído en la sabiduría heredada de Moisés y de los padres. Ahora creía en nada y en todo. El Señor había cerrado su boca, y gracias a eso había podido abrir mejor los ojos. ¿Qué era lo que Job veía? Un misterio. Algo que volaba con el viento y contestaba todas las preguntas con un eco.

Revelando la visión

En la evolución de Dios, los comienzos son ancestrales, que no es lo mismo que primitivos. Dios ya está bastante avanzado para el momento en que encontramos a Job, pues todos los aspectos de la vida en el antiguo Israel estaban centrados en Dios. En tanto haya leyes, costumbres y una identidad compartida, las cuales son cosas complicadas, igual de complicado será Dios.

El libro de Job dramatiza la voz de Dios con gran intensidad y mucha tragedia. No es una historia que se pueda leer y hacer a un lado. En términos modernos, es una historia de cosas malas que le pasan a la gente buena. El virtuoso Job sufre en una escala mítica, como un Prometeo encadenado a una roca mientras un águila le extirpa las entrañas, pero también sufre de forma muy humana. Sus calamidades son abrumadoras y rápidas. Sus cultivos se marchitan. Su granero se infesta de plaga. Su esposa pierde la esperanza cuando sus preciados hijos mueren. Job contrae una enfermedad grotesca y sus amigos huyen sólo de verlo. Si todo eso afligiera a una persona en estos tiempos, ésta gritaría "¿Por qué yo?" a mitad de la noche. La historia de Job es sobre el ansia humana de entender por qué.

Así como sufrimos junto a Job, también lo acompañamos en su cuestionamiento. Hasta los registros más antiguos dan cuenta de que la gente dudaba de Dios. Los tres amigos proporcionan distintas respuestas al hablar uno después de otro, de manera ritual. Uno responde: Job, no eres tan bueno como pretendes ser. Quizá ocultaste tus pecados del mundo, pero no pudiste esconderlos de Dios y ahora Él te está castigando por ello. Otro responde: Job, eres bueno, pero eres demasiado orgulloso. Crees que tienes control total sobre tu vida, pero ahora Dios te está mostrando que el desastre puede recaer en cualquier persona, en cualquier momento. Explicar por qué sufrimos es un hilo conductor que recorre toda la Biblia hebrea, y por eso es que no pude comenzar con una historia más agradable de un dios amoroso que sonríe a nuestras vidas.

Quien sea que haya escrito la Biblia hebrea dedicó muy pocas páginas al Edén. El paraíso desapareció casi al mismo tiempo que secó la tinta sobre el papel. Hay un hermoso pasaje sobre Dios caminando sobre el Jardín del Edén en una tarde fresca. Más tarde, el amor reaparece en el Antiguo Testamento, pero es principalmente aquél entre hombres y mujeres, como en el erotismo suntuoso del *Cantar de los cantares*:

> **CANTAR DE LOS CANTARES, DE SALOMÓN.**
> ¡Ah, si me dieras uno de tus besos!
> ¡Son tus caricias más deliciosas que el vino,
> y delicioso es también el aroma de tus perfumes!
> Tu nombre es cual perfume derramado;
> ¡por eso te aman las doncellas! [1:1-3]

Casi todas las culturas tienen historias de dioses hermosos que andan por el mundo divirtiéndose como amantes; jóvenes relucientes como el Krishna, el Señor Oscuro, quien se involucra amorosamente con cientos de muchachas pastoras, o Zeus, un dios más lascivo, quien seduce en forma de toro, como lluvia de oro u oculto tras otros tantos disfraces. En Occidente, la historia es más oscura y existencial. La aflicción y el desastre siempre andan cerca, como también lo está el juicio severo de Dios.

Los amigos de Job son tres, como las tres Parcas y las tres brujas de *Macbeth*, pues hablan desde el inconsciente. O, hablando en términos modernos de nueva cuenta, hablan desde la sombra, desde el reino oscuro de la psique donde se esconden el pecado y el castigo, la vergüenza y la culpa, el temor y la venganza. En ocasiones la sombra hace erupción, y es cuando puede suceder cualquier calamidad. Los autores del libro de Job, que parecen ser varios, vivieron cientos de años antes de Cristo. Se desconoce la época exacta, aunque los estudiosos tienden a considerar que es uno de los libros más tardíos, quizá incluso la última adición a la Biblia hebrea. No obstante, en él ocurre algo muy moderno, pues la vida sigue haciendo erupción con catástrofes inexplicables, y la culpa se cierne aun cuando los eventos son externos y aleatorios, y escapan a nuestro control.

La mente humana es capaz de tolerar cualquier cosa, excepto el sinsentido, por lo que en la historia de Job, sin importar si estamos escuchando su punto de vista ("Soy inocente") o el de sus amigos ("No, no lo eres"), la aflicción nunca se considera aleatoria: "Esto se trata de ti. De algún modo provocaste que te ocurrieran estas cosas terribles".

La vida humana se balancea entre creer en estas palabras y no creer en ellas. Si crees en ellas, te verás inclinado hacia descubrir qué fue lo que hiciste mal. Una paciente de cáncer desesperada que se siente perseguida por la posibilidad de "habérselo causado a sí misma" deriva en el mismo predicamento que Job. En siglos posteriores, conforme Dios evolucionó en la conciencia humana, surgió una escapatoria al tormento de la autorrecriminación. "Me lo provoqué a mí mismo" o "Dios debe odiarme" deriva en sanación, perdón y prueba del amor de Dios.

Pero para Job no hay escapatoria alguna. Dios habla en términos persistentes y absolutos: "Yo soy el Señor, tu Dios". La virtud de Job no cuenta para nada si así lo quiere Dios. El castigo divino no necesita razón alguna. Después de la caída de Adán y Eva en el Jardín del Edén, Dios decretó que la vida contuviera sufrimiento. La Biblia hebrea termina con el mismo fatalismo con el que comienza. En Génesis 3:14, Yahvé dice: "Por esto que has hecho, ¡maldita seas entre todas las bestias y entre todos los animales del campo! ¡Te arrastrarás sobre tu vientre, y polvo comerás todos los días de tu vida!"

Este tipo de dios quiere ser temido. No merecemos algo mejor, así que, en lo que resta del Antiguo Testamento, la mezcla de bien y mal en la vida humana se examina con profundidad, sin dejar

nada fuera: asesinato, violación, incesto, codicia, saqueo, lujuria, celos y corrupción del poder. Por siempre y para siempre, la vida está
peligrosamente cerca de caerse a pedazos. Para mantener la sombra a raya, la ley entra a escena, y las reglas organizan cada momento de la existencia, no sólo a través de los Diez Mandamientos,
sino también de los cientos de deberes cotidianos descritos en el
Levítico. La virtud era una necesidad si se quería mantener apaciguado a un dios iracundo.

Pero entonces apareció del Libro de Job, el cual se atrevió a
cuestionar esta estructura al desviarse hacia lo impensable: la virtud no representa protección alguna. El relato está enmarcado por
una apuesta entre Dios y el Diablo, en la cual el segundo presume
que puede lograr que cualquier hombre renuncie a Dios, y el primero acepta la apuesta y pone por delante a la persona más vir-
tuosa de la Tierra. Por sí solo, este cruel juego basta para destruir
la fe. ¿Por qué alguien le rezaría a un dios que no ofrece protección alguna, sino que en vez de eso te pone a merced del Diablo
por mero capricho? Satanás es colocado, cuando menos, en una posición equivalente a la de Dios, pues incluso tiene más posibilidades de que Job le haga ganar. Eso significaría que la religión
misma fracasaría, y que el acuerdo entre Dios y la humanidad —un
contrato que garantiza que la virtud será recompensada— queda-
ría sin efecto y sería anulado.

Al verlo en retrospectiva sabemos que era necesario que se diera tan temerario paso. Para que Dios evolucionara, no podía seguir
siendo una fuerza vengativa a la que había que temer continua-
mente, así como tampoco la psique podía seguir siendo un so-
cavón de culpa incesante. El Libro de Job rompe las cáscaras para
poder preparar un sabio *omelette*, pues voltea a la obediencia de
cabeza. Job obedeció todas las leyes divinas, pero igual su vida explotó como si debajo él hubiera detonado una bomba.

En un nivel más sutil, la historia de Job explora cómo las cosas
buenas de la vida pueden estar conectadas con las malas. Una de las
verdades más profundas en las tradiciones espirituales del mundo
sostiene que lo bueno de la vida no puede ser significativo a menos
que también lo malo lo sea. Ambos aspectos nos enseñan quiénes

somos, y con ese conocimiento íntegro podemos ser capaces de trascender las tentaciones del bien y del mal. La tentación del bien se conoce también como el camino del placer; es decir, cuando alguien se procura tanto placer como le es posible, pues el placer es bueno, al tiempo que evita el dolor de la vida, pues el dolor es malo.

El camino del placer se presenta de forma natural, pero aun así el Antiguo Testamento está plagado de desaprobación del placer. Sus excesos derivan en la corrupción de Sodoma y Gomorra, las ciudades del valle que eran un cubil de inmoralidad y que Dios borró de la faz de la Tierra. El rey David es lo más cercano en la Biblia a un héroe, un poeta y un Adonis, pero fue fatalmente corrompido por el placer y envió al esposo de Betsabé a morir en el campo de batalla para poder disfrutar de ella.

Claro que las advertencias funestas en contra de la seducción de los placeres mundanos siguen estando entre nosotros, pero no son sinónimo de sabiduría. El argumento espiritual en contra del camino del placer es franco e inquebrantable: la vida no puede sólo ser placer absoluto. El dolor también entra en la mezcla y, si quieres lidiar con los aspectos negativos de la vida —es decir, todo aquello que acumulamos y se descompone en la oscuridad de las sombras—, también debes ver más allá del placer.

No obstante, la historia de Job no explora ese territorio, sino que se enfoca en las tentaciones de Satanás, quien quiere que cedamos y liberemos lo peor de la naturaleza humana. En hebreo, el nombre de Satanás significa "adversario", y en la historia de Job los argumentos ofrecidos contra la virtud son justo eso, adversos. Ser bueno no te lleva a ningún lado. Cualquier cosa con la que seas recompensado puede serte arrebatada en un abrir y cerrar de ojos. Puedes intentar ser bueno para complacer a Dios, pero a Él no le importa en lo más mínimo. Las tradiciones de la sabiduría mundial abarcan las tentaciones tanto del bien como del mal para poder enfrentar al adversario. Y la respuesta es que los adversarios dejan de existir cuando el bien deja de luchar contra el mal. En otras palabras, la esencia de Dios es la paz eterna.

Y heme aquí, mirando el mapa del camino. El tema de la autoconciencia, que es un hilo conductor en la evolución de comienza en las tinieblas, pero deja entrar más luz con el paso del tiempo. La experiencia de dicha puede ser la más pura de todas y por tanto la que más nos acerque a Dios. Éste aún no ha evolucionado tanto en el Libro de Job. Es, sin duda, un cliente difícil de complacer, que nos mira y nos juzga todo el tiempo, y es propenso a tener arranques caprichosos, dado que no le rinde cuentas a nadie más que a sí mismo. En el otro extremo, un jovencito inocente llamado Elihú aparece de pronto para resolver la discusión entre Job y sus tres amigos. Llegamos entonces a una especie de conclusión poco convincente; tras haber planteado preguntas que amenazan con aniquilar el lazo entre lo humano y lo divino, la historia termina el debate con respuestas fáciles. Los tres amigos son señalados por su hipocresía. Job es señalado por su orgullo, como si Dios tuviera que responderle.

Elihú básicamente está reiniciando la situación desde el principio: Dios hace lo que Dios hace, y punto. Regresa entonces el marco narrativo, al hablar Dios con su propia voz para asegurarnos que Job pasó la prueba. Su virtud lo hace recuperar sus riquezas y sus recompensas, con algo extra para compensarlo por todos los problemas por los que tuvo que pasar. Satanás es puesto en su lugar; el *statu quo* se justifica una vez más. En tiempos de fe, cuando el objetivo por excelencia siempre era agradar a Dios sin importar cuán horrible fuera su comportamiento, un final de esta naturaleza habría sido bastante satisfactorio. Para el niño que vive en todos nosotros, posee una cualidad como de cuento de hadas, una reafirmación de que al final siempre prevalece el bien justo antes de que nos metamos bajo las cobijas para ir a dormir.

Desde una perspectiva moderna, es mucho más sencillo saltarse el final fácil y leer el Libro de Job por su realismo existencial. Al hacerlo así, ponemos de cabeza la intención original de sus autores En lugar de que se trate de la autoridad de Dios, la historia nos enseña que el sufrimiento es tanto aleatorio como universal. El caos ronda los confines de la existencia cotidiana. La sombra puede hacer erupción en cualquier momento, trayendo consigo miseria inenarrable. No obstante, lo más devastador de todo es que Dios es desmantelado por medio de la duda. ¿Quién puede alabar a una deidad caprichosa? Es igual que el caos y la aleatoriedad, pero con la máscara humana de nuestro Padre eterno.

En respuesta a esto, yo diría: "Aún hay más por venir. Todavía no hemos llegado al final". La deidad caprichosa y vengativa no ha desaparecido, pues todo tipo de dios sobrevive en algún lugar y echa raíces en nuestra psique. El fundamentalismo religioso, sea cristiano, islámico o hindú, depende de los mismos elementos arcaicos, entre los cuales dominan el miedo y el pecado. Sin embargo, la infinidad no puede ser enmarcada y confinada. Formas incontables de la divinidad siguen fluyendo y lo harán por siempre. Más allá de la ira de Yahvé, los seres humanos seguimos internándonos en las profundidades para encontrar la esencia del amor y para sanar el miedo, lo cual requiere la claridad del conocimiento propio.

Hay una lección positiva en el Libro de Job, una razón para seguir adelante. Dios desafía a Job al decirle: "¿Dónde estabas cuando creé el mundo?" Está exigiendo rendición, la cual es necesaria en este camino. El pecado del orgullo consiste en que el ego crea que tiene todas las respuestas. Job aprende entonces que Dios no es descifrable. Dios no es un rompecabezas que pueda armarse con ingenio ni un ser humano de enormes proporciones que está sentado en un trono en los cielos. Donde está Dios, el ego no tiene cabida. Todo lo que Job pierde —riqueza, estatus social, posesiones y una familia segura— es irrelevante para el camino del alma. No es que sean cosas erróneas o malas, como vemos cuando Dios se las devuelve. Al final, Job entiende que está conectado con Dios de una forma pura, sin tener nada que perder ni que ganar.

Más allá de la historia de Job se extiende un largo camino. Él es apenas una estación en el trayecto, y el viajero debe pasar por cada una de las estaciones antes de poder seguir adelante. De otro modo, estamos condenados a repetir el predicamento de Job, en lugar de solucionarlo.

2

SÓCRATES

"Conócete a ti mismo"

—¿Y si matara a un hombre en este instante, Sócrates? Es una suposición.

—Hasta un bárbaro como tú tiene límites.

—Crees que estoy bromeando. Pero ¿qué me pasaría si lo hiciera? Mira a nuestro alrededor. Nadie nos está viendo.

Había dos atenienses de pie sobre la cima de una colina rocosa. Aunque quizá más bien deberíamos llamarla colina de roca, pues había diez rocas por cada raquítico arbusto. El más alto de los dos, Alcibíades, era delgado e inquieto, y tuvo que cubrirse la mirada con una mano para protegerse del resplandor del mediodía.

El más bajo, Sócrates, se acuclilló para descansar las piernas.

—Te equivocas. Siempre hay alguien observando.

—¿Quién? ¿Los dioses? Es un chiste.

—Hago lo que puedo para entretenerte —dijo Sócrates en tono amable.

—Nadie tan feo como tú puede ser entretenido —Alcibíades se relamió los labios secos y tomó un trago de una bota de agua—. No estoy siendo despiadado. Siempre me enseñaste a decir la verdad, ¿no es cierto?

La caminata desde Atenas hasta las colinas había sido bastante larga. Ambos hombres habían partido al amanecer, pero hasta ese momento no habían cazado más que un conejo, el cual Alcibíades apedreó con su honda. Llevaba la piojosa liebre del desierto en un saco colgado del hombro. Sócrates hizo un gesto con la mano cuando su compañero le pasó la bota de agua.

—Me preocupo por ti —murmuró. El cuerpo de Sócrates era nudoso y bronceado, y su rostro era plano, con la nariz respingada,

como la de los sátiros que van pintados en los costados de los jarrones. Era mucho más viejo que su delgado y alto amigo, quien
podría haber sido su hijo—. ¿Sabes por qué?

—¿Por qué qué?

—Por qué me preocupo por ti.

Alcibíades no lo estaba escuchando. A la distancia, descendía
un camino a través de un desfiladero estrecho. El camino de tierra
apenas si se estrujaba entre altos muros de roca caliza que habían
sido abiertos por un antiguo arroyo que alguna vez fluyó por ahí.
Pero ya no más. Febo Apolo lo había secado o, si nos ponemos
irreverentes, el sol lo había secado. Cuando los viajantes querían
pasar por la abertura, rozaban ambos muros con los hombros.

Alcibíades se animó de pronto.

—Si fuera un bandido, me escondería ahí. Sería la emboscada
perfecta —señaló una cornisa donde un par de hombres podrían
refugiarse mientras esperaban. Se vería desde arriba, pero permanecería oculto de la mirada de los comerciantes y los granjeros in-
genuos que iban camino al mercado.

—*Eres* un bandido —dijo Sócrates—. Un conocido ladrón de
corazones. Eres implacable.

Alcibíades esbozó una ligera sonrisa.

—Tengo derecho a darme mis gustos. Soy un soldado del Estado. En fin, tú nunca le has dado tu corazón a nadie, mucho menos lo has robado. Pretendes amar, pero es sólo un juego.

—Tú juegas tu propio juego —dijo Sócrates—. Actúas como
si fueras inmortal, y ese juego es fatal.

Siguieron bromeando con cierta camaradería que hacía notar
después de un rato que era imposible que fueran padre e hijo. El
joven era demasiado casual en su insolencia, y el viejo lo trataba
con un afecto bastante condescendiente que ni el más indulgente
de los padres mostraría. Ninguno de los dos había tenido un padre
indulgente cuando eran niños, lo que quizá explicaba por qué
empezaron a relacionarse; eso o algo más misterioso y quizá desagradable. Las malas lenguas de la ciudad expresaban su opinión al
respecto, pero ya llegaremos a la lascivia.

De pronto, Alcibíades se echó a correr colina abajo, como si
acabara de ver una presa.

—Olvídalo. Sígueme —gritó.

Ambos se apresuraron a descender la cuesta en dirección hacia la estrecha saliente. Sería imposible disuadir o distraer a Alcibíades. Estaba decidido. Se agacharían en el escondite tanto tiempo como fuera necesario hasta que pasara una víctima por debajo. Entonces Alcibíades se abalanzaría sobre ella. Sólo en ese momento Sócrates sabría con certeza si su compañero andaba con ánimo deportivo o tenía auténticas intenciones violentas.

El camino era inclinado y resbaloso. Bajo sus sandalias se quebraban varitas y se desperdigaban rocas sueltas. Ambos hombres traían los rostros cubiertos de tierra y sudor. Alcibíades, un corredor entrenado, no volteó hacia atrás para ver si Sócrates necesitaba ayuda. ¿Acaso el viejo no era famoso por su entereza? En sus días marciales, durante la Batalla de Potidea, al norte, Sócrates hizo guardia en una gélida noche usando apenas una ligera capa, sin tiritar en lo absoluto. Para entonces ya tenía casi cuarenta años. En las campañas en las que se esperaba que todo hombre libre cargara un escudo, se decía que él podía quedarse en su lugar toda la noche, sin patalear y sin frotarse los brazos por el frío. Las libres lo confundían con un árbol y mordisqueaban las hierbas a sus pies.

Cuando era aún más joven e insolente, Alcibíades le había preguntado cuál era su secreto.

—¿Tu piel es más gruesa que la de los demás? ¿Como cuero de jabalí?

—No me movía porque estaba pensando —contestó Sócrates.

—Yo también pienso —dijo entre risas el muchacho—. Creo que sería lo suficientemente pensante como para mantenerme abrigado.

—Eso he oído. Por lo regular te mantienes abrigado bajo las sábanas con una chica cuyo nombre no sabes sino hasta la mañana siguiente.

Era cierto. Atenas se llenaba de noche con el chirrido de los aulós, la flauta doble que tocaban las muchachas errantes al pasar por las calles para señalar que estaban disponibles. Alcibíades era famoso por abrir la puerta de casa de su padre para cobijar del frío a alguna joven con aulós. Sócrates, quien era notoriamente virtuoso, observaba el comportamiento de su compañero con actitud tolerante.

Había caído en el hábito del cariño desde el principio. La gente susurraba cosas sobre el viejo y el muchacho testarudo, pero Alcibíades estaba orgulloso de ser el premio que todas las miradas buscaban. En los banquetes, los invitados se recostaban en divanes que sostenían a tres personas una junto a otra. Alcibíades se burlaba de Sócrates por estar siempre en medio, rodeado de los jóvenes más agraciados a su derecha y a su izquierda.

—¿Cómo puedes culparme? —protestaba Sócrates en tono amable—. ¿Acaso no siempre saco a alguno de ellos del diván tan pronto apareces? Por lo regular ahogado de borracho.

Tener el don de la belleza es como ser absurdamente rico. Puedes darte el lujo de ser descuidado con respecto a cómo afectas a los demás. Alcibíades, por ejemplo, era descuidado con quienes lo amaban. De hecho, era descuidado en la mayoría de las cosas e imprudente en todo lo demás. La única excepción, lo único que sí se tomaba en serio, era el ejército. Cuando su colérico padre lo golpeaba con una vara, el muchacho se inclinaba y se cubría la cabeza para protegerse. Se decía a sí mismo que era un buen entrenamiento por si algún día los espartanos lo capturaban y lo torturaban. *Odia, pero guarda silencio*. A los quince años, ya sabía bien cómo hacerlo.

Cuando llegaron al saliente sombreado, los cubrió un velo de frescura. La parte más estrecha de la quebrada quedaba justo debajo de ellos, y el lugar estaba en absoluto silencio, excepto por el nido de aves que se alborotaron con la presencia de los intrusos. La madre de los polluelos voló en círculos sobre sus cabezas, cortando el aire con las alas con embates bruscos y veloces.

—Siente —dijo Sócrates, quien fue el primero en agacharse.

Alcibíades tocó la tierra suelta alrededor de sus pies.

—Está húmeda —señaló las estrías blancas sobre la faz de la roca atrás de ellos, por donde hilos de agua descendían en silencio, formando una cinta tenue y brillante.

Sócrates sacudió la cabeza.

—Alguien más ha estado aquí —su tono de voz se había vuelto sobrio.

—¿Cómo lo sabes? —Alcibíades sintió que la veloz mano de Sócrates lo tomaba del tobillo.

—No te muevas. Lo aplastarás —susurró Sócrates.

¿Hablaba de una serpiente? Apreciadas por sus poderes curativos, las serpientes pequeñas buscaban un lugar fresco a mediodía, sobre todo en este lugar donde corría el agua. Sócrates le soltó el tobillo, y al joven le costó un poco ajustar su vista después de mirar durante tanto rato el sol. Entonces miró a su alrededor.

—¿Qué cosa?

—Esto —Sócrates pasó los dedos por encima de una ramita que crecía en una grieta del saliente. Era un mirto sagrado, con hojas pálidas y brillantes. Bastaba con tocarla para que liberara su exquisita fragancia. Alcibíades había estado cerca de muchas muchachas que la usaban, pues el perfume de mirto hacía que Afrodita las favoreciera. A Alcibíades le gustaban esas muchachas por cuestiones más allá de lo sagrado—. Dijiste que eras pensante —gruñó Sócrates, sacando a Alcibíades de su ensueño—. Intenta pensar ahora.

A sus veinticinco años, Alcibíades ya era demasiado mayor para ser pupilo de Sócrates, además de que nunca había habido una escuela real, con techo y tabillas de arcilla para escritura. No obstante, sabía reconocer las órdenes de un maestro. Sin embargo, al mirar más de cerca, no notó nada fuera de lo común.

Sócrates estaba decepcionado, pero no lo dijo. El amor lo hacía tonto. Se sentiría herido si Alcibíades se molestaba con él, si en verdad se enojaba en vez de sólo fingirlo, y nada encolerizaba más al guapo soldado que su vanidad herida. Con voz apacible, Sócrates le explicó.

—El mirto no puede crecer a la sombra. Se marchitaría y moriría. Alguien lo ha hecho crecer aquí.

—¿Cómo?

—Por medio de magia. ¿De qué otra forma? —Alcibíades se encogió de hombros, y Sócrates repitió la pregunta—. ¿De qué otra forma? Lo pregunto en serio. Si no crees en magia, explícame cómo creció esta ramita aquí. Quizá fue voluntad de los dioses. Si es así, quizá la dejaron aquí para enviarnos una señal.

—¿Qué clase de señal?

—Un augurio —con gesto casual, Sócrates arrancó el retoño de mirto desde la raíz y se lo puso atrás de la oreja—. Tu charada es peligrosa. Los viajeros andan alerta por los bandidos. Los más fuertes saben defenderse.

Alcibíades frunció el ceño. Como la mayoría de los soldados, mantenía su orgullo intacto imaginando que él jamás saldría herido.

—No hago caso de los augurios.

—¿Por qué? ¿Porque nunca tienes miedo? Deberías tenerlo. La vida no es más que una caminata hacia el borde del precipicio. Cada día nos acercamos más, y nadie sabe qué hay más allá de la orilla.

El camino que estaba tomando la conversación empezaba a irritar a Alcibíades. Sacó su cuchillo y se puso a rasparlo contra el muro de piedra para afilarlo. Bien podría ponerse a destripar y despellejar a la liebre mientras esperaban, para que no se pudriera por el calor. Sócrates continuó.

—A mí me enseñaron a leer augurios. Tuve la mejor instrucción, en aquella época en que era tan ignorante que aún me avergüenza reconocerlo. Pero no me gusta hablar de ella.

—¿Ella?

—Se llamaba Diotima, y, si los dioses no dejaron este augurio, fue ella.

Alcibíades no podía ocultar su sorpresa.

—¿Entonces crees que esa tal Diotima sabía que quizá hoy yo saldría herido?

—O algo peor. ¿Te gustaría poder leer los augurios? No es difícil tan pronto aprendes a ver.

Para entonces, Alcibíades ya se había olvidado de la liebre. Entrecerró los ojos.

—Nadie puede entenderte. La mitad del tiempo dices lo opuesto a lo que sabes que es verdad. Eres engañoso y orgulloso, pero finges ser ordinario.

—Lo hago porque soy ordinario y creo en los dioses, como toda la gente ordinaria.

—¿Ves? A eso me refiero con que dices lo opuesto a la verdad.

Si bien Alcibíades se había olvidado de destripar a la liebre, Sócrates no. Sacó al animal, que ya muerto parecía más bien un lánguido trapo gris.

—¿Ésta es la verdad? —preguntó Sócrates—. ¿Somos como liebres? Sangramos. Podemos ser aniquilados. Entonces, ¿por qué no llamarnos animales y matarnos por deporte?

—Porque somos humanos.

—¿Eso qué significa?

—Estoy seguro de que tú me lo dirás.

Lo peculiar de Sócrates era que las charlas insignificantes siempre tomaban ese camino, hacia aguas profundas.

—Lo que nos hace humanos —contestó— es que pensamos en los dioses y ellos piensan en nosotros. Te reirás, pero eso fue lo que Diotima me enseñó. Los dioses están aquí.

—¿En este preciso instante?

—Sí.

—Tienes razón. Eres ordinario —se burló Alcibíades—. Si los dioses están aquí, quiero ver los senos de Afrodita.

Sócrates ignoró la burla.

—¿Qué ves cuando miras a tu alrededor? El mundo como es. Rocas, un camino angosto, una liebre muerta. Pero un mundo así carece de propósito. La vida y la muerte bailan juntas en un abrazo estrecho. Ninguna de las dos está dispuesta a soltar a la otra, así que el baile no termina jamás. Los animales aceptan esta realidad, pero los humanos luchamos contra ella.

—¿Puedo decir algo? —intervino Alcibíades—. Las rocas son duras. El camino es polvoso. La liebre jamás volverá a alimentar a sus crías. Me da gusto ver el mundo como es, y no como debería ser.

—¿Entonces no te importa ser un animal? —le preguntó Sócrates.

—No, si soy el que sobrevive.

La expresión de Sócrates se tornó seria.

—El augurio es más oscuro de lo que creía. Si lo leí bien, dice que morirás de forma violenta. No hoy, pero algún día. Tu viuda apoyará su rostro cubierto de lágrimas en el piso, pero la mitad de Atenas se regocijará con tu ausencia.

Los contornos del rostro del joven se hundieron.

—¿Por qué me estás diciendo estas cosas tan horribles? Deberías ahorrárselas a un amigo, como lo haría un médico con un paciente que no sabe que está muriendo.

Sócrates le lanzó una mirada mordaz a su joven compañero.

—Todos somos pacientes que esperamos que nos digan que no moriremos. La verdad es otra cosa.

Su conversación se había vuelto tan intensa que ninguno de los dos escuchó el sonido de los cascos de los caballos hasta que ya estaban directamente debajo de ellos. De pronto, el ruido llamó su atención. El cuerpo de Alcibíades se tensó. Apoyado en sus manos y sus rodillas, se asomó por la saliente. Bajo ellos estaba pasando una carreta desvencijada llena de canastos de paja. El aire se llenó del aroma aceitoso de las olivas, y el conductor de la carreta mantuvo la vista fija en el camino.

—Ahí está tu deporte. Adelante, salta —le susurró Sócrates al oído a Alcibíades.

—Es sólo un muchacho.

—Mejor aún. Probablemente ganes.

En esa posición alcanzaban a ver que el conductor de la carreta era un joven granjero que no pasaba de los doce años y que traía puesto un sombrero de paja de ala ancha. Le costaba trabajo controlar a la yegua que jalaba la carreta, y que estaba asustada por la estrechez del camino y el repiqueteo de sus propios cascos. Tan pronto atravesaron la parte más estrecha del desfiladero, el sonido se fue desvaneciendo.

—Me contuve —dijo Alcibíades con amargura—. Por la forma en la que me provocaste, pude haber hecho algo muy estúpido.

—¿En serio? ¿Disfrutas engañarte a ti mismo? —preguntó Sócrates—. Has matado espartanos en batalla, y una vez te volviste loco. Permitiste que el odio te consumiera y les arrancaste las extremidades a tajos. Tu sed de sangre condenó a tu enemigo a irse profanado al inframundo. Ahora sus sombras buscan venganza.

—Al diablo con tus augurios. Yo luché por Atenas. Maté por honor —el temperamento de Alcibíades se transformó en preocupación—. ¿Cómo sabré a qué sombra apaciguar? —preguntó.

—Espera y pregúntaselos. Estarán formadas en línea después de tu muerte.

Alcibíades se mordió el labio mientras guardaba su cuchillo en la funda que llevaba a la cintura. Luego miró al cielo, con los ojos entrecerrados. El sol había pasado su cénit y se veía como un haz brillante de luz contra el borde de la cuesta de roca. Por hoy, el juego se había arruinado. Sócrates ya empezaba a ascender por el camino por el que habían llegado. Alcibíades gruñó y de puro coraje lanzó a la liebre hacia el barranco antes de emprender el regreso. Llegaron a Atenas después del atardecer. Sócrates había empezado a silbar, mientras que Alcibíades se mantuvo cabizbajo. No estaba oscuro aún, pero ya se oían las primeras notas de los aulós de las muchachas. El sonido agudo le ponía los nervios de punta, pero también lo excitaba. Se relamió los labios para decir algo, pero entonces Sócrates lo interrumpió.

—Nunca podría enseñarte a leer augurios. Te importa demasiado mantenerte con vida. Me iré a casa.

Durante el camino de vuelta a la ciudad, Alcibíades había sentido que su rabia menguaba, pero ahora volvía, como cuando un carbón parece estar apagado en medio de las cenizas, pero se aviva tan pronto le dan un empujón.

—Sí, lárgate a casa. Probablemente todavía te alcancen los dientes para comerte la cena —en su imaginación había un espejo, en el cual Alcibíades observó lo ridículo que se veía el viejo acuclillado junto a él, con su deslumbrante figura apolínea—. Asústame y luego huye —murmuró entre dientes.

Sócrates miró por encima del hombro.

—Olvida el día de hoy. Volveré a tu lado cuando te apacigües —dijo mientras las sombras de la noche se lo tragaban.

A la mañana siguiente, Sócrates deambuló por el ágora hasta llegar al mercado, donde pellizcó una manzana en un puesto y olisqueó el cordero recién sacrificado que colgaba en otro. Podía hablar con cualquier persona, rica o pobre. Nadie era capaz de predecir lo que saldría de su boca, pero una banda de muchachos, incluido Alcibíades, el más salvaje de todos, tenía la costumbre de seguirlo. Estaban ansiosos de ver qué incauto ego heriría ese día. Si Sócrates se topaba con alguien importante, esa persona hacía bien en darle la espalda. Era peligroso incluso saludarlo. Sus oponentes salían cojeando de cualquier discusión, las cuales solían empezar como inocentes conversaciones. Las palabras que enunciaba picaban peor que tábanos que hacen sangrar la piel.

Pero ninguno de ellos sabía quién era Sócrates en realidad. Incluso él mismo sentía que apenas si él lo sabía. Permanentemente se examinaba desde el interior, mientras que el resto de la gente sólo lo veía desde afuera como una curiosidad peculiarmente alegre, curiosa, insignificante, pobre y fastidiada. Algunos consideraban que era una curiosidad inofensiva, pero otros lo miraban con sospecha y lo consideraban una amenaza.

—Eres maestro de la miseria —afirmó Antifonte, un maestro rival, unos meses antes para acusarlo públicamente—. Te exhibes como sabio, pero mírate. No trabajas. Nadie sabe cómo logras siquiera alimentarte. Usas la misma capa sea invierno o verano. Nunca te he visto con un par de sandalias nuevo ni con una túnica decente.

Antifonte había acorralado a Sócrates cerca de un templo en la Acrópolis, y hablaba en voz alta para atraer la atención de la gente. Una pequeña multitud se mantenía cerca, preguntándose cómo contestaría Sócrates.

—Sigue, Antifonte —murmuró Sócrates—. Me describes muy bien. Si no puedo ser admirado, al menos llamo la atención de alguien tan estimado como tú.

—¿Yo soy estimado? —lo interrumpió Antifonte con sospecha.

—Por supuesto. Pregúntale a cualquiera que esté aquí. Pregúntatelo a ti mismo.

Algunos espectadores se rieron por lo bajo, pero Antifonte se rehusó a permitir que lo distrajeran.

—¿Adónde nos llevará tu burla, si no a la miseria? Tus pupilos han aprendido a desdeñar las convenciones. Son perezosos e insolentes y, puesto que imitan a su maestro, terminarán como tú, atrapados en la pobreza. ¿Niegas que el dinero hace más fácil la vida? Es mejor que pasar hambre. Al final, tus seguidores despertarán a su miserable existencia, pero entonces será demasiado tarde.

—Bien argumentado —dijo Sócrates, quien jamás levantaba la voz—. Pero, por desgracia, has demostrado lo contrario de lo que pretendías. Te lo demostraría, pero, dado que aseguras enseñar sabiduría, sería como un zapatero que le roba un zapato a un colega. Si cada uno tiene un solo zapato, ninguno de los dos se beneficia.

A Antifonte se le pusieron rojas las puntas de las orejas. Era parte de una nueva clase de maestros errantes conocidos como sofistas, quienes afirmaban enseñar sabiduría, como había dicho Sócrates. La opinión de Atenas con respecto a ellos estaba dividida.

—No serías un zapatero, Sócrates, sino más bien un cangrejo —reviró Antifonte—. Los cangrejos se escabullen de lado para escapar, como intentas hacerlo tú ahora.

Sócrates se encogió de hombros.

—Sólo quería proteger tu reputación, querido Antifonte, pero eres un ser peculiar, un acusado en la corte que insiste en que lo declaren culpable después de que el jurado ha declarado su inocencia.

—Muéstrame mi culpa —dijo el sofista en tono agresivo.

Sócrates hizo una breve pausa.

—En primer lugar, eres culpable de tu mala fe. No tienes interés en lo que yo enseño. Me has abordado para hacer de mí un espectáculo público, con la esperanza de atraer más pupilos a tus filas después de que me vean humillado. En segundo, eres culpable de falso razonamiento. Es verdad que soy pobre, que mi comida es escasa, que uso la misma capa en cualquier temporada. Pero soy feliz, o al menos eso es lo que todos me dicen. ¿De dónde proviene mi felicidad? No del placer, porque, según tus propias acusaciones, carezco del dinero que les permite a los hombres alcanzar el placer. Por lo tanto, mis pupilos verán que el dinero no tiene nada que ver con la felicidad. ¿Qué ejemplo crees que deberían seguir? ¿El tuyo, que reside en superficialidades, o el mío, que podría guiarlos a la fuente secreta de la verdad?

Antifonte se dio media vuelta abruptamente, seguido por el escarnio del público. Ése era el típico encuentro que dividía de tajo a Atenas entre quienes defendían a Sócrates y quienes deseaban verlo herido. Pero esta vez llegó muy temprano al ágora y no habló con nadie. Estaba consternado por lo que había ocurrido con Alcibíades. Como el gato a la leche, el atractivo soldado volvería, pero la historia se repetiría. Se avergonzaría de su salvajismo y de su falta de autocontrol. Incluso derramaría lágrimas. Sin embargo, algunos cuantos días después volvería a ser Alcibíades.

¿Y el oscuro augurio? Sócrates creía genuinamente que los dioses habían sido responsables de que la ramita de mirto apareciera ahí, o que Diotima la había puesto ahí. Ella era capaz de hacerlo. Mientras miraba a los granjeros instalar sus puestos en el mercado, Sócrates vio a Diotima de nuevo como la primera vez, hacía veinte años, con una larga y negra cabellera rebelde y cejas muy pobladas. Usaba ropa harapienta y no traía sandalias. Parecía una muchacha criada por lobos, porque muy poco de ella era apropiado, lo cual a Sócrates le atraía, pues tampoco mucho de él lo era.

En ese entonces era un joven que trabajaba en el negocio familiar.

—¿Podrías esculpirme una estatua? —preguntó Diotima sin siquiera presentarse—. ¿O tú mismo eres una estatua? En ese caso, me disculpo por molestarte.

Sócrates la miró de frente, cubierto en polvo de mármol blanco que lo hacía parecerse a la piedra que tallaba.

—Soy mampostero, como mi padre —dijo—. Pero también esculpo estatuas. ¿Qué tipo de estatua quieres?

—¿Qué tipo de estatuas haces? —preguntó ella.

—Sólo las que ves —contestó Sócrates y se dio la vuelta. Estaba rodeado de pequeños dioses y diosas que serían vendidos en las tiendas que rodeaban la base de la Acrópolis.

—Qué pena. Quería de las que son invisibles —dijo Diotima.

—¿Invisibles? Ésas son las más fáciles de hacer. Tú misma puedes hacerlas.

Era un día caluroso, y Sócrates, quien tenía el pecho descubierto, excepto por el grueso delantal de cuero de su oficio, estaba listo para tomar un descanso en la sombra. Dejó caer el cincel y se limpió la frente con un trozo de tela.

Diotima negó con la cabeza.

—Te equivocas. Las estatuas invisibles son las más difíciles de hacer —dijo.

—¿Por qué lo dices?

Diotima agarró una estatua pequeña, una imagen burda de Atenas con casco y escudo, y la examinó.

—El punto de todas estas estatuas es mostrar la similitud con la divinidad —contestó—. De otro modo, no serían más que simples mortales. ¿Cómo se puede esculpir la divinidad si es invisible? Por lo tanto, cualquier verdadera estatua de los dioses también debe ser invisible.

Sócrates no sabía qué contestar. Lo que decía la mujer salvaje tenía sentido, pero al mismo tiempo lo confundía.

—Te ves desconcertado —señaló la mujer—. Bien. Entonces tengo oportunidad de aventajar tu ignorancia.

Sócrates había traído de almuerzo un trozo de pan rústico, algo de sal y aceite de oliva. Se sentó bajo un árbol y partió el pan para compartirlo con Diotima. Era bastante evidente que la mujer no había comido en mucho tiempo.

—¿Entonces puedes enseñarme a esculpir una estatua que se asemeje a un dios? —preguntó Sócrates, no porque tomara en serio lo que ella había dicho, sino porque despertaba su curiosidad.

—No soy escultora —contestó Diotima—. Pero puedo enseñarte a ver lo invisible, y entonces podrás decidir por ti mismo qué hacer —clavó en él su mirada profunda de complicidad—. Pero debes tener cuidado. Una vez que veas aquello que te mostraré, dejarás de lado tus cinceles y tus martillos.

Sócrates soltó una carcajada.

—¿Por qué lo dices?

—Porque la forma exterior de los dioses no vale nada, una vez que has observado su forma real —Diotima esbozó una sonrisa irónica—. Debería advertírselo también a tu esposa.

—Así que la sabiduría que impartes destruye matrimonios —dijo Sócrates—. El mío ya anda rengueando. Mi esposa y yo somos tan sosos que ninguno de los dos se atreve a salir por la puerta —Sócrates era objeto de burla por haberse casado con Jantipa, una conocida bruja.

—Veo que eres listo, y feo también —dijo Diotima—. Con razón se queja tu esposa.

A pesar de su apariencia sencilla, Diotima era una seductora de almas. Volvieron al taller de mampostería y, mientras Sócrates tallaba la piedra, ella se sentó en la sombra y siguió hablando. Su cabello jamás se dejaba domesticar y ella nunca parecía cambiar de atuendo. Al principio, Sócrates sintió lástima por ella, pero era evidente que no podía llevarla a su casa. Lo mejor que podía hacer era llevarse dos trozos de pan en lugar de uno y decirle a Jantipa que las ratas debían estar robándolo de la alacena.

En sus típicas lecciones, Diotima no medía sus palabras.

—No eres más ciego e ignorante que otros hombres —empezaba a decir—. Estás dominado por tu apetito. Envidias a quienes tienen más placer del que tú puedes obtener. Pero hay momentos en los que te descubres y entonces te avergüenzas de tu codicia.

—¿Eso es lo que me pone por encima de mi gato? ¿La vergüenza? Entonces debe ser mejor ser un gato, pues al menos él carece de la imaginación suficiente como para infligirse sufrimiento.

Diotima rio por un instante.

—No intentes competir conmigo. Sólo escucha. La nuestra es la vergüenza de las criaturas racionales que pueden ver su propia imagen y desear ser mejores.

—Pero los borrachos se despiertan por la mañana con remordimiento y al anochecer vuelven a escabullirse a las tabernas.

Así eran las discusiones entre ellos, el mampostero y la mujer errante. Cada día, Diotima soltaba una pista sobre el misterio que se ocultaba tras los velos. La gente escuchaba a escondidas estas lecciones, pero también hacía correr rumores. Una vecina dijo que Jantipa había esperado a Sócrates en la puerta agarrando con fuerza una vara pesada —o cualquier otra cosa que pudiera servir como arma—. No obstante, a pesar de toda la miseria que infligía, Sócrates se sentía cada vez más feliz, e incluso en momentos impredecibles se sentía extasiado.

Aun así, su estado de ánimo iba y venía. Le costaba trabajo liberarse de su fatalismo.

—Cuando los dioses nos dieron razón, olvidaron hacernos perfectos. Es culpa de ellos. El alfarero elige hacer el mejor jarrón posible, pues todo mundo sabe que un jarrón que gotea es inservible. Pero todos los seres humanos tenemos almas que gotean. Se lo reclamaré a Zeus tan pronto me tope con él.

—No seas blasfemo —dijo Ditoma con brusquedad—. Es peor que convertirse en sofista, si es que acaso es posible que haya algo peor —ésa fue una de las pocas veces en las que Sócrates la vio genuinamente enojada. Pero la mujer se apaciguó con la misma velocidad con la que se había enardecido, y se apoderó de ella un nuevo estado de ánimo: la pena—. La mayoría de los hombres están condenados, como puedes ver. Pero es una prisión extraña la que los contiene, pues cada preso ha recibido también la llave de su celda. Nos la entregan cuando nacemos y podemos elegir escapar en cualquier momento.

—Entonces, ¿por qué no lo hacemos?

—Porque nuestro carcelero es la mente, y no se ha visto ninguno más feroz. Aun si mañana las puertas se abrieran de par en par, el prisionero creería que es algún tipo de engaño y permanecería tirado en el piso de su celda, lamentándose de su cruel destino.

Diotima esbozó una ligera sonrisa. Después de hacer afirmaciones provocadoras como ésa, siempre se quedaba en silencio y dejaba que el misterio flotara en el aire. Era parte de su poder de seducción, pues, como buena provocadora, sabía revelar su tesoro poco a poco. De pronto desaparecía uno o dos días, pero luego volvía y retomaba la discusión en el punto exacto donde se había quedado.

—Sin embargo, el destino no es cruel. Parece despiadado sólo cuando le permites que te capture, como un pastor que se niega a huir del lobo y termina entre sus fauces. Si los hombres no fueran tan ignorantes, verían que lo único que los dioses quieren es nuestra felicidad. Es por eso que los humanos empezaron a alabarlos, en primer lugar, por gratitud.

—O miedo —intervino Sócrates.

Diotima negó con la cabeza.

—El miedo no es alabanza. El miedo surge cuando crees que los dioses te han abandonado. Un dios ausente puede ser malicioso o vengativo. Podría ser la razón oculta por la cual tus cultivos se marchitaron o tu casa se incendió. Cualquier cosa es posible cuando los humanos pierden su conexión con los dioses.

—Podría argumentar justo lo opuesto —contestó Sócrates—. A los dioses les entretiene nuestra ruina. Nos observan asesinar e ir a la guerra, pero no hacen nada para detenernos. ¿Cómo puedes afirmar que quieren nuestra felicidad? ¿Cuál es la evidencia?

Para entonces, Sócrates estaba tan inmerso en la conversación con Diotima que sus herramientas yacían tiradas en la tierra. No notaba las miradas de los transeúntes, quienes ya empezaban a decir a sus espaldas que Sócrates estaba olvidando cómo trabajar.

—No es posible demostrar que los dioses quieren que seamos felices —dijo Diotima.

—Pero acabas de decir…

La mujer tomó su mano para indicarle que guardara silencio. Su tacto era cálido y envejecido, como el de alguien que está destinado a jamás vivir bajo un techo.

—Escucha bien. Los dioses están aquí, caminando a nuestro lado. Nuestros ancestros los vieron. Palas Atenea estuvo en el mismo carro que Aquiles en Troya. Nuestros ancestros fueron bendecidos, pero nosotros lo estamos más. Los dioses ya no nos acunan como niñeras con un infante incapaz de valerse por sí mismo. Nos han liberado para que nos conozcamos a nosotros mismos. Sin ese conocimiento, la vida no tiene sentido.

¿Cómo podría alguien no sentirse seducido por esa conversación? Sócrates se sentía atolondrado, como si las palabras de Diotima fueran vino fuerte. Y ella se dio cuenta.

—Estás temblando como un bebé, pero no te abrazaré en mi seno. Es un seno bastante marchito, como puedes ver. Ten esperanza. Aún hay más por decir.

En ese momento se levantó y se fue. Sócrates no se dio cuenta sino hasta entonces de lo tarde que era. La última luz se estaba apagando, y él ya no tenía estatuas nuevas para vender. Eso significaba que no había dinero que llevar a casa, lo cual implicaría que Jantipa estaría de mal humor. Eran cosas que importaban, aunque en una parte de él ya no significaban nada.

Aunque al final de su último encuentro Sócrates había prometido estar con Alcibíades tan pronto los ánimos del joven se calmaran, no tuvo oportunidad de hacerlo. Alcibíades rara vez se calmaba, impetuoso como era, siempre persiguiendo amantes, glorias o vergüenzas. Sócrates no buscó a Alcibíades, porque éste lo buscó a él primero. Dio varios golpes a la puerta de su casa, la cual estaba en el peor barrio de la ciudad, donde los arroyos estaban sucios y las mujeres debían recorrer largas distancias para llenar sus jarrones de barro. Alcibíades tocó de nuevo. Era valiente, pero temía que Jantipa abriera la puerta y que trajera en la mano algo que pudiera lanzarle.

No obstante, no se oía que hubiera alguien que pudiera abrir la puerta. Alcibíades levantó el puño para golpear de nuevo, pero se detuvo a meditarlo un instante.

—¿Una voz secreta te dijo que no lo hicieras?

Se dio vuelta y se encontró de frente a Sócrates, quien en silencio se había acercado hasta él.

—Yo escucho una voz así. Me advierte cuando estoy a punto de hacer algo mal —le mostraba la hebra de una conversación inocente, pero Alcibíades no mordería el anzuelo.

—Hay una guerra. ¿No lo has oído?

Sócrates se quedó en silencio. Miró hacia el mar, aunque desde ahí no se alcanzaba a ver.

—Debo partir con la primera marea —continuó Alcibíades—. Pero quería preguntarte algo. ¿Moriré esta vez? Dijiste que me esperaba una muerte violenta. ¿No volveré a ver Atenas?

—¿Cómo esperas que lo sepa?

—¿Qué hay de tu voz? ¿No puede decírtelo?

Sócrates extendió la mano como un ladrón que demuestra que no se ha robado los dijes de oro del mercado.

—Ella decide cuándo viene, no yo.

Alcibíades fijó la mirada en el suelo, intentando ocultar que la esperanza se le iba de las manos.

—Quédate en casa —dijo Sócrates en tono amable—. Siempre hay una buena razón.

—No puedo quedarme. Mis deudas. Mis mujeres. Pensé que tú… —se detuvo en seco—. No importa. No estoy siendo yo mismo. Vamos, emborrachémonos —señaló la taberna más cercana, pero, al ver que Sócrates no lo seguía, se dio la vuelta—. Si me amas, anciano, regálame una hora. Usa tu filosofía para ayudarme a olvidar esta maldita guerra.

—Está bien, pero tendremos que ir a donde yo quiera.

Alcibíades asintió. Sócrates lo guio hacia la Acrópolis. Caminaron en silencio, compartiendo el mismo pensamiento. Ambos sabían la verdadera razón por la cual Alcibíades amaba a Sócrates. La lujuria rumorada era falsa, pero entre ambos había un pacto de amor sellado. Un día, hacía siete años, Alcibíades había ardido en deseos de demostrar que era un guerrero. Como aristócrata, tuvo el beneficio de recibir un uniforme de oficial.

La lucha se desató cerca de la ciudad de Potidea, una de una serie de batallas que no parecían tener fin. La ilusión imperial inflamaba a Atenas, pero el precio a pagar era la guerra constante con las ciudades rebeldes. Alcibíades, quien ya no era un muchacho lampiño, había alcanzado su estatura definitiva y era lo suficientemente fuerte como para plantarse frente a una falange de hoplitas, soldados ciudadanos armados con lanzas y escudos.

La moral de los soldados era alta ese día. Atenas tenía una gran sed de victoria, y el enemigo había sido privado de comida durante mucho tiempo por medio de un bloqueo en la costa. Pero Alcibíades no soportaba esperar, y, cuando vio la primera señal del enemigo, meras manchas en el horizonte despejado, rompió filas y arremetió contra ellos con furia, sin mirar siquiera cuantos de sus hombres lo seguían. Ninguno iba atrás de él. Los soldados rasos sabían lo verde que estaba.

Sin importarle, Alcibíades se acercó rápido al enemigo y, si acaso percibió que estaba solo, no titubeó. *Odia, pero guarda silencio.* Cuando estuvo lo suficientemente cerca, arrojó con fuerza su lanza hacia un sorprendido soldado de a pie que estaba en medio de los enemigos, quienes no podían creer que un oficial solitario estuviera embistiéndolos en pleno campo abierto. La lanza dibujó un arco y se clavó en la tierra, a unos seis metros de su blanco. El soldado enemigo estaba casi entretenido.

—Llévate tu lanza a casa —le gritó—. Tu padre quiere que aprendas a rasurarte.

Alcibíades pudo haberse retirado con honor después de este gesto inútil, pero en lugar de eso sacó una espada corta y la balanceó sobre su cabeza, emitiendo un grito de guerra mientras arremetía contra el bando opuesto.

Había dos soldados enemigos frente a él, pero no estaban armados para pelear. Eran exploradores que habían sido enviados para contar el número de atenienses desplegados del otro lado de la colina. Ambos sacaron sus pequeños cuchillos y se miraron entre sí con nerviosismo. Un loco los estaba atacando, pero al menos ellos eran mayoría, y la primera señal de pelea atraería a algunos de sus camaradas, quienes estaban agachados en la cuesta a sus espaldas.

A la izquierda se extendía una escueta arboleda, de la cual de pronto salió caminando un hombre, un ateniense de edad mayor. Los exploradores se detuvieron en seco, desconcertados, y Alcibíades, quien no estaba tan trastornado como parecía, disminuyó la velocidad.

—Regresa —dijo bruscamente el viejo ateniense. Su voz era grave y firme. El enemigo titubeó. No era claro a quién le estaba hablando el intruso. El viejo blandió su espada—. Soy el único aquí que ha peleado mano a mano. Este muchacho —señaló a Alcibíades— cree que la sangre es una buena medicina para el miedo. Pero no lo es. Así que sigan mi consejo, vuelvan a sus filas —miró directamente a los exploradores enemigos, quienes, vistos de cerca, no eran mayores que Alcibíades—. Díganles a sus camaradas que tienen suerte de estar vivos. Que conocieron a un ateniense que no teme morir y a otro que desearía no temer.

Alguna parte de la presencia del hombre los convenció. Los dos soldados saludaron con una reverencia, como si acabaran de tener una conversación sobre cultivos o mujeres, y se retiraron sin pedir ayuda a gritos.

La situación era potencialmente cómica, pero Alcibíades temblaba de ira.

—¡No tenías derecho! —gritó.

—¿De salvarte? Lo lamento —dijo Sócrates—. Yo peleo por la vida. Pero, desde tu perspectiva, hacerlo debe ser un crimen.

—El crimen es la cobardía. Eso es lo que sé —Alcibíades hizo un gesto para señalar por encima de su hombro—. Mis hombres me están mirando. ¿Qué irán a decir?

Sócrates empezó a caminar hacia las filas atenienses.

—No importa. Jamás fueron tus hombres —volteó y miró fijamente a Alcibíades—. Haz algo para que lo sean. Eso es justo lo que yo acabo de hacer.

Ese pacto fue lo que hizo que Alcibíades fuera suyo. La batalla la ganó Atenas ese día, y Alcibíades demostró ser un asesino despiadado. Las tropas lo vitorearon. ¿Por qué no? Acababan de presenciar la ridícula valentía de Alcibíades. Pero, en vez de reírse, era mejor respetarlo. Durante las celebraciones de la victoria, Sócrates apartó a Alcibíades antes de que estuviera demasiado alcoholizado como para escucharlo.

—No me debes nada, excepto pensar en este día. Intentaste convertirte en un animal, y por eso serás reconocido como un grande. Pero estoy avergonzado de ti.

Una vez que llegaron a la cima de la Acrópolis, Sócrates encontró un bloque de mármol toscamente labrado en el cual sentarse. Le gustaba que recordar su antigua profesión.

—No importa si marchas y mueres en batalla —dijo. Alcibíades pudo haber protestado que era importante para él, pero no lo hizo. Estaba tan pesimista como para aceptar cualquier consolación. Sócrates continuó—. La guerra no estalla simplemente hoy o mañana. Al estar divididos, los humanos suelen estar en guerra interior constante. Hasta los más contenidos y tranquilos fingen, o se están engañando a sí mismos. El miedo y la ira, la desesperanza y la desesperación, son los enemigos de la mente. ¿Qué debe hacerse? Esta guerra en nuestro interior es una enfermedad. La cura es obvia, aunque pocos la buscan. Poner fin a la división que crea alegría un día y pena el siguiente.

Si acaso era una táctica para apaciguar a Alcibíades, parecía funcionar, pues el joven entró en un estado meditativo.

—Quizá fuimos creados para estar en guerra —dijo—. La muerte es mi destino. Si no puedes vivir con la muerte, no estás viviendo en realidad —como muchas personas que buscan ser reconfortadas, discutía para defender su propia miseria.

—Estás diciendo que no puedes curarte a ti mismo —contestó Sócrates—, como un hombre que se ha desmayado por la fiebre no puede prescribirse su propio medicamento. Pero eso no es verdad.

En contra de su voluntad, Alcibíades escuchó el grotesco crujido de los huesos cuando una espada penetra en el pecho del enemigo.

—No me digas que el sufrimiento no es real. Puedes engañarme con palabras, pero no con eso.

Sócrates negó con la cabeza.

—La realidad no engaña a nadie. La ilusión no hace otra cosa —hizo una pausa—. Quizá no volvamos a vernos, y tienes miedo.

—No sirve de nada que me lo digas —gruñó Alcibíades.

—Quizá no volvamos a vernos —repitió Sócrates—. Así que escúchame. He visto quién eres en realidad, lo cual no ha logrado ninguna otra persona. En realidad eres tímido, como una muchacha que teme dejar la casa de su padre. No puedo mostrarte a esa muchacha directamente. Sólo puedes verla de reojo. A menos que seas afortunado, ella logrará evadirte toda la vida —miró fijamente a su joven amigo—. Nunca te perderé, aun si tú te pierdes a ti mismo. Pones una capa de placer sobre tu dolor, como el constructor perezoso que cubre el muro para ocultar que está agrietado y a punto de caerse a pedazos.

Alcibíades gimió.

—Basta. Sólo esta vez —se dio la vuelta para irse—. De entre todos los momentos, eliges éste —murmuró con resentimiento.

Los sofistas no estaban del todo equivocados con respecto a cómo se infectaban los pupilos de Sócrates.

El viejo se levantó del bloque de mármol frunciendo el ceño.

—Vamos a rezar. Tanto parloteo me hizo olvidarme de los dioses. Uno nunca debe hacerlo, pues olvidar es muy peligroso.

—Ve tú. Me rehúso a rezar por tus caprichosos dioses. Sacrifica un grano de trigo o un buey, no importa. Igual nos dejan morir como moscas en un panal —gruñó Alcibíades.

Sócrates señaló una docena de templos sobre la cima rocosa de la Acrópolis.

—Alguna vez creí que los dioses vivían ahí, lo cual es tan inútil como tu creencia de que no es verdad. Para ser divino, un dios tiene que ser omnipresente. Eso significa que están aquí, junto a nosotros. Cuando lo entiendes, sabes que nunca te abandonarán.

—¿Cómo aprendiste todo eso? —preguntó Alcibíades. Era difícil descifrar si había adoptado cierta modestia o si se había resignado. Sus deudas. Sus mujeres. No tenía más opción que ir a la guerra, donde Sócrates no valía un higo.

—Lo que te digo viene de mis labios, pero no de mí —contestó en voz baja—. Digo lo que mi *daimon* quiere que diga —ése era el nombre que le daba a su voz interior.

—Eso significa que estás poseído —dijo Alcibíades en tono irónico.

—Sí, como la loca que me desvió del camino.

No estuvieron mucho tiempo en la montaña sagrada. Alcibíades abrazó a su maestro y le susurró al oído.

—No me odies. Me has mostrado la imagen de la sabiduría. Preferiría morir antes que olvidarla.

Ambos sabían que sólo estaba siendo parcialmente franco. Alcibíades bajó la colina corriendo, sin voltear nunca a ver a Sócrates ni la Acrópolis. Un buen soldado sabe qué hacer la noche antes de partir. El libertinaje puede ser tan bueno como la filosofía, y no todos tienen la bendición de ser feos y de no ser nadie.

Vinieron después muchas noticias desafortunadas, pero Sócrates las ignoró. Aunque amaba a Alcibíades con ternura, adoraba más el misterio. Siguió intentando aventajar la ignorancia con palabras. Era la única forma de mirar de reojo, aunque fuera por un brevísimo instante, a la divinidad.

Todo mundo sabe con qué moneda le pagó Atenas a Sócrates. Fue juzgado por el cargo de promover dioses falsos y de corromper a la juventud de la ciudad. Al juicio asistieron quinientos jurados, y el veredicto fue "culpable" por cuatro o cinco votos. Después de ser sentenciado, el hombre condenado pernoctó con un vaso de cicuta a su lado, conversando alegremente con sus amigos, aunque la muerte acechaba a un costado. Sus amigos lloraron. Le rogaron que escapara, pues había un bote listo para él en el puerto. Pero Sócrates se mostró completamente indiferente. Era como si no fuera a morir, como si no pudiera hacerlo. Una vez que bebió el vaso de veneno, estaba listo para resolver su último acertijo.

¿Y qué fue del glamoroso Alcibíades? Lo curioso de los augurios es que nunca hacen ningún bien, pero tampoco desaparecen. Alcibíades se lanzó de cara a todo. Habló en la asamblea, y los presentes compararon su don de palabra con el de Pericles. Dirigió expediciones militares y mató más espartanos, y cuando cierta expedición a Sicilia se convirtió en un fiasco, abordó un barco a mitad de la noche y se unió a los espartanos. Intentó ese mismo juego doble con los persas y demostró algo, aunque haya sido por belleza, valor, imprudencia o astucia: es posible vencer los augurios. La ruina pierde ante el corredor más veloz.

Hasta que llegó el día. Se quedó entre los persas, quienes eran maestros de ciertos lujos que excedían cualquier cosa imaginada en Grecia. Una tarde, Alcibíades salió de su casa para dar un paseo y curarse la resaca; aunque las sienes le palpitaban, no recordaba haber percibido jamás un aroma tan dulce. Cerró los ojos para inhalar más profundamente, por lo cual no percibió a sus atacantes. Lo asaltaron con cuchillos, y cinco minutos después no era más que un cadáver del cual fluía una cantidad copiosa de sangre. La tierra seca la bebió con ansias. Cuando su cuerpo fue enviado a Atenas para ser enterrado, su viuda lo siguió cubierta con un largo velo y con el rostro vuelto hacia el suelo. Casi no alcanzaba a ver sus pies por las lágrimas que le empañaban la vista, mientras que la mitad de Atenas se regocijaba por la muerte del soldado.

Revelando la visión

La Grecia antigua parece irrelevante con sus múltiples dioses y diosas, si es que acaso consideras que el monoteísmo es sinónimo de
progreso. Sócrates vivió al menos quinientos años antes de que se
escribiera el Libro de Job. Desde una perspectiva judeocristiana,
cualquier cosa que él tenga que decir revela mucho sobre filosofía, pero casi nada en términos religiosos.

No obstante, si cambiamos la óptica, nadie podría ser más relevante que Sócrates. Si Dios tiene que ver con nuestra propia conciencia, entonces "conócete a ti mismo" tiene implicaciones religiosas brutales. En Atenas, en los tiempos de Sócrates, el despotismo
era una amenaza constante y, dado que los déspotas tendían a ser
reaccionarios, la religión se usaba para mantener a la gente a raya.
La obediencia, la superstición y el miedo son poderosas herramientas políticas. En ese sentido, somos hijos de Sócrates, pero también
de sus enemigos. Suena imposible, pues es como ser tanto víctima
como victimario. Pero debemos sopesar qué defendía cada una de
las partes.

Cuando condenaron a Sócrates a muerte, las fuerzas reacciona-
rias de Atenas querían defender a los dioses e impedir la corrupción de los jóvenes; en este caso, *corrupción* es una palabra clave
para referirse a que tuvieran opiniones que desafiaran el *statu quo*.
Sócrates defendía lo contrario, cuestionaba toda autoridad y toda
opinión recibida (de ahí la etiqueta que la mayoría de la gente
recuerda cuando piensa en Sócrates: tábano).

Lo que sigue siendo sorprendente del juicio de Sócrates casi
dos mil quinientos años después es que a alguien le importara lo
que él decía. ¿Cuándo fue la última vez que un filósofo amenazó
el bienestar público? ¿Cuándo fue la última vez que la definición
de *verdad* fue una cuestión de vida o muerte? Al leer los diálogos
asentados por Platón, en los cuales Sócrates siempre es el mejor y
más sabio de los pensadores, así como el personaje más fascinante,
nadie se sienta en los márgenes. Los soldados, la gente de mundo, los ciudadanos rectos, los filósofos profesionales y los jóvenes
privilegiados aportan su opinión sobre la verdad. Un caso especial

es el carismático, aunque traicionero, Alcibíades, de quien hablaremos más adelante.

No importa si Sócrates habló de Dios o de los dioses. Lo importante es que le interesaba lo divino. ¿Por qué? Porque creía que la creación tenía un origen divino y, por lo tanto, los humanos también. Pero las personas debían emprender un viaje antes de experimentar esta verdad a nivel individual. Si pensamos en Sócrates sólo como el valiente mártir que bebió el vaso de cicuta, nos perdemos las grandes preguntas que son inescapables. ¿Quién soy? ¿Cuál es el propósito de la vida? ¿Hay una verdad suprema? Para estas preguntas, Sócrates dio respuestas que desconciertan a la gente hoy tanto como entonces, pues "conócete a ti mismo" se ha devaluado, ya que se ha convertido en el consejo amable de un psicólogo, en lugar de ser una vital orden para transformarnos. Sócrates no quería decir que supieras que tienes un carácter explosivo, que te gusta comer demasiado o que quieres destacar en el mundo. El "ti mismo" en "conócete a ti mismo" no era la personalidad cotidiana del ego, con sus esperanzas, sus miedos, sus impulsos y sus deseos. Sócrates se negaba a definir claramente ese "ser mismo" que tenía en mente, así como Buda se rehusaba a usar una palabra como *Dios*.

Sus razones eran las mismas: usar palabras derrota la verdad, pues las palabras implican que uno sabe qué es lo que está buscando. En lugar de eso, la verdad es una experiencia. No puede anticiparse, así como uno no puede anticipar a los cinco años lo que sentirá cuando vaya a la universidad, se case y tenga hijos. La experiencia es fresca y nueva (o al menos debería serlo), tanto como la verdad es fresca y nueva. Partiendo de ahí, es un paso pequeño exigir que Dios sea fresco y nuevo. Más que cualquier cosa, un enfoque tan ambiguo a la verdad le mostró a Sócrates el camino a su juicio y su posterior ejecución.

Las autoridades tenían razón de temerle. Como maestro, Sócrates les enseñó a sus pupilos a cuestionar todo, pero eso en sí mismo no fue una traición. La libertad intelectual, como nosotros la denominaríamos, era una parte pequeña del método socrático. Para comprender qué tan auténticamente peligroso era Sócrates, debemos volver a Diotima y a la revolución en el desarrollo de Dios (en las traducciones se encuentra a Sócrates hablando de Dios y de los dioses casi en igual medida). Cada sociedad nombra a Dios para reforzar el *statu quo*. La gente buena va a la iglesia (o hace sacrificios en el templo de Atenas), obedece las reglas, teme el castigo divino, se preocupa por la vida después de la muerte, se siente patriótica y va a la guerra para defender a su país. Dios apoya estas actividades, como también lo hacían los dioses griegos.

Diotima, a quien Sócrates reconoce como su tutora y una mujer mucho más sabia que él, representa una perspectiva diferente, mucho más radical. Ella veía el mundo entero como un misterio, y profundizar en ese misterio implicaba poner de cabeza la noción misma de verdad. ¿Qué es verdad? En Atenas, durante el siglo v a.e.c., la verdad era una serie de ideas que podían ser enseñadas, y entre más dominabas estas ideas, más sabio eras. Una escuela de maestros conocidos como sofistas (que tomaban su nombre de *sofía*, que en griego significa "sabiduría") reunían las mejores ideas y las enseñaban.

Para ellos era insultante que Sócrates expusiera la vacuidad y la desinformación de sus métodos; como clase, los sofistas son representados como tontos que se autoengañan, o que incluso son vanos. Platón es esencialmente la fuente de todo lo que sabemos de Sócrates, y la mala opinión que tiene de los sofistas sirve para resaltar la integridad absoluta de Sócrates, quien no temía nada, ni cuando fue soldado y luchó por Atenas, ni ante la muerte, cuando rechazó la ayuda ajena para escapar después de ser declarado culpable.

Sócrates era una especie de archiseductor. Buscaba hacer la verdad tan seductora que se apoderara de la mente, la purificara de toda falsa creencia y encendiera el fuego de la búsqueda eterna de una realidad superior. Para Sócrates, la verdad y la realidad eran lo mismo. Eran una luz brillante comparadas con la realidad ordinaria, lo cual era como mirar sombras que jugaban en los muros de una cueva. Si miras a un lado, te cautiva el juego de las sombras; si volteas, te deslumbra la luz.

Esta postura se conoce como *idealismo*, y nosotros somos sus herederos, tanto como somos hijos del realismo práctico y obstinado que Sócrates fue acusado de subvertir. Los ideales, también conocidos como formas platónicas, son la esencia de la experiencia cotidiana. El ideal de belleza es perfecto y trascendente; porque existe, vemos flores, niños y a nuestros amantes como algo hermoso. El ideal se filtra al mundo ordinario, donde percibimos su forma diluida. Lo mismo ocurre con los ideales de verdad, justicia y cualquier otra aspiración superior. Estamos buscando el ideal, empezando por la experiencia cotidiana, pero vamos ascendiendo cada vez más —si somos auténticos filósofos, es decir, amantes de la sabiduría—, hasta que el ideal puro se revela. Éste es el viaje del alma que delineó Sócrates.

Es fácil condenar a quienes lo condenaron a muerte. Sin embargo, si somos honestos con nosotros mismos, es probable que queramos lo mismo que ellos defendían: una sociedad estable, sin radicales incendiarios que inciten el descontento. Para muchos ciudadanos atenienses buenos, Sócrates era una fuerza desequilibrante. Quienes ponen de cabeza la carreta de manzanas deben morir antes de convertirse en mártires o en héroes; en vida, son considerados alborotadores peligrosos.

En realidad, Sócrates adoraba a los mismos dioses que cualquier otra persona devota, y desaprobaba que los jóvenes organizaran disturbios. La disipación no era parte de sus enseñanzas, como tampoco lo era la blasfemia. No obstante, en un nivel más profundo, Diotima le enseñó a su pupilo a ser blasfemo, porque a fin de cuentas "conócete a ti mismo" es sumamente subversivo. Tomarlo en serio implica que vayamos en una búsqueda de un dios que entre al mundo interior y le imprima un menor valor al mundo exterior. Eso significa que estarás en el mundo, mas no serás del mundo, y que te volverás la luz del mundo, en lugar de ocultar tu luz bajo un candelero. Me resultan naturales frases asociadas con Jesús porque su vínculo con el platonismo es bastante fuerte.

De hecho, algunos estudiosos creen que el Evangelio de San Juan, perteneciente al Nuevo Testamento, fue escrito por alguien bien versado en el pensamiento platónico y en los ideales griegos. La tradición cristiana es el vínculo más directo de la gente con Sócrates, pues el Evangelio según San Juan no contiene milagros ni historia sobre la Natividad. Comienza con el acercamiento más abstracto a Dios en toda la Biblia: "En el principio ya existía la Palabra. Y la Palabra estaba con Dios, y Dios mismo era la Palabra". La palabra (*logos*, en griego) adoptó un significado profundo para los primeros cristianos, pues describía quién era Jesús y de dónde venía. Juan es muy explícito al respecto: "Y la Palabra se hizo carne, y habitó entre nosotros, y vimos su gloria (la gloria que corresponde al unigénito del Padre), llena de gracia y de verdad" (Juan 1:14).

Pero ¿por qué Jesús necesitaría a Sócrates y viceversa? Una razón es que, cuando Jesús fue crucificado, sus discípulos se quedaron esperando, de forma literal, que el propósito del Mesías había sido derrotar al Imperio romano, liberar a los judíos de la esclavitud y gobernar como rey supremo de la Tierra. Sólo entonces los profetas del Viejo Testamento, como Isaías, serían justificados.

Como eso no pasó, los discípulos se sintieron desprovistos y derrotados. Juan es visto como el rescatador de la misión de Jesús. Él afirma en pocas palabras: "El Mesías hizo lo que se suponía que debía hacer. El Jesús que caminó entre nosotros era divino como una palabra, un ideal, un espíritu. Los ojos de los mortales se engañaban para verlo también como un mortal. Pero, visto con los ojos del alma, Jesús era una encarnación del espíritu, como lo somos todos cuando nos acercamos a Dios".

¿Cuál es el mensaje de Juan sino "conócete a ti mismo" expresado en términos cristianos? No obstante, no hay enseñanza más difícil de seguir. Es desesperanzador que tanto Sócrates como Jesús hayan sido perseguidos por decir la verdad, pero no es algo inesperado.

Si quieres ver qué tan desafiante es en realidad ese "conócete a ti mismo", intenta seguirlo al pie de la letra una semana. Una vez que cualquier persona pasa suficiente tiempo mirando hacia adentro, lo que se revela es conflicto, confusión y un mundo "interior" completamente desorganizado. El miedo y la ira deambulan a placer en la psique. La sombra, la cual mencionamos en la historia de Job, domina en un reino oculto de culpa y vergüenza. Los impulsos atávicos, como los celos, la lujuria y la venganza luchan por una razón. Incluso si el mundo interior no revela agitación, la alternativa puede ser una convencionalidad rutinaria que se vuelve más deprimente a medida que se le examina con mayor detalle. "Conócete a ti mismo" será entonces una semana difícil y una vida llena de desafíos.

El *statu quo* depende de la conformidad, pero no sólo de la conformidad mecánica de las abejas en el panal, sino del acuerdo compartido de no examinar la naturaleza humana con demasiada profundidad. Los seres humanos, incapaces de liberarse de impulsos sin sentido como la lujuria, la codicia y la agresión, compraron la civilización a un alto costo. Renunciamos a la autenticidad completa para mantenernos a salvo y cuerdos.

Sócrates enseñó justo lo opuesto, al igual que Jesús. Él enseñó que, si profundizas lo suficiente, hay una luz suprema después de la confusión y el caos, del id y el ego, del sexo y el ansia de poder. Sólo la luz es real. Encontraremos esta afirmación en distintas formas siempre que la humanidad se pregunte qué es Dios en realidad. Diotima aparentemente le heredó esa idea a Sócrates, quien la llevó a las calles. Los sofistas vivían engañados creyendo que la verdad podía repartirse en paquetes bien envueltos; pero Sócrates quizá vivió engañado al creer que el camino a la verdad es algo que puede enseñarse.

El estrepitoso, brillante, rebelde y traicionero Alcibíades plantea dudas fuertes en ese sentido. Dirigió campañas militares desastrosas en el extranjero, siendo la peor una infame guerra para conquistar Grecia. Luego dio media vuelta de forma abrupta y traicionó a Atenas al venderles sus servicios a los persas, quienes se aprovecharon de él tanto como pudieron antes de matarlo. Sócrates le enseñó a un pupilo dotado y de buena cuna, quien terminó por no hacer el menor uso de esas enseñanzas. Cuando Alcibíades irrumpe borracho en un banquete, insiste en recostarse en el diván lo más cerca de su viejo maestro y, cuando la compañía empieza a alabar a Sócrates (en el *Simposio* de Platón), la voz más audible es la de Alcibíades. Pero no era un buen hombre. En nuestros días, los sacerdotes fruncirían el ceño y lo llamarían impío.

Sin embargo, todo relato moralista necesita un hijo pródigo, que es en lo que se convirtió Alcibíades. La diferencia es que no se redimió. Ese concepto, que requiere que la gracia descienda desde Dios y toque el alma de una persona, no ha aparecido aún en escena. Al reflexionar sobre Sócrates, un escéptico preguntaría cuánto bien le ha hecho la sabiduría a cualquier persona. ¿Acaso Dios no es cuestión de fe a final de cuentas? No necesariamente. En India hay un dicho que habla del camino espiritual: "Basta una chispa para incendiar el bosque entero".

Esto significa que, una vez que has vislumbrado la luz, a la larga conquistarás la oscuridad. Sócrates trajo consigo la luz de la mente. No era tanto un tábano como una chispa (él usaba un término más humilde; se hacía llamar "partera de la verdad"), pero ya sea que la verdad necesite nacer como un infante o ser revelada al incendiar el bosque de la ignorancia, el resultado final es el mismo. La realidad es la luz, y la luz sólo podemos encontrarla en nosotros mismos. En la frase "conócete a ti mismo" está enterrada la nueva creencia de que la naturaleza humana es capaz de alcanzar a Dios sin dogma, autoridad ni miedo. El viaje interior está en marcha, y Dios se ha convertido en el fin máximo: el autoconocimiento absoluto. Para citar otro refrán indio: "Ésta es sabiduría que no puedes aprender. Debes convertirte en ella".

3

SAN PABLO
"Yo soy la luz del mundo"

El Imperio romano es ley. Es paz y eficiencia. Pero, sobre todo, el imperio es poder, poder defendido por las legiones, las cuales extienden el terror a cualquier parte con un mero giro de la muñeca del emperador. Sería una locura reírse de estas cosas. Excepto, claro, si Dios te dice que los imperios son como paja en el viento se desmoronan como polvo en las manos del Señor.

Cierto hombre tuvo estos pensamientos y no fue arruinado por ellos. Por el contrario, le enseñaron a sobrevivir. En ese preciso instante estaba muerto de sed y jadeaba de cansancio. Se veía enfermo y mal alimentado. Sus extremidades eran varas con nudos donde debían estar los codos y las rodillas. Nadie habría dado un duro por él si lo hubieran sentenciado a las galeras. Pero no era así, por fortuna. El juez era indiferente ante los fanáticos religiosos, así que a éste, que aparecía en los registros romanos como Saulo, le dio una sentencia insignificante.

—Treinta días de trabajos forzados en los caminos. Y asegúrense de que no se acerque a ningún otro judío, que de por sí ya están alborotados.

Cuando se trataba de mantener el orden, controlar un disturbio por falta de alimentos era la mitad de difícil que controlar un disturbio religioso.

Mientras Saulo cumplía su condena en los caminos, una gota de sudor salada y polvosa le cayó en la boca al escuálido prisionero. Una ligera ventisca había surgido en el desierto, la cual era una bendición mixta, pues levantaba el asfixiante polvo al mismo tiempo que refrescaba la piel.

El prisionero a su lado, un capadocio robusto que robó una hogaza de pan pero que no corrió lo suficiente antes de empezar a devorarla, le pinchó las costillas.

—Apúrate. El guardia está mirando y parece alguien que se comería hasta los clavos.

Saulo asintió y pasó un bloque de piedra caliza. Nunca daba batalla cuando terminaba en prisión, excepto con su propia lengua. Era imposible saber quién ocultaba una daga, incluso después de que los romanos realizaban la búsqueda matutina. ¿Dios querría que uno de sus elegidos llevara consigo un arma para defenderse? No. De eso, Saulo estaba seguro.

Según la justicia romana se llamaba Saulo, cosa que él no contradecía. Los nombres judíos a veces eran útiles, sobre todo cerca de Antioquía, donde los jueces eran, en su mayoría, judíos. En otras circunstancias, ofrecía su nombre latino, Paulus o Pablo. Siempre había posibilidad de indulgencia para alguien como él, que nació siendo ciudadano romano. La indulgencia no era más que recibir pan sin moho en la corteza y agua sin manchas negras, pero eso bastaba. Si uno hubiera podido mirar al interior de su corazón, habría visto que Saulo estaba muerto, pues pereció en el instante mismo en el que nació Pablo.

El vigilante guardia miraba el sol con el ceño fruncido. Murmuró una blasfemia y volteó la cara, por lo que el ritmo de los prisioneros disminuyó de nuevo. El capadocio estaba tan aburrido que quiso conversar.

—¿Por qué te metieron aquí?

—Asusto a la gente. A alguna —contestó Pablo.

—¿Cómo?

—Les digo que Dios los ama.

Ahí terminó la conversación. Pablo sonrió para sus adentros. Tenía casi cincuenta años, pero ¿cuánto había sufrido hasta entonces por Jesús? Había estado levantando rocas desde el amanecer y, para no pensar en el dolor de espalda, contaba en su mente. ¿Azotes públicos? Cinco. Treinta y nueve latigazos, menos uno que le dieron los judíos, su propia gente. ¿Apaleado en la cabeza hasta quedar sin sentido? Tres veces. ¿Apedreos? Sólo uno, gracias a Dios.

Ya varios hermanos habían muerto apedreados. Esteban fue el primero. Qué horrible forma de ser llevado a los brazos de Dios.

Su mente se desvió para no clavarse en ese pensamiento. ¿Naufragios? Tres veces, incluyendo aquella noche que pasó en el agua, rezando hasta que llegó el amanecer y los sobrevivientes fueron rescatados del mar. La mayoría de sus oraciones habían sido sobre monstruos marinos.

Después de sobrevivir a tantos tormentos, no se sentía orgulloso de su valentía. El orgullo era un pecado. Lo más cerca que llegaba a estar de sentirse orgulloso era que, entre los correligionarios, él se esforzaba más, llegaba más lejos y soportaba su aflicción en absoluto silencio. Le encantaba asustar a la gente con el amor de Dios. Los pobres judíos a los que conocía esperaban temer y obedecer al Señor, pero Pablo les enseñaba un amor cegador. Con razón tantos salían huyendo.

¿Se sentía amado en ese instante, atrapado bajo el calor abrasador, rodeado de guardias que probaban la fuerza de sus látigos en sus muslos por diversión? Sin duda. De hecho, ese preciso instante era un ejemplo supremo del amor de Dios, pues el dolor servía de recordatorio para buscar la gracia, la cual está en todas partes.

Para Pablo, sólo había dos tipos de hombres en este mundo: aquellos a quienes había convertido y aquellos a quienes podía convertir. Nada más importaba. Aun bajo el látigo, nunca perdía la oportunidad de practicar sus habilidades de debate, aunque fuera rebatiendo el argumento de su oponente en su cabeza.

Si Dios es amor, ¿por qué sufrimos?

Para recordarnos que somos hijos de Adán y Eva, quienes trajeron el pecado al mundo.

Pero dices que tu Mesías murió por nuestros pecados.

Por supuesto.

Entonces, ¿por qué los romanos, quienes no creen en el Mesías, te gobiernan y te castigan?

Porque no se dan cuenta de que están condenados.

¿Condenados? Míralos. Comen uvas y se sientan a la sombra, mientras tú sufres bajo su yugo como un perro. Entonces, ¿de qué te sirve tu salvación?

"Mi reino no es de este mundo", dijo mi Señor. Se me prometió un banquete en el cielo, en la mesa de Dios. Y el lejano sonido que escucharé será el grito de los paganos en la fosa ardiente.

Imaginar ese debate le llenaba el corazón con una sensación de victoria. Dios lo había salvado tantas veces que quizá lo haría de nuevo, en cualquier momento. Los grilletes y las cadenas que rodeaban sus pies podían convertirse en flores. Los guardias podían caer al piso con convulsiones. Mientras meditaba al respecto, se le resbaló la siguiente roca y casi la deja caer.

Más adelante, en la fila, un chipriota griego al que le faltaba media oreja gruñó.

—No se detengan. Es mi último día. No permitiré que me lo arruinen.

—Podría ser tu último día en la tierra —dijo Pablo.

—¿Qué?

—Dios podría echarte al horno de fuego, donde habrá llanto y rechinar de dientes. Piensa en el Señor, amigo mío. Él nos está observando.

El chipriota griego lo habría golpeado, de no ser porque debía pasar la roca al siguiente en la fila.

—¿Insinúas que los dioses quieren matarme?

—No. Sólo digo que la muerte nos llega a todos. ¿Has pensado cómo serás juzgado? Deberías hacerlo. No pareces el tipo de hombre que va con cuidado por la vida —Pablo señaló la oreja mutilada. Por lo regular no sermoneaba durante el trabajo pesado, pero nunca sabía cuál era el momento indicado, hasta que el Señor se lo señalaba.

En una misión a Filipos, Pablo había sido encarcelado con otro misionero, Silas. Fueron llevados a un calabozo profundo donde la mitad de los prisioneros estaban locos o paralizados por el aislamiento y la oscuridad.

Pablo sentía que el cuerpo de Silas se estremecía al estar sentados espalda con espalda para protegerse, cubiertos de harapos sucios.

—Sé fuerte, hermano —le susurró Pablo—. Dios nos ve —entonces tuvo una premonición.

Justo antes del amanecer, la tierra empezó a temblar. Pablo despertó a Silas y señaló la puerta. El segundo temblor ocurriría en unos cuantos segundos y Pablo sabía, sin pensarlo, que sería mucho más fuerte. El calabozo haría erupción en medio de gritos de terror y una colisión que derribaría la puerta. Dios debía ser preciso con los tiempos si quería que sus dos misioneros sobrevivieran. El segundo temblor llegó como un trueno proveniente de la tierra; los muros de la prisión empezaron a agrietarse —para Dios eran como cascarones de huevo—, y entre los escombros caídos se alcanzaban a ver destellos del amanecer. Silas se sentó de un brinco y miró a su alrededor, confundido.

—Vamos, hermano —le dijo Pablo y lo ayudó a ponerse de pie antes de que estuviera lo suficientemente despierto como para asustarse.

Los prisioneros entraron en pánico, como Pablo había previsto, pero él y Silas ya estaban muy cerca de la puerta cuando ésta se soltó de sus bisagras. Llegaron a las escaleras mientras la tierra rugía. Una gruesa polvareda sofocaba la tenue luz, y una muchedumbre de cuerpos que se abrían paso a arañazos por las escaleras separó a los dos cristianos. Silas repitió el nombre de Dios mientras se aferraba a los muros que se estremecían e iba subiendo a tientas. Una vez llegando arriba, se asomó por una fisura de casi un metro en el muro exterior y se escabulló por ella para escapar.

Se inclinó, tosió polvo y notó que tenía los ojos llenos de lágrimas. Cuando recuperó la vista, la escena maravilló a Silas. El terremoto no había derrumbado la prisión, sino que sólo había provocado la fisura por la que él se había escabullido. A su alrededor, los edificios circundantes seguían en pie. Los romanos en sus barracas ni siquiera se habían despertado, hasta que un guardia solitario empezó a gritar al ver a los fugitivos correr por las calles, muchos de ellos semidesnudos y arrastrando sus cadenas.

Silas dijo el nombre de Pablo con un aliento y alabó a Dios con el siguiente. Los prisioneros iban escabulléndose uno a uno por la grieta, pero Silas no veía a Pablo por ningún lado. No había tiempo que perder. Puesto que el comandante había sido alertado, se oía el ruido de las espadas y los pisotones de las botas. Los primeros soldados en llegar a la escena formaron un muro de escudos para contener a los últimos fugitivos, y al poco rato la grieta ya estaba rodeada.

¿Qué opción tenía? Silas se escabulló en un pasillo angosto y retorcido, y echó a correr. Aún era joven, así que corrió bastante antes de que el ardor de los pulmones lo obligara a detenerse. No conocía la ciudad, así que no podía hallar el conjunto de pequeñas cabañas donde vivían varios cristianos. Solo y perdido, Silas intentó no pensar en su esposa, quien estaba en Antioquía. Se dejó caer al suelo, exhausto, con la espalda contra un muro que seguía frío por la frescura de la noche.

—Mira nada más. ¿Acaso el pan puede ser más fino? Come. El terror es bueno para el apetito.

Incluso antes de oír la voz, Silas sintió que lo cubría la sombra de un hombre. Levantó la vista y vio a Pablo, con un brillo en el ojo y una hogaza redonda de pan crujiente en la mano.

—No te preocupes. No lo robé. Fue un regalo del carcelero.

Silas estaba anonadado.

—¿Quién?

Pablo se sentó a su lado y partió el pan en dos. Murmuró una plegaria breve y le entregó la mitad más grande a Silas.

—Convertí a nuestro carcelero.

Silas no podía comer de la impresión.

—¿Durante el terremoto?

—Fue el mejor momento. Teníamos un milagro a la mano y no podía permitir que se me escapara de las manos —Pablo metió la mano al saco que usaba en la cintura—. También hay olivas y queso, el cual el dormilón carcelero había sacado para desayunar. No pongas esa cara de sorpresa. ¿Cuántos milagros pueden presenciar los carceleros? Estaba impresionado, así que me ofreció su pan como regalo —Pablo ignoró el asombro de Silas—. Es bueno, ¿no crees? Debería convertir a unos cuantos panaderos.

Silas señaló un perro callejero que los estaba olisqueando a la distancia. El perro gimoteó, para ver si le lanzaban un trozo de comida o si lo ahuyentarían.

—A él también lo convertirías si pudieras, ¿verdad? —dijo Silas.

Pablo miró a su compañero de lado antes de determinar si era una broma.

—Sí —contestó en tono seco—. Parece estar listo.

Al llevarse el siguiente bocado a los labios, notó que la mano le temblaba un poco. Pablo sintió una calma inmensa en su interior, pero al parecer su cuerpo mortal estaba inquieto por el temblor y por la intervención de Dios.

Pablo consideró que este incidente con el carcelero converso había sido una gran victoria, la cual reportó a la iglesia de Antioquía, donde vivían los creyentes más tenaces. Sin embargo, tenaces o no, su fe flaquearía si no se les reforzaba regularmente con buenas noticias. La lejana Jerusalén era más difícil de persuadir. Ahí, los cristianos sospechaban de Pablo como de un viejo rabino de las provincias. La desconfianza aumentaba, sin importar cuántos milagros reportaba. Al ser convocado frente a la asamblea de fieles en Jerusalén, Pablo tuvo que defenderse, pues su persecución de cristianos cuando se hacía llamar Saulo era bien recordada. Por lo pronto, los romanos eran tolerantes con las asambleas de cristianos, así que cuando Pablo entró al salón iluminado por antorchas lo encontró lleno.

Los ancianos, algunos de los cuales se hacían llamar apóstoles, estaban sentados en una plataforma elevada. A Pablo le recordó a los banquillos de los jueces. Si antes estuvo inclinado a sentirse nervioso, ahora se levantó en un arranque de ira.

—No estoy aquí para ser señalado —empezó—. Júzguenme como consideren. Tengo un llamado que nadie aquí puede cuestionar. Si hablan en contra mía, estarán hablando en contra de la misión que Jesús me encomendó.

Era una declaración descarada que causó una conmoción tal que le impidió continuar.

—¡Jamás conociste a Jesús! —gritó una voz. Media docena más se unieron al reclamo.

Pablo levantó las manos para silenciar la indignación.

—Conocí a Jesús en espíritu. Si lo conocieran en realidad, entenderían.

La protesta en su contra se duplicó. Su insolencia era abrumadora. Los líderes de Jerusalén habían establecido que eran la única autoridad desde la crucifixión de Cristo. Principalmente eran dos: Pedro, el discípulo prominente, y Santiago, el hermano de Jesús. Ambos estaban sentados en compañía de los ancianos, pero ninguno de ellos exhibió reacción alguna.

Pablo levantó la voz por encima del escándalo.

—¿Cómo pueden negarme? Si afirman que sólo ustedes, que conocieron al Maestro, son la verdadera Iglesia, entonces ella morirá cuando ustedes perezcan. ¿Eso es lo que quieren? —no esperó su respuesta—. Sé que desconfían de mí. Soy ciudadano romano de nacimiento, y los romanos nos odian. Los perseguí yo mismo, porque sus creencias excedían mi razonamiento. En Roma es inconcebible la idea de un rey que no sea de este mundo. Para mí también lo era. Pero ustedes saben lo que me ocurrió cuando vi la luz.

—Lo que *tú* afirmas que ocurrió —gritó una voz enfurecida.

—¿Así son las cosas entonces? —gritó Pablo en respuesta—. ¿El Señor me hace un llamado, pero ustedes tienen derecho a anular su voluntad? Si no soy digno del amor de ustedes, ¿se cancela también el amor de Dios?

Los murmullos se fueron silenciando. Pablo sintió una leve onda de empatía y debía dejarse llevar por ella.

—Cuando él enseñaba, cualquiera podía posar su mirada en Jesús —dijo—, aun si era tonta, ignorante, lasciva, vana u orgullosa. No demerito lo que ustedes vieron. Ustedes tuvieron el ojo bendecido, pues vieron al Señor encarnado. De igual modo, espero que no demeriten lo que yo vi.

El descontento se quedó en absoluto silencio; estaba empezando a convencerlos. Sin embargo, Pablo sabía que muy pocos de ellos tenían el valor para pensar por sí mismos. Todos voltearon a ver a Simón Pedro para descifrar qué pensaba.

Con un gesto sutil, Pedro les indicó que guardaran silencio total, pues tenía algo que decir.

—Las bendiciones del Señor recaen sobre todos, como la lluvia. ¿Acaso no nos lo dijo el Maestro? Entonces, ¿cómo separamos a los dignos de los indignos?

Era un cuestionamiento ambiguo, pero Pablo lo enfrentó directamente.

—El hombre que alguna vez fui, Saulo de Tarso, sería indigno si estuviera aquí frente a ustedes. Por gracia del Señor, él está muerto. Yo, por mi parte, tuve un segundo nacimiento.

Las quejas resurgieron; había llegado demasiado lejos. Los hermanos estaban cansados de oír la historia milagrosa de Pablo, de cómo Saulo, el ferviente perseguidor de cristianos, se había caído del caballo mientras cabalgaba de Jerusalén a Damasco; de cómo la luz de Cristo lo cegó durante tres días, hasta que un amable hermano, Ananías, le devolvió la vista. Pablo la repetía en cada sermón ante los judíos y los gentiles. Algunos podrían llamarlo vanidad.

Cleofás, quien ahora era un anciano, se abrió paso hacia el frente, y la compañía con respeto le abrió camino. Asintió en dirección hacia Simón Pedro, quien le pidió que diera fe. El salón se quedó en silencio una vez más.

—Tenía tanto miedo de caminar junto al Maestro ese día fatal —dijo Cleofás—. No levanté su cruz cuando él tropezó. A la distancia, miré las tres cruces que levantaron en el Gólgota, y huí —Cleofás le hizo un gesto a Pablo— ¿Acaso mi falta de fe no es mayor a la suya?

—¡No! —gritó alguien enérgicamente.

Cleofás lo ignoró.

—Nuestro hermano Pablo predica que hasta el peor puede salvarse a través de la fe. En eso también es más fuerte que yo. Permítanme decirles por qué.

El viejo relató una historia. Otro discípulo y él estaban alejándose a pie de Jerusalén después de que los romanos ejecutaron a Jesús. Era mejor abandonar la ciudad pronto, por su propia seguridad, pues quizá los fariseos convencerían a Poncio Pilatos de que también crucificara a los discípulos de Jesús.

En el trayecto, Cleofás habló poco, pues iba perdido en sus sentimientos de culpa, hasta que su compañero empezó a llorar. Rechazó los intentos de Cleofás de reconfortarlo.

—Nunca volveremos a verlo. Nuestra devoción fue un desperdicio —gimoteó su compañero—. Seguimos a un falso Mesías. ¿No lo ves?

La precipitación de su colega enfureció a Cleofás, quien era de naturaleza gentil, pero ahora debía alzar la voz.

—Lo vi sanar a los enfermos con mis propios ojos. Tú también. Y, ¿qué hay de las tres mujeres y de los ángeles?

Tres mujeres de Galilea, incluyendo a María Magdalena, habían seguido a Jesús y a sus discípulos en sus recorridos. Las mismas tres habían ido a la tumba de Jesús esa mañana y la habían encontrado vacía. De pronto, en medio de su confusión, se les aparecieron ángeles anunciándoles que Jesús estaba vivo. La muerte no era nada para Dios, quien había resucitado a su propio hijo de entre los muertos. Cuando las mujeres volvieron corriendo a compartir la nueva a los discípulos, se desató un alboroto. Una facción se regocijó, mientras que la otra denunció con rabia a los ladrones que habían hurtado el cuerpo de Jesús durante la noche.

—Te vi regocijarte con las mujeres —le recordó Cleofás a su compañero, quien le habría respondido con aspereza, de no haber sido porque fue interrumpido por un extraño que los abordó en el camino. En lugar de asentir y seguir adelante, el extraño les lanzó una mirada penetrante.

—¿De qué estaban hablando? —les preguntó en arameo.

Los dos discípulos se encogieron de hombros nerviosamente. Se negaban a revelar cualquier cosa sobre sí mismos. El extraño era un judío como ellos, pero eso no significaba que estuvieran a salvo.

—Vienen de Jerusalén. ¿Ocurrió algo ahí? —exigió saber el extraño, sin quitar la mirada de encima a Cleofás, quien sentía que el corazón le ardía de tristeza.

—¿No lo sabes? La ciudad montó en cólera —le respondió el compañero al extraño, y luego le relató el juicio de Jesús y la traición de los curas en el templo.

—Así que los judíos están riñendo de nuevo por el Mesías —dijo el extraño.

—Claro, ¿por qué más?

—La fiebre mesiánica termina con palos y piedras —reflexionó el extraño.

Pero la fiebre no se había desatado. Bajo la ley de Herodes, recientemente los romanos habían duplicado sus persecuciones.

Los judíos necesitaban más que nunca un líder valiente que sacara a los invasores de la tierra santa.

—Tú eres judío —dijo Cleofás, sobreponiéndose a su recelo—. Seguro sientes la misma necesidad que nosotros.

—¿Entonces el Mesías vendrá cuando nuestra gente lo necesite más? —preguntó el extraño—. ¿Por qué no lo ha hecho hasta ahora? Ya estamos lo suficientemente desesperados.

—Creímos que había venido —respondió el compañero, abatido.

—¿Y los armó? No veo que traigan armas, a menos de que las tengan ocultas bajo sus mantos —señaló el extraño.

—Jesús era un hombre de paz —intervino Cleofás.

—Entonces deben esperar dos Mesías. Uno que derrote a César y otro que calme las aguas.

Los argumentos del extraño eran desafiantes, así que los tres hombres se enfrascaron en la conversación. Los llevó hasta tiempos de Moisés y repasó todo lo que decían las escrituras sobre el Mesías; que sería perseguido y malentendido, que los doctos no lo entenderían, sino sólo los de corazón simple. Sería un hombre que sufriría en esta tierra, pero sería un rey en los cielos.

—Nuestro Maestro *está* en el cielo —gritó Cleofás.

Lo sobresaltó la ira que infundía la voz del extraño.

—Su Maestro tiene tontos por seguidores si les ha mostrado milagros y ellos siguen sin creer —fue su único arrebato, el cual se apaciguó casi de inmediato.

Cuando llegaron a la ciudad de Emaús, Cleofás dijo conocer un lugar amigable con los discípulos, e invitó al extraño, quien estaba por seguir su camino, a cenar con ellos ahí. Al ver que estaba anocheciendo, aceptó acompañarlos.

En este punto del relato, a Cleofás se le dificultó ocultar su emoción, lo cual le ocurre a los ancianos, aunque él no se avergonzaba como la mayoría.

—Nos sentamos en una mesa y nos llevaron el pan. El extraño inclinó la cabeza para bendecirlo y, cuando partió el pan, se abrieron nuestros ojos. ¡Era Jesús! Dios nos había cegado para probar nuestra fe. Aunque me regocijé de ver a nuestro Maestro de nuevo, en mi interior me estremecía. Durante tres días dudé de él. ¿Cómo podía creer en un Mesías que los romanos podían matar a voluntad? —el anciano señaló a Pablo y subió la voz, la cual ya no le temblaba—. Si yo pude ser bendecido y ver al Maestro con vida, también él puede hacerlo.

Fue un momento asombroso, y Pablo tuvo que obligarse a sí mismo a no continuarlo con más retórica. Abrazó a Cleofás y esperó con paciencia mientras el anciano caminaba de vuelta a su asiento. ¿Acaso la mirada de Pedro, quien se había reclinado en su rústica silla de madera, denotaba cierta sospecha, o era aprobación? Pablo, quien debía leer las expresiones en las caras de los hombres para sobrevivir, no le dio importancia, y más bien mostró una indiferencia casual al desviar la mirada. El espíritu lo había elegido. No importaba un comino qué pensara Pedro, el gran Simón Pedro, al respecto. Si Jesús no era un rey de este mundo, ¿no significaba entonces que sus verdaderos discípulos tampoco eran de este mundo?

La atmósfera se había relajado. Desde su trono, Pedro asintió sin hacer mayor comentario. Al menos cedería hasta ese punto. Si ganar era suficiente, podía irse tranquilo. Pero ¿quién decía que ganar era suficiente para Pablo?

Entonces se dirigió a los presentes.

—Percibo que me han dado su aprobación, aunque no todos con el corazón completo. No me importa, pues los amo a todos intensamente, como almas bautizadas en nombre del Espíritu Santo. Los veo como espíritus, en comparación con los infieles. Su carne es un espejismo. En realidad son la luz de Dios. Esto les digo, como se lo diría a César antes de que me matara o al siguiente gentil que esté a punto de escupirme.

Pablo intentaba causar revuelo con estas palabras, y así fue. Jerusalén se alborotó como colmena toda la semana, pero también se alegró de verle la espalda a Pablo mientras partía de la ciudad. Déjenlo ir y que sea tan temerario como quiera, decía la gente. El Señor lo protegerá... o no.

Los milagros nunca cesaban. Pablo convirtió a las masas, una persona a la vez. Algunos eran creyentes tan fervientes que vieron con sus propios ojos al Cristo resucitado. Roma empezó a ponerse nerviosa. Esos cristianos creían en lo imposible, y aun así lo imposible seguía extendiéndose sin control, infectando ciudad tras ciudad. Los funcionarios locales intentaban convencer a Roma de que todo estaba bajo control. De hecho, les resultaba casi imposible distinguir a los judíos de los cristianos. ¿Para qué preocuparse? Ambos grupos tenían fantasías grandilocuentes sobre un Mesías que derrocaría a César. La única diferencia era que los cristianos ya habían tenido al suyo, y ahora estaba muerto.

Cuando hay milagros por doquier, la gente quiere más, lo cual promovía la charlatanería. Pablo estaba en contra de los de esa calaña: así se hicieran llamar magos o hechiceros, eran blasfemos e hijos del diablo. Pero aún no era voluntad de Dios que luchara contra ellos. Aguardó su momento, mientras convertía a dos ladrones en la cárcel. Tiempo después, cuando volvió por tercera vez con los fieles de Antioquía, la mano de Dios se cernió sobre Pablo. Fue guiado hasta Chipre; el mar se veía oscuro a su paso.

—¿Ves algo ahí, hermano? —le preguntó a Bernabé, el discípulo que Dios le había elegido como acompañante. Confundido, Bernabé fijó la mirada en las aguas, las cuales estaban inusualmente tranquilas, y negó con la cabeza.

—¿Peces? —dijo.

Pablo sonrió. El mar calmado, brillante y quieto era como un espejo. No para reflejarse, sino para ver a través de él. Así como el rostro oculta el alma, el reflejo en el espejo oculta aquello que está detrás de él. El amor infinito estaba velado por la ceja de una mujer que necesitaba ser depilada, por una mejilla sonrojada, por las primeras arrugas de un amante que se pavonea al mirarse a sí mismo mientras su amada no lo ve. La vanidad nos hace amar el reflejo; por eso es que Dios debe enviar señales y augurios, para detener nuestro amor propio y obligarnos a ver la verdad.

Desembarcaron en Chipre, y de inmediato Pablo sintió una inspiración.

—Debemos encontrar a quienes tienen temor de Dios —le dijo a Bernabé. Era un término especial entre los cristianos, pues se había puesto de moda comerciar con la divinidad. Los paganos se habían convertido en buscadores insatisfechos, y unos cuantos tocaban a las puertas de las sinagogas. Los judíos les temían, pero algunos argumentaban que el aislamiento sólo los hacía más detestables. Debían dejar que los paganos vieran con sus propios ojos cómo era un lugar santo.

Con cautela abrieron las puertas a aquellos buscadores de fe, quienes fueron conocidos como "temerosos de Dios" porque lo reverenciaban aunque no tenían religión. Hasta los romanos de buena cuna se asomaban. A veces oían al rabino predicar en contra de los cristianos, lo cual les resultaba curioso. En Chipre había uno de estos romanos curiosos, de nombre Sergio Pablo, quien presidía la ciudad de Pafos como procónsul. Los cristianos locales recibieron a Pablo y a Bernabé con excelentes noticias. Este poderoso hombre quizá deseara ser bautizado. Un sermón más, uno que fuera poderoso, y su espíritu sin duda cambiaría de bando.

—Me avergonzaría no convertir a alguien llamado Pablo, pero ¿qué clase de hombre es? —preguntó Pablo.

—Es un hombre razonable, sensible —le contestaron los hermanos locales.

La peor clase, pensó Pablo, pero se quedó callado.

Su premonición estaba justificada. Sergio Pablo estaba en su casa reclinado en cojines, con una sonrisa tolerante en el rostro y una gran copa de vino medio vacía en la mano. A sus pies estaba sentado —¿quién más?— un mago que hacía aparecer y desaparecer bolas de algodón bajo un gorro rojo de terciopelo. Éste traía una sonrisa todavía más ancha y bebía de una copa aún más grande.

—Levántate, Elimas —le ordenó el procónsul y se limpió la boca con un pañuelo—. Tu Dios te espera para que lo defiendas. Y deja ese vino. Yahvé no es Baco. Te quiere sobrio.

Así que Elimas era un judío que se había mezclado con los romanos. Elimas volteó a ver a Pablo sin extenderle la mano.

—He oído hablar de tu profeta, el que resucitó de entre los muertos. Hoy no planeo hacer ese truco, pues te respeto como una mente respeta a otra.

—Un mago con mente es algo novedoso —respondió Pablo.

Elimas se rio con tolerante civilidad. Pablo estaba exasperado, pero sabía que no debía dejarse provocar. Seguramente ambos, el romano y el mago, habían fraguado esta pequeña escena. Pablo entonces se dirigió con osadía al procónsul.

—No soy de utilidad para un hombre razonable, así como tú no eres de utilidad para mí. Mi mensaje es de fe. Quinientos hermanos y hermanas han presenciado al Cristo resucitado, y yo soy uno de ellos.

Sergio Pablo frunció el ceño.

—Te vendría bien un poco más de civilidad.

—Cuando la casa del hombre se incendia, ¿quién sirve más? ¿El sirviente que es demasiado civilizado como para despertar a su amo, o aquél que golpea con fuerza su puerta? —preguntó Pablo.

Elimas lo interrumpió.

—Puedo producir fuego si gustas —dijo diplomáticamente—. Pero aquí no hay nadie dormido.

—Todos los que se mofan del Cristo resucitado están dormidos —contestó Pablo con brusquedad y volteó de nuevo a ver al romano—. No menosprecio tu forma de entender las cosas, pero el intelecto no es necesario para ver el sol. La razón es buena; la fe lo es más. Este mago puede convencerte de cualquier cosa con su insignificante hechicería, pues su negocio es la falsedad. Pero yo te traigo una cuestión de vida o muerte. No la derroches por dejarte sorprender por ilusiones.

Sergio Pablo vio la posibilidad de iniciar una contienda.

—¿Aceptarás eso que dice sin siquiera levantar la vista? —le preguntó a Elimas.

—No me ofende. Jesús fue un gran mago. Sus seguidores le llaman el Espíritu Santo. Pero yo soy maestro de espíritus, y ellos hablan cuando se los ordeno —Elimas le hizo una falsa reverencia a Pablo—. Aun si tu sinceridad es innegable.

—¿Te entretiene tu propia blasfemia? —preguntó Pablo.

—Tanto como a ti tu propia retórica —contestó Elimas—. ¿Por qué crees que los romanos nos gobiernan a nosotros los judíos? Porque usan la razón y se ríen de la superstición. Sospecho que despotricas contra mí, porque sabes que ya has perdido, incluso antes de comenzar.

El procónsul se estaba divirtiendo, y Pablo le permitió al mago expresar sus argumentos aduladores. Debía hacerlo, al menos hasta que el Señor le dijera qué hacer. Y, de pronto, lo hizo.

Pablo volteó enérgicamente hacia Elimas.

—Injusto pecador, te avergüenzas a ti mismo a los ojos de Dios. Él te conoce, y está furioso —levantó la mano con un gesto que se asemejaba tanto al de algunos magos que Elimas sonrió—. ¡El Espíritu Santo lo ordena! —gritó.

De pronto, Elimas empezó a tentar el aire. Después, con un gemido, se derrumbó y cayó al suelo.

—¿Lo ves, procónsul? Yo sí, y también este desgraciado —afirmó Pablo.

El romano, quien se había puesto de pie de un brinco, se veía desconcertado.

—¿Verlo? ¿A qué te refieres?

—El Señor lo ha rodeado con una neblina oscura. Ahora está aferrándose al aire vacío. Durante una temporada, este blasfemo estará ciego.

—Elimas, dame la mano —le ordenó Sergio Pablo. Sostuvo la mano estirada a un metro del rostro del mago, pero Elimas no hacía más que emitir sonidos lastimeros mientras agarraba el vacío.

El procónsul estaba perturbado, aunque sólo un instante. Los magos lo visitaban a diario. El nuevo sabía una magia más elevada.

—Quédate —le dijo y buscó en su toga unas monedas de oro.

Pablo negó con la cabeza.

—Lo único que te importa es el poder.

—El cual compartiré contigo. Ven —el procónsul había encontrado algo de oro y lo sostenía en el aire.

Pablo señaló al mago ciego.

—Éste es poder que excede tu entendimiento. No fue mi mente la que lo hizo, y la tuya es igual de inútil frente a Dios.

Empezó a irse, y el romano estuvo a punto de llamar a los soldados para que le bloquearan el camino. Tenía la mano a medio camino de tomar el cordón de la campana. Pero Pablo se detuvo por decisión propia, regresó y se arrodilló junto a Elimas, quien ya no emitía sonido alguno.

Pablo le habló.

—A este romano ya no le sirves para nada. En una hora, estarás vagando por las calles sin esperanza, rogando por que alguien te cure. Nada te ayudará. Pero, en unos cuantos meses, la ceguera se esfumará por sí sola. El Espíritu Santo fue quien lo hizo.

Elimas se aferró a la mano de Pablo.

—Llévame contigo.

—Sufrirías más que ahora.

—¡No! —la voz del mago estaba teñida de pánico absoluto.

El espíritu en Pablo abandonó la ira y se tornó gentil.

—Jesús predicó: "Yo soy la luz del mundo". No se denominó a sí mismo la luz de Jerusalén ni la luz de los judíos.

—Pero él es el Mesías —murmuró Elimas—. Debe serlo para los judíos.

—¿Eso significaría que es de tu propiedad, como lo es una vaca o un manto de oración? —Pablo se inclinó para acercarse y bajó la voz hasta susurrar—. Escúchame, hechicero. Él te posee. Eso es lo único en lo que necesitas pensar. No vale la pena debatir al respecto.

Por fin estaba listo para irse, así que volteó a ver con mirada firme al romano, quien soltó el cordón de la campana.

—Entonces, ¿no lo ayudarás? Sabes bien que lo echaré a la calle —dijo Sergio Pablo.

Pablo negó con la cabeza y se fue.

Después, le relató el incidente a Bernabé, quien se lo relató a los hermanos en Chipre.

Pronto se extendió por todo el mundo cristiano. Los escépticos en Jerusalén no dijeron nada. Mantuvieron su consejo, sospechando por igual del hombre que cabalgaba a Damasco como del hombre que cabalgaba a la gracia. A Pablo no le importaba. Veía tras de sí a cada uno de sus conversos, y a cada posible converso esperándolo a lo lejos. Era cuestión de tiempo antes de que hicieran fila a lo largo del camino, tan lejos como llegara la mirada de Dios.

Revelando la visión

Si fueras a conocer a alguien de la era dorada de Atenas en la calle el día de hoy, es posible que te pareciera ridícula su creencia en los dioses sentados en la cima del Monte Olimpo, que disfrutan de una fiesta infinita a expensas de los humanos mientras agitan los mares, infligen hambrunas y destruyen a los humanos a voluntad. Pero aquellos atenienses del siglo v podrían pensar lo mismo de ti por creer en un dios que es cuestión de fe. En la era cristiana, la luz divina se trasladó de la mente al alma. Dios se elevó por encima del mundo natural. Ya no agitó los mares ni lanzó relámpagos, sino que se volvió más maravilloso y misterioso. No obstante, mantuvo uno de sus viejos hábitos, que fue el de empujar a sus devotos al peligro.

Dos fenómenos peculiares dominan la Iglesia cristiana temprana: los milagros y el martirio. Explican por qué la nueva religión se extendió como fuego en el bosque. Los primeros cristianos estaban en el extremo receptor de la persecución, pero también recibían el don de los milagros visibles. En la primera generación después de la crucifixión, todos los seguidores más cercanos de Jesús murieron por sus creencias, y, cuando una multitud furiosa apedreó a Esteban, el primer mártir, apenas un año o dos después de la crucifixión, fueron provocados aún más por un oponente de la nueva fe: Saulo de Tarso.

Una de las conversiones más cruciales de la historia humana fue la de este perseguidor de nombre Saulo, quien se convirtió en Pablo, el mayor modelador individual del cristianismo. La experiencia de Pablo en el camino a Damasco se ha convertido en el prototipo de todas las historias dramáticas de conversión. Ser cegado por la luz, que es lo que le ocurrió en su camino a infligir más dolor a los cristianos, define la esencia de experimentar a Dios como una epifanía repentina. No obstante, hay una pregunta más importante que debemos hacer: ¿por qué la amenaza de una muerte violenta provoca que una religión se expanda? La persecución suele ser bastante efectiva, ya sea por un periodo largo o corto, para mantener oprimidos a los impotentes.

El cristianismo tenía un arma secreta. El martirio abrió el camino a los milagros. Esta conexión se estableció desde el principio, pues la crucifixión, a pesar de ser un acto de violencia absoluta, derivó en la resurrección, un evento de cualidades milagrosas supremas. San Pablo desempeñó un papel central en el establecimiento de esta conexión, al insistir en que el verdadero cristiano debe creer en la resurrección como hecho literal. Al poco tiempo, morir por Jesús se convirtió en un sacrificio que garantizaba la entrada al cielo. El hecho de que la misma creencia exista en el Islam deriva directamente del cristianismo; ambas son "religiones del Libro" que prometen la salvación en la vida después de la muerte y que ponen el mundo físico tan por debajo del cielo que invitar a la muerte en nombre de Dios es un acto justo.

Pablo también establece que quinientos conversos habían visto personalmente al Cristo resucitado. De ser así, entonces la primera Iglesia fue el centro de atención del evento místico masivo más grande en la historia de la humanidad. Los textos de Pablo sobreviven en forma de cartas enviadas a las congregaciones en Éfeso, Corinto y otras áreas desde Israel hasta Asia Menor. Los estudiosos creen que estas misivas podrían ser el primer registro genuino de la cristiandad, anterior incluso a la escritura de los cuatro Evangelios.

Sea como sea, la fuerza de la mente de Pablo prevaleció. Si sólo la primera carta a los corintios hubiera sobrevivido, sus palabras aún serían indelebles, pues están escritas con mucha pasión y confianza: "El amor es paciente y bondadoso; no es envidioso ni jactancioso, no se envanece; no hace nada impropio; no es egoísta ni se irrita; no es rencoroso; no se alegra de la injusticia, sino que se une a la alegría de la verdad" (13:4-6).

Claro está que estas palabras hacen eco de las de Jesús, pero incluso son más reafirmantes porque provienen de un mortal con defectos que fue transformado. Con una voz, Pablo reprende y corrige a los creyentes recién convertidos; con otra, establece en lenguaje simple qué significa entrar al mundo milagroso cuya puerta fue abierta por Cristo: "Cuando yo era niño, mi manera de hablar y de pensar y razonar era la de un niño; pero cuando llegué a ser hombre, dejé atrás las cuestiones típicas de un niño. Ahora vemos con opacidad, como a través de un espejo, pero en aquel día veremos cara a cara; ahora conozco en parte, porque en aquel día conoceré tal como soy conocido" (13:11-12).

La escritura poética es imponente. Sin embargo, la mente detrás de ella debía trabajar en contra de oponentes invisibles para vencer día con día. No sabemos si Pablo fue rival de Pedro, el discípulo más favorecido de Jesús, o de Santiago, el hermano de Jesús, quien tenía el mayor derecho hereditario para dirigir la nueva fe. Yo los represento en conflicto porque la imagen del cristianismo temprano ha sido puesta de cabeza en los últimos cincuenta años. Alguna vez se aceptó que, después de la crucifixión, hubo una religión uniforme dirigida por Pedro y por los otros apóstoles, pero esta imagen dependía de la ausencia de escrituras opositoras, como los evangelios gnósticos. Cuando salieron a la luz, ya muy tarde en la contienda, estos documentos revelaron una situación contenciosa y fermentada llena de luchas de poder. Algunas de las creencias más diversas fueron sostenidas por diversos grupos durante siglos, hasta que fueron etiquetadas de herejía.

He puesto a Pablo en el centro de esta turbulencia y lo he representado como un guerrero espiritual. No podemos decir cuál de los líderes de la Iglesia era el más carismático, pero es innegable que la combinación volátil de misticismo y violencia necesitaba de Pablo para estabilizarse. Sin él, el Dios cristiano sería incluso más confuso y contradictorio de lo que ya es.

Palabras como "confuso" y "contradictorio" no son comunes entre los cristianos devotos, pero el Nuevo Testamento está lleno de paz sobrepuesta al castigo, y de perdón combinado con venganza. Cristo predijo la paz universal sobre la Tierra, pero también se le cita diciendo: "No piensen que he venido para traer paz a la Tierra; no he venido para traer paz, sino espada" (Mateo 10:34). Ya he ahondado en el hecho de que el impacto de la crucifixión dejó a sus primeros seguidores sintiéndose abandonados. No podían evitar gritar: "¿En qué debemos creer? ¿Qué debemos hacer?"

Algunas respuestas eran radicales. Los evangelios gnósticos, como alternativa a los cuatro Evangelios canónicos, son un descubrimiento tardío; fueron hallados en 1945 accidentalmente por dos campesinos egipcios que entraron a una cueva cerca de la ciudad de Nag Hammadi y encontraron un jarrón lleno de manuscritos antiguos. Su descubrimiento, conocido ahora como Biblioteca de Nag Hammadi, contiene docenas de documentos diversos. En medio del alboroto teológico que surgió después de que salieron a la luz, la imagen oficial de la primera Iglesia fue cuestionada con fuerza. Había creyentes un siglo después de la muerte de Jesús que sostenían que Dios es tanto madre como padre, que María Magdalena era la discípula favorita de Jesús y que una congregación debe acercarse a Cristo a través de la revelación directa, y no a través de los evangelios escritos. Un documento nos dice que la crucifixión misma fue una ilusión. Cuando la muchedumbre observa la agonía de Jesús en la cruz, se le aparece en carne a Pedro para decirle que sólo los ignorantes creen en esos espectáculos, pues son incapaces de ver el espíritu verdadero. En la era moderna, son posibilidades fascinantes, aunque los evangelios gnósticos no formen parte de ninguna fe reconocida.

Es inescapable el hecho de que el cristianismo de Pablo derrotó toda oposición, pero también que algunos de sus peores prejuicios han cernido una sombra sobre el "paulinismo", un término que es tanto admirado como denigrado. El lado negativo del paulanismo es que es autoritario, chovinista y puritano. El sexo, como todas las tentaciones de la carne, se contrapone al espíritu, y en el esquema cristiano sólo el matrimonio lo hace agradable. La fe debe ser absoluta, y la autoridad de la Iglesia representa la autoridad de Dios. Si una persona ordinaria recibe un mensaje divino, se desconfía de éste hasta que se pone a prueba y es aprobado por los líderes de la Iglesia (en contraste, los gnósticos, cuyo nombre proviene de la palabra griega *gnosis*, que literalmente significa "conocimiento", aceptaban mensajes recibidos directamente de Dios; quizá los *shakers* y sus epifanías extáticas también son una analogía).

La historia la escriben los vencedores, lo cual es muy cierto en la historia de la Iglesia temprana. Dejando de lado las discusiones antiguas, el Dios representado por Pablo es notable como evolución del pasado. Para empezar, ya no es un dios negociante que ofrece recompensas por el buen comportamiento y castigo por el malo. El amor divino se ofrece ahora libremente, como gracia, y no necesita ser merecido. Al dar este paso, Pablo resolvió el problema de la caída por la que Adán y Eva fueron expulsados del paraíso. Siempre que la mácula de su pecado existiera en cada persona, era necesario luchar toda una vida contra él, lo cual probablemente no serviría de cualquier forma. Los pecadores siempre estaban condenados a recaer, pues así de fuerte era el poder de la tentación y así de débil la naturaleza humana.

Sin embargo, Pablo ofreció redención y salvación, haciendo borrón y cuenta nueva. Dios, quien ya no fruncía el ceño a sus hijos errantes, envío a su hijo con un mensaje de transformación. Jesús es el ser humano perfectamente transformado, el nuevo Adán. Él es pura bondad y dispensa toda la gracia. Esto por sí solo sería inspirador, pero la misma transformación también está al alcance de los verdaderos creyentes. Jesús les dice a sus discípulos que son la "luz del mundo" y que realizarán milagros incluso mayores que los suyos.

Pablo pintó un mundo lleno de milagros. Gracias al sacrificio de Jesús, cualquier persona ordinaria podía "morir hasta la muerte" y trascender el máximo temor. El espectáculo de los primeros cristianos que cantaban himnos mientras eran devorados por bestias salvajes en el Coliseo demostró que el espíritu era más real que la carne. Ése es el secreto que une a los mártires con los milagros. Los milagros llegan en medio de la agonía por medio del amor divino.

Uno busca pasajes del Antiguo Testamento en los que Dios es más amable que temido. El Nuevo Testamento está lleno de ellos. Para los teólogos, el término ágape, que es una de las tantas palabras griegas para nombrar al amor, define el vínculo de Dios con la humanidad, y el principal punto de referencia es Juan 3:16, uno de los versos más conmovedores a pesar de su simplicidad: "Porque de tal manera amó Dios al mundo, que ha dado a su Hijo unigénito, para que todo aquel que en él cree no se pierda, sino que tenga vida eterna".

No es posible verificar si estas palabras fueron escritas antes o después de las cartas de Pablo, como tampoco sabemos si Pablo las leyó en algún lugar. Sin embargo, no cabe duda de que ambos escritores sabían que el nuevo mensaje resonaba con otro más antiguo: "Por fe entendemos que el universo fue creado por la palabra de Dios, por lo que lo que vemos no fue hecho a partir de cosas visibles". Entonces, el Nuevo Testamento hace eco de la creación mística del mundo en el Génesis; el mundo visible se materializó a través de las palabras divinas: "¡Hágase la luz!"

¿Juan hizo eco intencionalmente del Viejo Testamento? Tampoco podemos saberlo. Se ha perdido mucho, y otro tanto es leyenda. Pero Pablo imprimió una fórmula en sus lectores: crean y serán salvados. No es una fórmula universal. En Oriente, religiones como el budismo y el hinduismo no tienen santos asesinados, ni se pone énfasis en la fe en los eventos sobrenaturales ni en la resurrección de los muertos. En vez de eso, el hilo conductor en Oriente es la conciencia. La gente religiosa busca escapar del dolor y el sufrimiento al encontrar una realidad superior que deje atrás el dolor y el sufrimiento y los vuelva irrelevantes. El viaje entero se hace en el interior, por lo que el gnosticismo, o el contacto directo con la mente divina, encuentran en Oriente un refugio donde no se le considera herejía.

Esto no significa que las religiones que han florecido en Asia carezcan de amor divino y de milagros. En el budismo popular, el joven príncipe Siddhartha fue llevado al otro lado de los muros del palacio de su padre, donde llevaba una vida de lujos sofocantes, sobre un caballo blanco mágico sostenido en el aire por ángeles. Un hindú devoto ve al hermoso dios Krishna como un parangón del amor. No obstante, el cristianismo no es una religión fundamentada en la conciencia elevada, sino en la salvación, que es el milagro personal por excelencia.

Para los ateos, todos los milagros son primitivos e infantiles, una forma de cumplimiento de un deseo que no está muy alejada de los cuentos de hadas. En un libro reciente para adultos jóvenes, el biólogo evolucionista británico Richard Dawkins, quien se ha convertido en vocero de los ateos modernos, observa los milagros desde un punto de vista racional. Concluye que son falsificaciones divulgadas por charlatanes, incluidos aquéllos que están asentados en el Nuevo Testamento. La ciencia sabe cómo funciona la realidad, afirma Dawkins. Necesitamos trascender los mitos y el cumplimiento de los deseos, pues ambos promueven la irrealidad. Es un ataque poderoso y convincente, si se insiste en que sólo el mundo físico es real y que sólo la mente racional puede darnos verdades.

No obstante, su argumento pierde potencia cuando nos damos cuenta de que la espiritualidad está fundamentada en la irracionalidad no por ser débil e infantil, sino en celebrar el mundo interior. Hay niveles de la mente a los que la razón no puede llegar. Ahí encontramos la fuente de la imaginación, el arte, la belleza, la verdad, la fe, la esperanza, el amor, la confianza, la compasión y la mayoría de las otras cosas que hacen que valga la pena vivir. Para un ateo, esto sonará como una justificación sentimental para creer en lo irreal. Sin embargo, si miramos con detenimiento, el cristianismo, a pesar de sí mismo, no puede evitar relacionarse también con la conciencia.

Para entrar al mundo milagroso, donde la gente ordinaria puede ser transformada, donde se siente la presencia de Dios y la muerte pierde la batalla, no hay viaje físico. Como afirma Kabir, uno de los poetas místicos indios más inspiradores, es posible leer todos los libros santos y bañarse en todas las aguas sagradas sin encontrar el alma. El alma es una experiencia, no un objeto, y todas las experiencias tienen lugar en la conciencia. Esto es innegable, incluso si hablamos de las supuestas experiencias sobrenaturales que tanto demeritan los ateos.

Sea amado u odiado, Pablo fue un maestro de la conciencia superior que exigió que la Iglesia temprana aceptara la resurrección, lo cual implicaba aceptar un mundo que ya no estaba constreñido por las leyes naturales. Pensamos que el cristianismo trata de la vida por venir cuando las almas se unen al Padre en el cielo. Pero Pablo cambió para siempre la apariencia de este mundo. Dirigió una revolución de la mente al afirmar que volver de la muerte no sólo era real, sino que era lo más real que había ocurrido jamás. Su insistencia y en que Dios dispensa gracia al mundo entero fue lo mismo que crear un nuevo mundo. En mi mente, los milagros no provocan aflicción. Como dijo Einstein, nada es un milagro o todo lo es. Esto puede dar la impresión de que el sistema de creencias de una persona se contrapone al de incontables individuos. Sin embargo, Pablo agregó otro argumento para todos los místicos del futuro: los mundos milagrosos sólo aguardan el toque de la conciencia.

4

SHANKARA

"La vida es sueño"

Cinco ancianos, los viejos del pueblo, habían venido a escuchar al joven forastero. Pero en realidad sólo uno de ellos le estaba poniendo atención. Otros dos asentían en dirección al sol, otro más contaba su dinero y el cuarto había fumado tanta ganja esa mañana que ya no tenía los pies en la tierra. Estaban agachados en el patio del templo local de Shiva, pero no había salido ningún sacerdote.

—¿Vienes del sur? —preguntó el jefe de los ancianos, quien sí estaba prestando atención—. Ahí tienen templos. Muy respetables —agregó.

—No fui expulsado —dijo el forastero y esperó alguna pregunta que tuviera sentido. Su acento hacía evidente que era del sur, y traía la túnica color azafrán de los monjes y las marcas de un brahmán, de aquéllos con el mayor conocimiento espiritual.

El anciano que contaba su dinero se detuvo un instante.

—Tenemos nuestros propios pordioseros. No necesitamos más.

El anciano que estaba aturdido por la ganja encontró su voz.

—No le digas dónde vivo —declaró y volvió a apoyar la barbilla sobre el pecho.

El forastero suspiró. Los monjes entraban en la ley de hospitalidad, la cual era sagrada. Pero la gente se quejaba al respecto, excepto en los lugares más aislados, donde la superstición pesaba más que en las ciudades. En ambos lugares, un monje no bienvenido podía ser sacado por la puerta a patadas.

—No molestaré a nadie pidiéndole comida —murmuró.

En realidad no necesitaba la aprobación de los cinco ancianos, conocidos como *panchayat*, pero creía en mostrarles respeto.

Además, pronto se estaría metiendo en problemas. Siempre habría cinco ancianos con los cuales presentarse en cada pueblo, así como siempre hay una arboleda de cinco árboles en las afueras de la ciudad. Es un número sagrado. Todos los niños lo aprenden; nadie lo cuestiona.

Shankara sentía que el tiempo pasaba muy despacio.

—Llevo cuatro días de viaje. Sobreviví a un ataque de bandidos para llegar aquí. Sólo quiero hablar con sus sacerdotes. Después me iré.

—¿Ataque de bandidos? ¿Por qué no te mataron? —preguntó el anciano mayor.

—Parecían interesados en Dios, así que terminamos conversando —la respuesta del monje fue breve, y dejó de lado que los bandidos le habían hecho una reverencia y habían tocado sus pies antes de dejarlo ir.

El anciano mayor se balanceaba sobre sus talones. Era la parte más calurosa del día y por un rato los monos dejaron de reñir con los loros en las copas de los árboles. El aire era sofocante y denso, pero las nubes en el horizonte indicaban que faltaban semanas antes de que llegara un buen monzón. El monje errante traía su bandeja de limosnas sobre la cabeza rasurada para protegerse del sol.

—¿Tu padre bendijo este peregrinaje tuyo? —preguntó el anciano del dinero.

—Mi padre está muerto. Pero mi madre me dio la bendición antes de partir. Debía hacerlo —contestó el forastero. De nueva cuenta, no ahondó en su respuesta. De hecho, había una historia que circundaba su partida. Cuando se estaba bañando en un estanque cercano a su casa, en el pueblo de Kaladi, un cocodrilo lo había tomado de un pie. Los otros chicos brahmanes gritaron y salieron corriendo del agua. Su madre corrió hasta la orilla del estanque, esperando que su hijo estuviera muerto; pero en vez de eso la esperaba tranquilamente, con el cocodrilo aún asiéndolo del pie.

—Debo morir a esta vida —le dijo a su madre—. Sé qué debe ser mi nueva vida, y hasta esta criatura salvaje lo sabe. Si me bendices, me dejará ir —el chico, quien apenas tenía siete años, hablaba de forma muy precoz.

Después de eso, su madre no tuvo elección. El monje errante tenía ocho años cuando le dio la espalda a Kaladi y se hizo al camino, lo cual era sorprendente, aun en una tierra donde los ladrones de caminos estaban interesados en Dios. Si a su paso no hubiera encontrado refugio con varios gurús, habría sido fácil que lo robaran y lo mataran.

Los años pasaron. Era imposible descifrar su edad. ¿Quince? ¿Dieciséis? Se veía joven, pero su nombre era muy sonado. Las historias del joven Shankara habían llegado a oídos de todos en India.

—De verdad necesito hablar con algún sacerdote —repitió Shankara.

La verdad se sabía, pero no se hablaba de ella. El *panchayat* se había reunido para darle la bienvenida a Shankara tan pronto pusiera pie en el pueblo. Los sacerdotes locales esperaban que algunos de los ancianos lo aburrieran hasta el cansancio y, con algo de suerte, seguiría su camino sin confrontarlos. Durante los ocho años que llevaba errando por toda India, las historias decían que Shankara tenía un efecto devastador en los debates. A donde fuera que llegara, Dios se venía abajo, es decir, aquel dios que pagaba los salarios de los sacerdotes.

El último pueblo en el que había parado había sido igual que los demás. El sacerdote en jefe, nacido en una secta dedicada específicamente a la alabanza de Devi, la Madre Divina, se sentó a discutir con confianza suprema. Había regido la vida del pueblo durante décadas y empezaba a pensar en su propia invencibilidad. Las ideas novedosas no lo asustaban más que una turba de mosquitos en el verano. Tenía mechones de cabello cano, y parches grises en la barba y saliéndole de las orejas.

—¿Dices que el mundo es una ilusión? —preguntó.

—No importa lo que yo diga. Los Vedas sagrados lo afirman —contestó Shankara.

—Pero afirmas tener conocimiento directo. Viniste a disipar las ilusiones, ¿no es cierto? Así que haz el mundo desaparecer.

—Muy bien —asintió Shankara—. Espera hasta esta noche, cuando te quedes dormido. El mundo desaparecerá, como lo hace todas las noches.

El sacerdote invencible no sonrió, aunque debía admitir que era una respuesta inteligente.

—Algo más difícil —dijo—. Declaras que todas las cosas, grandes y pequeñas, existen como en sueños.

—Sí. Así como el hombre despierta de un sueño para ver la luz del día, así debería despertar del sueño de su existencia si quiere ver la luz de Dios —ambos se sentían cómodos usando la palabra Dios, pues se entendía, después de muchos siglos, que cada una de las imágenes veneradas en miles de templos tenía el rostro de la misma presencia divina.

—En los sueños, cualquier cosa puede ocurrir —señaló el sacerdote invencible—. Así que, si esta vida es un sueño, debes reconocer que cualquier cosa puede ocurrir aquí.

—Así es. Nada es imposible para quien conoce a Dios —contestó Shankara.

—Ah. El marajá tiene un palacio tan inmenso que cualquier caballo desfallecería antes de poder galopar de un extremo a otro. En mis sueños, yo también puedo tener un palacio así. ¿Puedo tenerlo también cuando estoy despierto?

—Puedo exceder tu sueño. Quítate la ropa en la noche más helada del año. Quédate una hora de pie parado desnudo afuera de tu casa. Cuando entres de nuevo a la calidez de tu hogar, verás que es mejor que cualquier palacio de cualquier marajá.

El sacerdote se permitió sonreír, lo cual era importante. Shankara siempre derrotaba a sus oponentes y seguía el camino del Ganges para llegar al siguiente pueblo, pero estaba decidido a dejar buena voluntad a su paso. No quería que sus oponentes se resintieran al perder el debate. Era mejor si los sacerdotes se convertían en pilares de una nueva creencia.

El sacerdote invencible aún no llegaba a ese punto.

—Llamaré a un sirviente y le diré que corra a la selva y traiga consigo una cobra. Si coloco una víbora venenosa en tu regazo, ¿eso también será una ilusión?

—Me inclino ante ti —respondió Shankara—. Conoces bien las escrituras. ¿Acaso no está escrito esto: "Creer en este mundo es como un hombre que da traspiés en la oscuridad con una cuerda enredada. Al ser incapaz de ver con claridad, grita: '¡Víbora! ¡Víbora!', hasta atraer al pueblo entero. Entonces todos corren aterrados hasta que llega un hombre con una antorcha y dice: 'Miren, es sólo una cuerda'. Así es como funciona Maya, diosa de la ilusión".

—Pero eso no demuestra que las cobras no sean reales, a menos de que todas las víboras sean lo mismo que una cuerda —dijo el sacerdote invencible, con certeza de que estaba dándole al clavo.

—Sólo estaba demostrando que el hombre que trae la luz sabe qué es real y qué no lo es —contestó Shankara y sonrió—. Cualquiera que lea las escrituras entiende ese punto, ¿no es verdad?

El sacerdote invencible se retorció en su lugar. El monje errante había perfeccionado la técnica de hacer que su oponente aceptara la verdad citando textos que supuestamente todo brahmán sabía de memoria. ¿No era así como mantenían el control de los simples devotos, con palabras sagradas que nadie más podía leer? Al mismo tiempo que halagaba a los brahmanes, Shankara les daba la vuelta sutilmente a las mismas palabras. Y ellos descubrían que, como la picadura de una cobra, la picadura de la mente del monje era letal.

Parece estar decretado que quienes traen luz al mundo se vean cubiertos de leyendas. Shankara estaba caminando por un pueblo un día cuando una pandilla de chicos empezó a correr tras él y a lanzar caléndulas en dirección hacia él. El monje les preguntó por qué.

—Queremos que pises una —contestó uno de los más grandes, aunque era bastante tímido.

—¿Pisar una?

—Eres un *sidha*, maestro de poderes sobrenaturales. Si pisas una flor, podremos venderla para sanar a los enfermos.

—¿Quién les dijo tal cosa? —exigió saber Shankara.

Los chicos estaban confundidos y se sentían intimidados, pero entre todos relataron la historia que habían oído sobre el *sidha* que estaba de pie frente a ellos.

Shankara había adoptado a un maestro de nombre Góvinda, quien vivía en una cueva junto al sagrado río Narmada. Como era costumbre, el discípulo atendía al maestro, como si fuera su sirviente personal. Cada mañana, Shankara ponía comida frente a la boca de la cueva para que su maestro desayunara. Sin embargo, un día el río se desbordó y amenazó con inundar la cueva de Góvinda y los campos circundantes.

Shankara oró en busca de orientación, después de lo cual se dirigió de prisa a la cueva y colocó su pequeño jarrón de barro frente a la entrada. De inmediato, el jarrón absorbió la inundación, hasta que Dios le ordenó al Narmada que regresara a su cauce, pues la inundación había sido una prueba de los poderes del joven *sidha*.

Los ojos de los chicos brillaban mientras relataban la historia. En lugar de reprenderlos, el monje pisó unas cuantas caléndulas como se esperaba que lo hiciera, y se recordó que debería volver cuando los chicos hubieran crecido y se hubieran convertido en hombres, de modo que pudiera darles algo más útil que leyendas, aunque no existe registro de que haya contradicho alguna vez ese relato.

Cuando llegaba a un lugar nuevo y pedía debatir con los hombres más doctos, los brahmanes solían cometer el error de subestimarlo de inicio. Era tan delgado como un junco, en primer lugar, y, cuando uno se dedica a diseminar la sabiduría, es mejor ser gordo y también viejo. Si alguien lo señalaba, Shankara decía que no ganaba por sentarse sobre sus oponentes, sino sólo por persuadirlos. ¿De qué? El monje se encogía de hombros. *De la verdad.*

—¿No es arrogante que venga un forastero y afirme saber la verdad? —argumentaban sus oponentes.

—La ignorancia es más arrogante —contestaba él—. Ésta afirma cegar a todos los hombres y borrar lo real de sus mentes —bajaba la vista—. No digo que eso haya ocurrido aquí.

Aquel día, Shankara y los cinco ancianos llevaban reunidos una hora. Shankara escuchó entonces el rugido de sus entrañas. El anciano terco no paraba de cuestionarlo. Al parecer, no se le acababan las preguntas, y cada una era más trivial que la anterior. El monje errante no podía ocultar más su impaciencia.

—¿Cuánto? —preguntó.

—¿Cuánto qué?

—¿Cuánto te pagaron para hacerme perder mi tiempo? Antes de que finjas indignación, déjame decir una cosa. No estoy aquí para destruir su fe.

El anciano mayor había mantenido una expresión tolerante, hasta ese instante. Pero entonces se desvaneció.

—Dicen que derrocas a Dios. No podemos permitírtelo.

—Ya veo, ¿entonces Dios necesita que ustedes lo protejan? Estoy impresionado. Acabo de conocer a alguien más poderoso que Dios.

Sus palabras estaban hechas para causar escozor, cosa que lograron. El anciano mayor se levantó y les hizo un gesto a los demás.

—Yo no estoy tan impresionado —dijo—. He conocido a alguien que cree que Dios es ciego y sordo. Pero te equivocas. Dios escucha las profanaciones y las castiga.

Shankara se puso de pie y se acercó al anciano.

—¿Por eso estoy atascado aquí, hablando contigo? ¿Porque Dios me está castigando?

El rostro del anciano se puso rojo de ira, pero Shankara no esperó la estrepitosa respuesta. Levantó los brazos y se dirigió al patio vacío.

—Me dijeron que viniera aquí. Es un mercado, según me dijeron. Los vendedores de fe ponen aquí sus puestos. Entonces, ¿dónde están, comerciantes? Vengan, véndanme algo de fe si creen que carezco de ella.

No hubo respuesta en el templo a su desafío; sólo se oía el zumbido de los cánticos. Los sacerdotes estaban obligados a realizar rituales casi sin parar siempre que el sol estuviera en los cielos y varias veces durante la noche.

—Bien, como quieran —gritó Shankara—. Cuando llegue al siguiente pueblo llevaré la nueva de que este lugar es el hogar que a la ignorancia le encanta habitar, tanto que ha hecho a sus devotos demasiado temerosos como para hablar conmigo.

Un oído agudo habría detectado una variación en el zumbido que provenía de la cámara sagrada adentro del templo, pues ahora parecían más bien avispas que plegarias. Después de un momento, apareció en la puerta un sacerdote. Traía consigo los implementos de ritual —incienso, un tazón de agua y algunas caléndulas—, como si apenas pudiera darle un instante de su tiempo.

—No me reprendas —le dijo Shankara—. Los rumores que corren sobre mí son falsos. No estoy aquí para derrocar a Dios. Mis palabras no agrietarán los muros del templo.

—Como todas las palabras, las tuyas se esfumarán en el aire —dijo el sacerdote, quien le doblaba la edad al intruso y tenía una frente tan gruesa como su entrecejo fruncido.

—Algunas palabras penetran el corazón —dijo Shankara con mayor humildad.

Si fuera una historia para niños, tendría que haber matado a los demonios que bloqueaban su camino, pero Shankara blandía un arma secreta. Era capaz de encantar a las personas, incluso cuando creían que podían resistirse. El sacerdote seguía con el ceño fruncido, y con el corazón aún más. Pero tampoco mandó a llamar a un sirviente con un látigo.

—Ambos somos brahmanes —dijo Shankara—. Vengo de una familia que daba limosna todos los días y realizaba los rituales del *puja* para apaciguar a Shiva, igual que ustedes. Respeto su forma de vida, la cual ha sido dictada por Dios. Los respeto a ustedes.

El sacerdote asintió levemente.

—Cuando te miro, creo que eres el hombre más sabio de este pueblo —continuó Shankara—. Si es así, por favor, siéntate y debate conmigo. Si no, envía al hombre que todos consideren más sabio que tú.

Sabía que había atrapado al sacerdote en una trampa: la de su propia vanidad.

—Si me respetas como brahmán —dijo el sacerdote en tono dubitativo, como temiendo meterse aún más en la trampa—, verás que estoy ocupado cumpliendo con mi deber —le mostró los implementos rituales—. ¿Por qué habría de interrumpir el trabajo sagrado para tener una discusión improductiva?

—Porque necesito que veas por ti mismo si Dios habla a través de mí. Eso es lo que has oído, ¿cierto? Que mis palabras son divinas.

El sacerdote perdió la compostura.

—¡Esto es indignante!

—¿Por qué? —preguntó Shankara—. ¿Acaso no se dice que las primeras palabras provinieron de Dios? ¿Acaso las palabras no son agente de razón? Por lo tanto, si te hablo con razones sólidas, ¿no provendrán de Dios? De otro modo, tendríamos que decir que hablo con la voz de los demonios.

—Siempre es una posibilidad —intervino el anciano mayor. Era bastante complicado purificar un lugar sagrado después de que lo infestaba un demonio.

Shankara sonrió.

—Aun así, puesto que todas las cosas están hechas de Dios, incluso los demonios tienen una naturaleza divina una vez que perforamos su disfraz. Ven, siéntate. Escucharás la voz de Dios o tendrás la oportunidad de derrotar a un demonio, uno muy pobre y flaco que te agradecería un *chapati* y un vaso de agua fresca.

En los ocho años que habían pasado desde que partió de casa, Shankara había repetido esta escena cientos de veces después de que su propio gurú, en las orillas del sagrado río Narmada, lo enviara a cumplir su misión.

Este sacerdote era más astuto que la mayoría.

—Me tomaría demasiado tiempo contarte cómo sirvo a Dios —dijo—. Pero hay un habitante del pueblo, propietario de su casa, que lleva una vida de perfecta devoción. Yo le enseñé todas y cada una de sus lecciones. Ve a su casa y, si su devoción se resquebraja con tus argumentos, vuelve conmigo.

El sacerdote hizo un gesto con la muñeca para mandar a un sirviente a buscar pan y agua para el forastero intruso. En lo personal, el sacerdote no apreciaba mucho a los monjes errantes; la mitad estaban locos, y la otra mitad eran criminales disfrazados. Pero, de brahmán a brahmán, no podía negarle la hospitalidad.

Después de que el sacerdote regresó al templo, los ancianos del pueblo se relajaron, complacidos con el resultado. Observaron a Shankara comer, lo cual hizo después de las bendiciones necesarias.

—Su sacerdote es listo —dijo Shankara—, pero lo confunde con ser sabio.

—¿Por qué insultas a quien te ofrece comida? —exclamó el anciano mayor.

—¿Acaso lo estoy insultando? Pensé que él me había insultado a mí, porque me ilustra como alguien capaz de atacar la fe de un hombre devoto. Si él mantiene la fe, debo alejarme como perdedor del debate —contestó Shankara.

Los ancianos sonrieron, pues comprendieron bien la táctica del sacerdote.

—¿Cómo encontraré a este habitante de devoción perfecta? —preguntó Shankara.

—Se llama Mandana Mishra. No tendrás problemas para encontrar su casa. Mantiene seis pericos enjaulados en la entrada de su casa. Se la pasan todo el día discutiendo de filosofía y hacen un gran escándalo.

Al emprender el camino escuchaba las risas disimuladas del *panchayat* tras de sí. Siguió por el camino hasta ver a los pericos enjaulados, quienes parlotearon una advertencia al verlo acercarse. Si tenían cosas filosóficas que decir, se las guardaron para sí mismos. En el pórtico de la casa, un hombre realizaba una ofrenda ritual. Shankara se arrodilló a su lado e inclinó la frente al piso. Mandana Mishra roció agua en dirección a los cuatro puntos cardinales, mientras murmuraba una oración. Tardó varios minutos en darse cuenta de que había alguien más ahí.

—Le pido disculpas por interrumpir sus devociones —murmuró Shankara.

—No hay pecado —contestó Mandana con amabilidad—. Un huésped en la puerta es Dios. Se nos enseña que eso es más importante que las plegarias diarias.

Invitó a Shankara a entrar a su casa y le ordenó a su esposa que trajera bebidas, lo cual hizo la mujer en silencio. Al echar un vistazo a su alrededor, Shankara descifró toda la historia. Mandana Mishra se rodeaba de imágenes de los dioses. El altar de *puja* estaba iluminado por una docena de lámparas de aceite, y el aire estaba cargado de una mezcla de incienso, mantequilla quemada y cenizas. Cuando Shankara le explicó qué hacía ahí, a Mandana se le iluminaron los ojos. Le entusiasmaba ser usado como ejemplo de devoción perfecta.

—No podemos debatir sin un árbitro —dijo Shankara—. Podríamos mandar llamar al sacerdote principal, pero quiero al árbitro más riguroso. ¿Aceptarías que fuera tu esposa?

La pareja se miró entre sí, desconcertada.

Shankara continuó.

—En una casa como ésta, donde Dios significa todo, la esposa debe ser tan sabia como el esposo. Si ella dice que él ha sido derrotado, nadie puede disputárselo. Lo último que una esposa querría es ver perder a su esposo.

La pareja aceptó, y Shankara se sentó en flor de loto sobre el suelo, frente a su oponente. Ubhaya, la esposa de Mandana, se sentó a un costado.

—Las palabras están vacías a menos que haya algo valioso en juego —dijo Shankara—. ¿Qué habremos de apostar?

Mandana sonrió.

—Ambos somos demasiado pobres como para apostar demasiado. Puedo ofrecerte un puñado de arroz, pero tú no tienes nada.

—Ambos hemos renunciado a la esperanza de tener riquezas —reconoció Shankara—. Pero poseemos algo más preciado. Apostemos nuestro camino a Dios. Si tú ganas, me quedaré aquí, me volveré un hombre de casa y seguiré tu ejemplo en todo ritual y rezo. Si yo gano, tú me seguirás y te convertirás en un *sanyasi*, un monje errante.

Marido y mujer dudaron durante largo rato, pero al final aceptaron la apuesta. A Shanakara se le permitió amablemente determinar el tema del primer debate, y eligió la fe.

—Fui enviado aquí para poner a prueba tu fe —comenzó—. Pero no necesito hacerlo porque veo que tu fe es como una carreta sin ruedas. Sería lastimero cuestionarla —notó la mirada ofendida en el rostro piadoso de Mandana Mishra—. Estoy siendo amable al decírtelo. La carreta sólo sirve si puede llevarte al mercado o cargar la cosecha. Con la fe es lo mismo. Su intención es llevarte a Dios. Pero si haces reverencias y rituales vacíos día y noche sin encontrar a Dios, daría igual que le hicieras reverencias a una carreta descompuesta.

Mandana pidió la palabra.

—Las escrituras nos ordenan que mostremos nuestra fe a través de estos rituales que demeritas, y las escrituras provienen de Dios. ¿Insinúas que Dios puede ser falso?

—¿Por qué las escrituras te ordenan que reces? —preguntó Shankara.

—No es mi lugar cuestionarlo.

—Porque eso demostraría una falta de fe —dijo Shankara para terminar el pensamiento de Mandana—. Es un razonamiento falso porque, como un perro que persigue su propia cola, afirmas que uno debe tener fe en la fe. Dame una razón por la cual hacerlo.

—Dios está más allá del razonamiento —declaró Mandana.

—Si eso fuera cierto, entonces cualquier combinación de palabras podría llamarse escritura sagrada. Las sandeces serían divinas si bastara con que fueran insensatas. Y los locos serían mejores que los sacerdotes.

—Eso es puro engaño —reviró Mandana—. Las escrituras no pueden ser negadas.

—Ah, entonces el perro encontró una segunda cola que perseguir. Ahora las escrituras son correctas por el simple hecho de ser escrituras. Si eso fuera verdad, entonces yo podría introducir mentiras en los libros sagrados del Veda y se volverían verdad simplemente porque las puse ahí.

La esposa de Mandana se alarmó, porque percibió que su esposo estaba en terreno riesgoso.

—Dile desde el corazón por qué todos necesitamos la fe —lo instó la mujer.

Mandana asintió con gesto manso.

—Tienes razón, querida mía. Una fe que no proviene del corazón no es fe en lo absoluto —miró benignamente a Shankara—. La fe es el deber de todo hombre, porque estamos aquí para llevar una buena vida a ojos de Dios. No puedes convencerme de no ser bueno. La fe es mi negociación con Dios. Si obedezco su palabra, entonces moriré y seré liberado. El ciclo de nacimiento y renacimiento terminará y, con eso, también llegará a su fin todo sufrimiento.

—Entonces la fe te hará inmortal y te llevará ante la presencia de Dios —dijo Shankara—. Suena ridículo. Un asesino podría practicar ser piadoso y, según tu argumento, cuando muera basta con que grite: "Dios, creo en ti. Libérame, pues ¿qué es un pecado si tengo tanta fe?"

—¿Un asesino? —preguntó Mandana—. No puedes poner un pecado así al mismo nivel que la vida de un hombre bueno.

—¿Entonces ser bueno significa vivir sin pecado? Si vives sin pecado, querido oponente, no te molestes en tener fe. Ya eres Dios —contestó Shankara—. Pregúntate a ti mismo: ¿por qué esta vida está llena de sufrimiento? Porque los hombres ignoran la verdad. ¿De qué le sirve a Dios tener la fe de los ignorantes? Si necesitas construir una casa, ¿pedirías que sólo te enviaran trabajadores que jamás han construido una casa? Es lo último que Dios quiere.

Mandana negó con la cabeza.

— No puedes poner la fe al mismo nivel que la ignorancia. Hay sabios que tienen fe. Imagino que tú eres uno de ellos. ¿O acaso perdiste la fe al volverte tan sabio?

Shankara se veía complacido, pues no estaba debatiendo con un tarado.

—La fe de los sabios es distinta de la fe de los ignorantes —dijo.

—Entonces concédeme que la mía es la fe de los sabios —reviró Mandana.

—No puedo.

—¿Por qué no? ¿Acaso a simple vista puedes saber de inmediato si soy sabio o no?

—No es necesario. Te demostraré tu ignorancia. Digamos que conoces a un hombre que vende amalakis. Le pagas, pero, en lugar de poner tu fruta en un saco, toma una cucharada de aire y, fingiendo que es fruta, la pone en el saco. Cuando protestas que te está entregando aire, te dice: "Ten fe. Hay amalakis en ese saco". ¿Qué contestarías a eso?

—Ya sabes qué diría.

—Lo sé. Dirías que es un tramposo. Así es la fe de los ignorantes, un engaño. Pagan por ella. La comen y dicen que es dulce. Pero ¿en qué los nutre? En nada. ¿Cuánto sufrimiento se ahorran?

Muy poco. Por otro lado, la sabiduría de los sabios es pura dulzura y nutre el alma. ¿Cómo? Al llevarte al lugar al que pertenece la fe. Fe es otra forma de llamar a la esperanza. Tenemos fe en que Dios es real, pues es nuestra mayor esperanza. Espero que nazca un hijo mío, pero, hasta que nazca el niño, la fe sólo titila en el marco de la ventana como una vela. Señala a Dios, pero no es lo mismo que alcanzar a Dios. ¿Qué se requiere para alcanzar a Dios en realidad? Dos cosas: conocimiento y experiencia. Las escrituras nos dan conocimiento. Nos dicen cómo venerar a Dios, cómo realizar nuestros deberes para llevar una buena vida. Más que eso, aprendemos a mirar nuestro interior para encontrar la chispa, la esencia de Dios que está dentro de nosotros. Ésa es nuestra fuente. No obstante, dicho conocimiento es apenas la mitad del camino. La otra mitad es experiencia. ¿De qué sirve saber que la rosa tiene una esencia deliciosa si jamás la has olido? Mandana Mishra, tu casa está llena de esperanza en Dios, como un florero vacío está lleno de esperanza por tener rosas. Sin embargo, también puedes tener la experiencia y entonces tu esperanza será satisfecha. Dios quiere ser sentido, visto, tocado. Se siente solo sentado lejos de nosotros. Al encontrar a Dios, encontrarás tu propia esencia. Es la razón de existir de la vida. Reconoce que Dios es tu propio ser. En ese momento, despertarás a la eternidad.

Ese intercambio era apenas el comienzo. Durante doce días, Mandana y su esposa estuvieron ocultos de la vista pública. La gente del pueblo se asomaba por su ventana para ver si el monje errante le había hecho algo terrible al hombre más devoto del pueblo. No obstante, lo único que alcanzaban a ver, ya fuera con luz del día o con las velas durante la noche, era a dos polemistas sentados uno frente al otro sobre el suelo.

Cuando amaneció el decimotercer día, Ubhaya empezó a llorar. Los tres estaban exhaustos. Mandana se había quedado sin argumentos y recurría a repetirse a sí mismo, con murmullos débiles mientras los pesados párpados le cerraban los ojos del sueño.

—No sirve de nada —dijo Ubhaya con tristeza. Estaba lista para declarar vencedor a Shankara, aun si eso implicaba ver a su esposo partir y convertirse en un *sanyasi*.

Sin embargo, antes de que pudiera emitir su juicio, Shankara levantó la mano.

—No hay victoria a menos de que derrote a tu esposo, pero, según las escrituras, la esposa es la mitad del esposo. Por lo tanto, déjame debatir contigo antes de que me digas que he ganado.

Ubhaya estaba desconcertada, pero accedió a la invitación. Todo lo que Mandana Mishra sabía sobre Dios ella también lo sabía, pero tenía más ingenio que él.

—¿Dios quiere que el hombre tenga una peor vida por creer en Él? —empezó ella.

—No. Dios es nuestra propia naturaleza. Sólo puede querer lo mejor para cada persona —contestó Shankara.

—Si eso es cierto, ¿por qué lo mejor para mi esposo sería convertirse en monje? Como hombre de casa da limosnas, mientras que el monje debe pedirlas. El hombre de casa mantiene encendido el fuego sagrado, mientras que el monje tirita bajo la lluvia. En la calle, Mandana enfrentaría todo tipo de peligros. Tú mismo apenas escapaste de la muerte, o eso dices —declaró Ubhaya.

—Hablas de peligros para su cuerpo, pero no es el cuerpo el que encuentra a Dios o lo pierde —exclamó Shankara.

—Conozco a mi esposo. Es manso. Se arrastraría de pueblo en pueblo, aterrorizado. ¿Quién que tenga miedo constantemente puede encontrar a Dios?

—El miedo también puede ser un incentivo. Cuando te das cuenta de que el miedo nace de la dualidad, anhelas ir a donde el miedo ha sido desterrado —contestó Shankara. Estaba recitando un verso sagrado que Ubhaya debía conocer—. Eres una mujer devota y tu esposo es humilde ante Dios. Pero mira en tu interior. ¿No temes dar un paso en falso y que entonces Dios te aplaste?

—¿Me estás asustando deliberadamente? —le preguntó ella.

—No, pues no es por tener más miedo que la gente conquista el temor —dijo Shankara.

Puesto que Ubhaya desvió la vista sin responder, Shankara continuó:

—El mundo está dividido porque cada uno está dividido en su interior. Ocurre lo mismo dentro de todos nosotros. El bien lucha contra el mal, la luz contra la oscuridad. ¿Cómo puede alguien encontrar la paz en ese estado?

—Yo estaba en paz antes de que aparecieras en la puerta —dijo Ubhaya.

—Era la paz de quien está dormido. Un prisionero que está a punto de ser decapitado en la mañana puede encontrar la misma paz si logra quedarse dormido.

—Pero si el mundo está hecho a base de bien y mal, eso no puede llamarse ilusión —argumentó Ubhaya—. Es la voluntad de Dios, quien hizo el mundo de esa forma.

—Estás expresando lo que la mayoría de la gente cree —reconoció Shankara—. Pero la realidad es escurridiza. Un bebé llora enfurecido si la madre le quita el seno; ésa es su idea de maldad. Un pequeño que juega en los campos odiará a otro niño que le lance una roca; ésa es su idea de maldad. Un monje budista esperará al lado del camino sosteniendo su tazón de limosnas, y un hindú que pase a su lado lo escupirá; ésa es su idea de maldad.

—Sin embargo, para todos ellos la maldad es real —dijo Ubhaya.

—¿Estás segura? La experiencia gira en torno de nuestras cabezas como un enjambre de mosquitos. Pero también puede haber mosquitos en los sueños. Son igual de inoportunos; si te pican, te duele y sale sangre. Pero, cuando despiertas del sueño, tu piel está intacta, y sabes que el enjambre de mosquitos fue una ilusión y ocurrió sólo en tu mente —Shankara dio un manotazo al aire, donde siempre había uno o dos mosquitos zumbando por el dulce olor de la fruta ofrendada—. ¿Qué hace que estos mosquitos sean reales? Tus sentidos, pues los ves y los escuchas zumbar. Pero, si despertaras, serían como los mosquitos del sueño. Es la única diferencia. Por las noches, sabes cómo despertar de tus sueños, pero aún no has aprendido a despertar de este mundo. Me preguntaste si Dios quiere lo mejor para nosotros. Así es, y lo mejor es despertar por completo.

Ubhaya, quien era una auténtica devota, se sintió conmovida. Pero era más fuerte el pánico de perder a su esposo.

—Si Mandana te sigue, ¿te convertirás en su gurú?—preguntó.

Shankara asintió.

—¿Y un gurú sabe todo lo necesario para eliminar la oscuridad?

Shankara asintió de nuevo.

—Pero eres sumamente carente —dijo Ubhaya y levantó la voz—. Porque no sabes nada de cómo viven juntos hombres y mujeres.

Fue la primera vez que Shankara fue tomado por sorpresa.

—Sé que se aman el uno al otro, y Dios me ha mostrado el amor infinito.

—Los hombres y las mujeres también yacen juntos. ¿Qué sabes de eso? Si quieres robar a Mandana de mi cama, ¿cómo sabes que no lo has privado de una dicha inmensa? Y, ¿para qué? ¿Por la promesa de que puedes guiarlo hacia un mundo superior? Crees que lo es porque no ha habido mujer que te demuestre lo contrario.

Era un discurso desvergonzado. Shankara se sonrojó y bajó la mirada.

—Juré celibato. Sea lo que sea que estés ofreciendo, me es imposible aceptarlo.

Ubhaya soltó una suave risa.

—Dices que se requiere experiencia para encontrar a Dios. Sin embargo, cuando se te aproxima esta experiencia, huyes. Si te desvías tan fácilmente, ¿por qué mi esposo habría de confiarte su vida? —Ubhaya era una mujer honesta, pero apenas si podía contenerse de acariciar la mejilla de Shankara si eso significaba que ganaría.

Él se echó para atrás.

—Dios no me negaría nada, y si me falta esta experiencia la culpa es mía. Dame ocho días.

El corazón de Ubhaya se llenó de esperanza.

—¿Pretendes aprender el arte de amar a una mujer en ocho días? Está bien, pero si experimentas la dicha deberás reconocer tu derrota —se detuvo, sabiendo que Shankara se había puesto una trampa a sí mismo. Si dormía con una mujer, rompería sus votos como monje. Sería entonces un pecado que Mandana lo siguiera, sin importar qué tan inteligentes eran sus argumentos.

En lugar de levantarse para irse, Shankara intervino:

—Me sentaré aquí y no me moveré. Sin importar qué ocurra, vela por el bienestar de mi cuerpo. Mantenlo cálido. Protégelo de cualquier daño y vierte agua en mi boca cuando se seque.

Aunque estaban desconcertados, Mandana y su esposa aceptaron. Durante los siguientes ocho días, Shankara se sentó con los ojos cerrados. No respondía a los sonidos y, cuando le abrían la boca para verterle agua, permanecía tan inmóvil como un cadáver. Finalmente, al octavo día, se estremeció.

—Estoy listo —dijo y abrió los ojos.

—¿Para qué? —preguntó Ubhaya, sospechando que podía engañarla—. Si imaginaste los deleites de la cama, eso no sería más que una ilusión.

Shankara negó con la cabeza.

—Le rogué a Dios que me permitiera experimentar el amor entre un hombre y una mujer sin romper mis votos. Viste mi cuerpo en este cuarto, pero no estaba aquí. Fui llevado al palacio, donde el marajá disfruta a sus múltiples esposas. Durante ocho días, estuve dentro de su cuerpo. Es un amante vigoroso, y sus esposas están versadas en muchas artes. He vuelto con toda la experiencia que me criticaste por no tener.

Ubhaya sintió que el piso a sus pies se estremecía.

—Si es verdad, entonces experimentaste la dicha tierna y devoradora. En la agonía del amor, nada más importa. Si Dios quiere lo mejor para nosotros, menciona algo mejor que esto.

Shankara contestó:

—Después de hacer el amor, el marajá quedaba exhausto y su espíritu se apagaba. Era indiferente, como un hombre sin mente. Su dicha llegaba a su fin bruscamente. No hablaré de los otros problemas en la cama, como los celos entre las esposas, el miedo a perder algún día sus poderes, las sospechas de que las mujeres no lo amaban en realidad, sino que sólo fingían. Dios, en cambio, ofrece una dicha interminable que no oscila. A donde llevaré a Mandana, los frutos del amor divino lo harán olvidar el dormitorio para siempre.

De pronto, Ubhaya gimió y se lanzó a los pies de Shankara.

—¡No soportaré perderlo! ¿Por qué le daría Dios dicha eterna a mi esposo mientras que a mí me arrojaría al dolor más profundo?

Shankara contestó con gentileza:

—El dolor no es causado por perder a tu esposo, sino por perderte a ti misma. En este mundo, el camino del placer lleva a todos a perseguir sus deseos. Has sido afortunada. Podrías haber sido cortejada por un hombre que terminara golpeándote o engañándote con otra. La sabiduría ve más allá de la felicidad actual. El amor de Mandana mañana podría convertirse en indiferencia o hasta en odio. Las emociones son caprichosas. Podría debilitarse y enfermar, y tú podrías morir en la más desdichada pobreza. Al saber esto, la sabiduría nos rescata, restablece nuestro verdadero ser y, con eso, el miedo se desvanece. Pues, mientras estés sujeta al dolor, el miedo será tu amo.

Ubhaya inclinó la cabeza y dejó ir a su esposo. Ambos lloraron al separarse, y él volteó la mirada varias veces antes de que ella viera su figura desaparecer a la distancia. Era costumbre de los *sanyasi* adoptar un nuevo nombre cuando renunciaban a su antigua vida. Mandana adoptó el nombre de Suresvara. A donde fuera Shankara, Suresvara lo seguía, y los años se esfumaron hasta que de pronto hubo una gran conmoción. El amo murió a una edad cruelmente temprana, apenas a los treinta y dos años. Se estaban quedando en un pueblo que apenas si figura en los mapas. Shankara se sintió afiebrado y a la mañana siguiente ya no despertó.

Para entonces tenía varios discípulos, así que una multitud siguió al cuerpo a la escalinata que llevaba al río, donde fue incinerado. Suresvara se encargó de que las cenizas fueran dispersadas por el río con cien lámparas flotantes que las rodearan, como estrellas que se juntan para llorar por el sol después de que se ha apagado. Los discípulos se dispersaron hacia los cuatro vientos. Shankara lo había previsto y estableció cuatro grandes centros donde se preservaría la sabiduría hasta el fin de los tiempos.

Cuando los jóvenes monjes eran presentados ante Suresvara, quien se volvió un eminente guardián de la verdad, eran examinados de forma amable, pero con algo de lástima. Tomaría una vida entera absorber las enseñanzas de Shankara. Para inflamar su valor, Suresvara les relataba una historia sencilla.

—Estaba caminando con el Maestro cuando nos topamos con un hombre sucio en el camino, un intocable, y yo me adelanté gritándole: "¡Quítate del camino! Viene un brahmán". Por nada del mundo permitiría que el cuerpo del Maestro fuera contaminado por entrar en contacto con un intocable. Pero el Maestro levantó la mano y dijo: "¿Quién se supone que debería hacerse a un lado? Si es el cuerpo de este hombre, sabes que el cuerpo es irreal. Si es su verdadero ser, el cual es infinito, ¿cómo podría moverse hacia cualquier parte si ya está llenando toda la creación?" Y, habiendo dicho eso, el Maestro se agachó y le hizo una reverencia al intocable.

Suresvara relataba el incidente porque recordaba cómo había llorado cuando ocurrió, y lo sorprendido que había estado al mismo tiempo, tanto como lo estaban los recién llegados cuando escuchaban esa historia. Los intocables seguían siendo despreciados. Era una costumbre rígida, la forma en la que estaba configurada la sociedad. La sabiduría tendría que esperar.

Cuando Suresvara envejeció, yació en su lecho de muerte y se arrepintió de una sola cosa: el destino de su esposa, Ubhaya. Su propia vida había alcanzado la dicha eterna y él no temía no ser liberado. Sin embargo, este dolor le perforaba el alma. Exhaló su último aliento. La habitación en la que estaba se desvaneció, y los cuatro muros se esfumaron como humo. Se encontró a sí mismo en la cima del Himalaya, solo, con copos de nieve cubriéndole el rostro.

A lo lejos, apareció una pequeña mancha. Poco después, Suresvara descubrió que era alguien que venía caminando hacia él. En poco tiempo, un viajero con la cabeza cubierta se le acercó y se quitó la capucha, pero resultó no ser un hombre. Era Ubhaya, quien se veía exactamente igual que el día en el que se casaron.

Suresvara se estremeció y sollozó.

—¿Podrías perdonarme?

—Lo mejor fue lo mejor —contestó ella.

—Pero no para ti —gimoteó Suresvara.

—¿Arrojo mi manto y te muestro a qué quedé reducida? —preguntó ella.

Suresvara asintió, con temor a ver su cuerpo devastado cubierto de harapos.

En medio de la tormenta, Ubhaya dejó caer su burdo manto de lana, pero no estaba vestida con harapos. Su cuerpo era pura luz, más cegadora que la blanca nieve que caía en espiral a su alrededor. Se reveló no como una mujer mortal sino como la diosa Sarasvati. Suresvara estiró la mano para tocar el dobladillo de su manto y en ese instante ambos desaparecieron. La dicha se derritió en la dicha. Él había usado su vida para aquello que más importaba. Los altos picos de la cordillera lo miraron y se regocijaron.

Revelando la visión

En Oriente, Dios no evolucionó del mismo modo que en Occidente. No hay un Yahvé vengativo, ni profetas bíblicos, ni Cristo redentor. Sin esos tres ingredientes, la naturaleza de Dios puede seguir caminos completamente distintos. Es por mero accidente que el Padre, el Hijo y el Espíritu Santo son tres, como lo es la concepción india de Brahma, Visnú y Shiva. Pero el hecho de que tres dioses sean responsables de crear, mantener y destruir el universo escandalizó a los occidentales cuando descubrieron India por primera vez, por la misma razón por la que se escandalizaron en China, Japón y otras partes de Asia. "Dioses" era sinónimo de paganismo, y las ignorantes almas orientales debían ser adoctrinadas en la creencia del único "Dios".

El cargo de paganismo sigue siendo imputado a Oriente, pero con un giro. Con suficiente fuerza, puedes conquistar un país y hacer obligatoria la conversión a la creencia en Dios, so pena de muerte. Sin embargo, en Asia la gente descartaba la diferencia entre Dios y los dioses. Se les había enseñado que la vida material es *maya*, una ilusión de los sentidos. Por lo tanto, casi no importaba si dicha ilusión contenía uno o varios dioses. Cuando las escamas dejaran de cubrirles los ojos, la gente vería la realidad luminosa que yace detrás del velo de las apariencias. Como misión de vida, los grandes sabios de India, China y Japón dieron indicaciones para escapar de las ataduras de la ilusión, la cual traía consigo dolor y sufrimiento. Si Cristo enseñó que este valle de lágrimas terminaba en el cielo, Shankara enseñaba que el sufrimiento terminaba con la iluminación. Puesto que a la larga ambos caminos llevaban a la luz, ¿habrían discrepado demasiado Jesús y Shankara si se hubieran enfrentado en un debate?

Ésa habría sido una pregunta meramente hipotética para los occidentales que llegaron a India hace tres siglos. La mayoría no prestaba atención a la espiritualidad oriental, pues la despreciaban por considerarla paganismo. No obstante, al examinarla de cerca, la enseñanza de que la vida es un sueño parecía una metafísica dudosa o una licencia poética llevada al extremo. Hay momentos en los que todos sentimos como si estuviéramos caminando en un sueño. Algunos tiempos son felices —como para una novia el día de su boda— y otros son trágicos —como para los sobrevivientes de un terremoto—. Un momento similar al trance fácilmente puede ser un desliz de la mente o un instante de desconcentración. Sin embargo, hace doce siglos Shankara declaró que nuestra vida entera se vive sin entender la realidad. Lo que consideramos real es un sueño errante, del cual debemos despertar.

Shankara no intentaba hacer sentir a la gente que su vida era insignificante. Sostenía más bien que, una vez despiertos, habiéndonos liberado de la ilusión, podíamos dominar la realidad. Sus argumentos eran tan poderosos que derrotó a todos con quienes debatió a todo lo largo y ancho de India.

Éste es un tema que no debería limitarse a los antiguos torneos de debates ni a los conflictos religiosos en ocasiones sanguinarios, entre Oriente y Occidente. Están en juego cosas prácticas, como la vida y la muerte. En cierto punto, Shankara escribe: "La gente envejece y muere, porque ven a otras personas envejecer y morir". ¿Te parece indignante? No lo es, si la vida se crea a partir de la conciencia como un sueño, puesto que, cuando nos topamos con cualquier evento negativo en un sueño, se desvanece tan pronto despertamos. En un sueño, si contraes cáncer, estarías tan asustado como si estuvieras despierto. Sin embargo, si resulta natural descartar el cáncer del sueño por considerarlo una ilusión, ¿por qué estamos atrapados en el cáncer de la vigilia?

Nisargadatta Maharaj, un gurú contemporáneo del sur de India, se vio confrontado con el dilema en una ocasión en que un estudiante le preguntó cómo podía superar el miedo a la muerte. Este alumno tenía gran miedo a la mortalidad y anhelaba con urgencia una respuesta.

—Tu problema —le contestó Nisargadatta— es que crees que naciste. Cualquier ser que haya nacido debe morir, y este conocimiento da paso al miedo. Pero ¿por qué aceptas que naciste? Porque tus padres te lo dijeron, y tú les creíste, así como ellos les creyeron a sus padres. Mira en tu interior. Intenta imaginar la no existencia. No podrás, por mucho que lo intentes. Eso es porque la realidad está más allá del nacimiento y de la muerte. Reconoce esta verdad y tu miedo a la muerte se esfumará.

Su lógica es impecable y sospechosa al mismo tiempo. Lo que la hace sospechosa puede expresarse en términos simples. Si pasas un día en la playa tomando el sol, mirando ociosamente a otras personas y de cuando en cuando refrescándote en el mar, todo parece real; las horas pasan y los eventos ocurren. Si hicieras lo mismo en un sueño, el día en la playa tomaría apenas unos cuantos momentos de actividad cerebral. Cuando despertaras, te darías cuenta de que tu día en la playa fue una ilusión porque todo ocurrió dentro de tu conciencia.

Shankara afirma que tu día "real" en la playa también ocurre en la conciencia. A nivel físico, es un hecho innegable. Pero toda la experiencia está mediada por el cerebro. No puedes ver, oler, oír, tocar ni probar nada sin la apropiada actividad cerebral. Si ves un arcoíris, tu corteza visual se pone en marcha, sin importar si el arcoíris parece estar "aquí", como parte de un sueño, o "allá", como parte del mundo real. No podemos demostrar que el arcoíris de "allá" exista por sí solo. Shankara dice que no. Para él, todo lo externo es una experiencia de la conciencia, y la conciencia por excelencia, el comienzo y el fin de todas las cosas, es una conciencia universal y absoluta a la cual podemos llamar Dios.

Parecería que Shankara lo reduce todo a la subjetividad. De hecho, está elevando la conciencia por encima de los hechos crudos. La experiencia es bastante más rica que los datos que la ciencia usa para explicar las cosas. En una corte no se puede demostrar objetivamente que el chocolate es delicioso o por qué crees que la mujer a la que amas es la más hermosa del mundo. Sin embargo, eso no importa. Sólo la conciencia puede explicarse a sí misma. Lo que experimentamos como real para nosotros es único y misterioso. Para una persona con agorafobia, que es el miedo a los espacios abiertos, no importa que los espacios abiertos sean inofensivos o que lo que esté pasando en el exterior sea placentero para la mayoría de la gente. Para la persona fóbica, la ansiedad es la ansiedad. Shankara nos dice que la conciencia es autosuficiente, que crea el mundo, como un durmiente crea un sueño. El problema es que hemos olvidado que somos creadores muy poderosos, lo cual Shankara nos invita a recordar.

Podríamos enfrascarnos en una larga discusión científica, pues la ciencia depende exclusivamente de los hechos objetivos. La subjetividad se considera poco fiable, desviada y demasiado personal. No obstante, después de mucho discutir, terminaríamos en los zapatos de Shankara, pues la ciencia moderna ha derrocado al mundo físico por completo, lo cual es su argumento principal. La física cuántica ha reducido el mundo físico a una ilusión. Los átomos, que son los ladrillos del universo material, no son objetos diminutos y sólidos. Son un torbellino de energía que es invisible y no posee propiedades físicas, como peso y solidez. A su vez, la existencia de esta energía es parpadeante, pues regresa al vacío que es el origen del cosmos miles de veces en un segundo. En ese vacío no hay tiempo ni espacio, ni materia ni energía. Sólo existe el potencial de dichas cosas; entonces, ¿qué es potencial?

Para Shankara, junto con los sabios védicos antiguos de su misma tradición espiritual, el potencial creativo que da pie a todo en la creación no puede ser físico. Esto incluye el potencial creativo en la vida cotidiana. Digamos que descubres que tu hija de cuatro años es un prodigio musical o una geniecilla matemática. Conforme pasan los días, su potencial se desarrolla paso a paso, y tú eres testigo del florecimiento de un talento que comenzó como una semilla misteriosa e invisible. Cuando el potencial se desarrolla, no es como una bolsa de azúcar que vacías progresivamente. Mientras más azúcar haya en la bolsa, más puedes verter. Pero no hay nada físico almacenado en algún lugar que dé pie a más y más creatividad. En vez de eso, un potencial invisible (como la musicalidad o la facilidad para los números) se abre camino para emerger al mundo físico.

Dios ha hecho lo mismo. Según Shankara, el único Dios que podría existir no es una persona, ni siquiera una persona superhumana vasta, sino algo invisible pero que está vivo, una especie de potencial infinito capaz de crear, gobernar, controlar y hacer brotar todo lo que existe. Este Dios no puede ser limitado ni, por lo tanto, descrito. No es que sea correcto llamarlo "él" o "ella", o incluso "ello". No hay una sola cualidad que pueda definir a Dios, quien, como el aire que respiramos, está mezclado con cada célula del cuerpo sin que podamos detectarlo. Imagina que le entregas un tulipán amarillo a alguien que no sabe nada de genética y le dices: "Lo que hace que esta flor sea amarilla no es amarillo. Lo que la hace suave, brillante y maleable no posee ninguna de esas cualidades. No germina en primavera ni surge de un bulbo". Pareciera una explicación absurda, hasta que entiendes el camino que lleva del gen a la flor. En el mundo de Shankara, todos los caminos vienen de Dios, y todos están en la conciencia.

Para nombrar esta fuente omnipresente, la tradición espiritual india usa varias etiquetas sugerentes. Brahmán es la más incluyente, pues significa "todo lo que existe" y se deriva de la raíz de la palabra *grande*. Para llegar al misterio impersonal de Dios, se usa el término *tat*, o "eso". Cuando alguien se ilumina, están implicadas tres grandes revelaciones o despertares, como tres etapas del despertar en la mañana.

La primera es "Soy eso". No soy un ser atado a un cuerpo y atrapado en el breve espacio entre el nacimiento y la muerte, sino que estoy hecho de la misma esencia que Dios. ¿Qué es esa esencia? No puede expresarse con palabras. Es "eso". Es una experiencia altamente personal, como lo son todas las epifanías. Pero a Shankara no le preocupa la subjetividad de una revelación tan sorprendente. Golpear tu dedo meñique del pie con una roca es igual de personal, subjetivo y producto de la conciencia. El segundo despertar ocurre cuando se ve lo divino en alguien más. "Soy eso" se expande a "Eres eso". Esta expansión continúa hasta consumir el mundo entero, lo cual deriva en el tercer despertar: "Todo esto es eso". Una vez que el mundo entero se experimenta como algo divino, uno entra al estado de conciencia de unidad. No hay nada que no sea tú mismo, en su esencia pura.

Shankara se estableció en la conciencia de unidad; ésa es su pretensión de iluminación. ¿Puede fingirse ese estado? ¿Existen jueces capaces de validar su existencia? Los escépticos plantean estas preguntas porque no aceptan la primera premisa de la tradición espiritual india, que es que la conciencia es todo. En vez de eso, al aceptar el materialismo —la doctrina de que todas las cosas y los eventos tienen causas físicas—, podemos aceptar toda clase de cosas. Las rocas son sólidas. El fuego quema. El placer es distinto al dolor. Tú y yo hemos invertido en un mundo así, por lo que no lo cuestionamos. Shankara declara que debemos dejar de invertir en el mundo; cuando lo hagamos, quedaremos en libertad. Nos liberaremos del miedo y de las preocupaciones. Nos sentiremos en casa en el mundo. Nos volveremos hijos del universo. Alcanzaremos la libertad en un estado de apertura absoluta a lo que sea que se nos presente.

Pero, ¿si eres el martirizado Giordano Bruno, el fraile italiano que fue asesinado por autoridades civiles en 1600, después de que la Inquisición romana lo declaró culpable de herejía, y lo que se te presenta son siete años de tortura antes de que te quemen en una estaca? Los sueños pueden convertirse en pesadillas, después de todo. ¿Cuál es la forma verdadera de escapar? Bruno no lo logró, a pesar de su inteligencia y su perspicacia. Hay dos respuestas a este predicamento. Puedes despertar del sueño llamado vida o puedes dominarlo. Aquí abordamos el rostro humano de Dios. Dios no fuerza nada ni espera nada. La gente, cautivada por *maya*, o la ilusión, ha concebido un Dios iracundo, vengativo y juicioso. Puedes dedicar tu vida entera —o incontables siglos— a complacer a un dios así y terminar con las manos vacías. Puedes pasar la misma vida desafiándolo y aun así no escapar de los dolores de la vida.

No obstante, si Dios es puro potencial, las cosas cambian por completo. El potencial es infinitamente flexible. Un dios de potencialidad no necesita ser obedecido, temido ni apaciguado. Existe para desarrollar todo y cualquier cosa. Nuestras agonías surgen porque no nos damos cuenta del potencial divino en nosotros mismos, el cual puede alterar nuestro destino. Si te das cuenta de este hecho, quizá sólo busques despertar de los horrores del sueño. En ese caso, tu objetivo será volver a la luz, donde existe la paz absoluta y la ausencia total de dolor.

O podrías optar por satisfacer tu potencial divino en el aquí y el ahora. En ese caso, Dios se vuelve mucho más humano. Encarna todo el amor, toda la creatividad, todas las posibilidades buenas de la vida. Al darte cuenta de ello, no buscas volver a la luz. En vez de eso, dominas el sueño, que es una forma poética de decir que expandes tu conciencia. La expansión logra que se disuelvan las falsas fronteras. Los psicólogos reconocen un estado de sueño ultrarrealista conocido como sueños lúcidos, los cuales no pueden distinguirse de la vigilia. Mientras tienes un sueño lúcido, estás ahí, por completo, y tus cinco sentidos están operando. Entonces aparece la primera señal del despertar. Quizá estás inmerso en una aventura salvaje y estás huyendo de un tigre. Sientes su cálido aliento en tu cuello, cuando de pronto se te ocurre la ligera noción de que es sólo un sueño. Al mismo tiempo, sabes que nadie más que tú creó ese sueño, razón por la cual no plantea ningún peligro.

Shankara describe un estado permanente que es muy similar, en el cual participas por completo del mundo, pero tienes una vaga conciencia de estar soñando. Este estado de supuesto atestiguamiento es la versión védica de lo que Jesús denomina estar en el mundo, pero no ser parte de él. Es un estado muy deseable, pues te vuelve creativo en lugar de pasivo. Cuando estás en la orilla antes de despertar de tu aventura salvaje, sabes que el sueño te pertenece. De pronto, eres su autor. Algunas personas con sueños lúcidos incluso pueden volver a entrar a su sueño y obligarse a no despertar. Pueden hacerlo porque, finalmente, son los autores de su sueño.

Del mismo modo, eres el autor de tu vida. Puede parecer que todo tipo de factores externos te obstruyen y te niegan la autoría:

la enfermedad, el envejecimiento, las fuerzas de la naturaleza, las reglas y las normas sociales, y, en última instancia, la muerte. Pero Shankara hace una sencilla pregunta que hace explotar estas limitaciones externas: ¿alguna vez algo de lo que ocurrió en un sueño te ha lastimado? Cuando despiertas, el sueño entero se desvanece. Tigres, leones, ángeles, demonios, perseguidores y amantes voluptuosas. Todos comparten la misma cualidad irreal.

Dominar el sueño es una noticia buena y mala a la vez. La buena noticia es que eres el verdadero autor de tu vida y tienes la capacidad de lograr que ocurra cualquier cosa. Alcanzar la maestría requiere tiempo. Hay relatos de advertencia, como el del desafortunado e imprudente Giordano Bruno, quien vio la luz pero no escapó del sueño. Shankara esboza cómo emprender el proceso de maestría a través de todas las herramientas del yoga. Estas herramientas giran por completo en torno de la conciencia y nos enseñan cómo usar la mente, en lugar de permitir que sea la mente la que nos use.

¿Y la mala noticia? No es la posibilidad de fracasar. Una vez que comienza el proceso de despertar, es imparable, incluso si tienes que cruzar a otras vidas para alcanzar tu meta. La mala noticia es que dominar el sueño no es como ser Midas. No convertirás todo lo que toques en oro. El engaño de las riquezas, el placer interminable, el poder y hasta la santidad empiezan a desvanecerse tan pronto sabes que todo es un sueño. La conciencia de unidad es el máximo control conocido por las tradiciones espirituales mundiales, pero no puede describirse en términos mundanos. Cuando los dos dominios de la realidad, el "aquí adentro" y el "allá afuera", se funden finalmente, desciende una nueva existencia. Es indescriptible antes de alcanzarla, razón por la cual existe otro dicho en el cual insiste la tradición de Shankara: "Quienes conocen 'eso' no hablan de ello; quienes hablan de 'eso' no lo conocen".

Hacer desaparecer a Dios del mundo físico es una señal de progreso, pues elimina la creencia egoísta de que la deidad debe parecerse a los humanos y actuar como ellos, o un escándalo, como se los pareció a los primeros occidentales, pues no se puede desaparecer a Dios así como así. Se dará cuenta, y su reacción no será agradable. Lo que en Oriente se considera liberación, en Occidente sigue siendo herejía. La única certeza es que Dios tiene muchas más caras que mostrarnos. Las cosas no están del todo dichas, en lo absoluto.

5

RUMI

"Ven conmigo, amado mío"

Acusados. ¿Por qué no saben reconocer cuándo rendirse?

—No golpeé a mi esposa, su señoría.

—¿Entonces de dónde salieron esos moretones?

—Yo sostenía una vara y mi mujer se estrelló contra ella.

El silencio es dichoso para el hombre virtuoso. El Profeta, que la paz sea con él, era famoso por su silencio. Cuando los hombres se sentaban en torno a la fogata para cantar y recitar poemas en el desierto, él se sentaba en la oscuridad con la boca cerrada, esperando que no lo notaran. Entonces Alá envió un ángel para que hablara a través de él. Gabriel tocó su alma, y con una palabra —"¡Recita!"— el Profeta se llenó de la verdad de Dios. Se rindió al milagro, aun cuando la voz de Dios lo hacía estremecerse de miedo.

En la corte era útil pensar en milagros. La habitación apestaba a culpa y a desesperación. El siguiente acusado sería como el primero y estaría armado con una lengua de latón.

—Tu hermano vino a acusarte de que te acostaste con su esposa.

—Era la noche más fría del año. Si no me acostaba encima de ella, la pobre habría muerto de frío.

La corte no tenía otra opción más que declarar culpables a muchos de ellos. Sin embargo, eso no satisfacía a los querellantes. La siguiente ciudad tenía el doble de ladrones a quienes les habían cercenado las manos. Y hacía tanto tiempo que no había una ejecución pública que casi nadie las recordaba.

—¿Lo interrumpo, su señoría?

El *qadi*, o juez, parpadeó; debía haberse dormido de aburrimiento y por el estupor del día. El aire era sofocante. No había jurado. El juicio consistía de ambas partes discutiendo su caso, sin jueces ni abogados acusadores. Pero a este *qadi* le agradaba estar respaldado por juristas devotos que estaban presentes para aconsejarlo. Ellos también estaban medio dormidos. El querellante tosió con la mano sobre la boca, como haciendo tiempo para garantizar que alguien le prestara atención.

—No puede haber duda sobre los hechos —dijo y levantó la voz como si la corte estuviera llena de oyentes interesados—. Abdullah al-Ibrahim atropelló a su esposa con una carreta jalada por bueyes. Era mi hija Aisha. Le reventó las costillas, y murió agonizante tres días después.

Surgió un lamento proveniente del desconsolado acusado; éste, al menos, se quedó sin habla. Hasta ahora se había acobardado de forma abyecta, agachándose sobre el piso sin decir una palabra. Tenía sesenta años. La mujer fallecida tenía apenas veinte.

Uno de los juristas del *qadi* levantó la mano. Era Jalal al-Din Muhammad.

—¿Puedo hacer una pregunta a nuestro hermano?

El juez asintió, mientras que el padre de la esposa muerta frunció el ceño. Las condenas disminuían siempre que Jalal intervenía. Era un estudioso apacible y tímido. Debía haberse quedado en el lugar al que pertenecía: bajo la luz de las velas, asintiendo ante la ley.

La gente sabía por qué Jalal asistía a los juicios; lo hacía para no parecer un don nadie, y sus enemigos se burlaban. Curiosamente, entre sus enemigos todos tenían tierras y riquezas, y pasaban gran parte del invierno, cuando los campos eran improductivos, presentando demandas legales.

Jalal se levantó y se acercó al acusado acobardado. Era bastante indignante que llamara a los criminales "nuestro hermano" y les pusiera la mano sobre el hombro.

—¿Cuántos dedos tengo en alto? —preguntó y levantó cuatro dedos a no más de un metro del acusado.

Abdullah dudó.

—Tres —murmuró.

Jalal volteó a ver al juez.

—Es inocente. Vámonos a casa.

Su tono era apacible, pero sus palabras produjeron un tumulto entre las familias de ambos lados. En medio del escándalo, el padre de la esposa dejó escapar una maldición. Él también había sido campesino antes de consumir varias parcelas de tierra durante las sequías. Ahora era lo suficientemente banal como para guardar sus pantuflas de seda en un cofre de cedro, por si acaso el sultán iba de visita.

Liberó su furia contra Jalal.

—¡Es ridículo! ¿Estás diciendo que alguien más atropelló a Aisha? No había nadie más ahí.

—No —contestó Jalal.

El *qadi*, quien se había retirado de su enorme fábrica de tejido de tapetes, donde trabajaba la mitad de las mujeres de Konya, pidió orden.

—Entonces, ¿qué estás queriendo decir?

—Mírenlo. Nuestro hermano tiene la mirada lechosa. Atropelló a su esposa mientras ella estaba agachada para separar las espigas de trigo, para que luego la carretilla pudiera pasar encima de ellas. No fue su intención.

El juez se inclinó hacia el frente del estrado.

—¿No la viste?

El acusado cruzó los brazos sobre el pecho, rehusándose a contestar. No era orgullo. Si admitía que no podía ver, sus hijos tendrían derecho a arrebatarle sus tierras. Lo convertirían casi en un esclavo. Abdullah llevaba meses cubriéndose los ojos, asegurando que lo habían picado mosquitos, cuando en realidad eran cataratas.

El veredicto de inocencia hizo gritar a los presentes, la mitad de alegría y la mitad de ira. El *qadi* se encogió de hombros. Sabía cómo eran las cosas con esta gente de campo. Si los hijos de Abdullah ansiaban tanto su tierra, el padre aparecería muerto en una zanja o simplemente desaparecería. El juez no estaba complacido con Jalal, quien le daba palmadas en la espalda al viejo campesino e intentaba asegurarle que era libre de irse. Los consejos y la interferencia eran cosas distintas. Hacer quedar mal al *qadi* estaba por completo fuera de lugar.

Jalal se fue caminando solo a casa. Así lo habría querido, aun si un amigo lo hubiera alcanzado. No estaba hecho para tener compañía. Estaba teniendo pensamientos impuros y era peligroso dejarlos escapar. No podía evitarlo. La culpa suelta la lengua. Puede llevar un rato. La impureza se esconde en las profundidades y se oculta como un topo. Pero, por desgracia, la culpa no es ciega como el topo. Jalal sentía que todos podían ver el interior de su alma. Si compraba un pescado en el mercado y la anciana empujaba el cambio en la palma de su mano para asegurarse de que no se cayera ninguna moneda entre sus dedos, el contacto era abrasador. Cuando murmuraba: "Gracias, señor", era obvio que estaba gritándole: "¡Pecador!"

Jalal pasó horas examinando su culpa, con la precisión de los astrónomos árabes que cartografiaban las estrellas y a quienes tanto admiraba. ¿La culpa era caliente o fría? Fría, como una roca helada que te oprime el corazón. La vergüenza, por otro lado, es caliente, como un incendio que se expande por tu rostro. La culpa es molesta más que punzante, constante en lugar de intermitente, dura en lugar de suave. Jalal sonrió para sus adentros. Debió haber sido médico de la corte, dado que conocía tan bien la anatomía de su culpa. Pero los médicos de la corte suelen ser ejecutados si no curan al sultán. Ése era el lado negativo. La culpa de Jalal no estaba siendo curada, sino que cada vez se ponía peor y lo infestaba como un forúnculo desatado.

Siguió andando con la cabeza gacha y casi choca con alguien. El hombre gritó: "¡Oye!", antes de casi atropellar al distraído jurista con su carreta. Jalal levantó la mirada y se hizo a un lado, pero el conductor no avanzó.

—Tengo una pregunta para usted, señor —el hombre quitó las manos de la carreta y se tocó la frente en señal de respeto.

Jalal sintió que una punzada lo recorría. Debía ser una pregunta religiosa. La gente confiaba en que era sabio, en que les daría una fetua que nadie pudiera ignorar. Reconoció al conductor, vagamente, de la mezquita.

—Lo lamento, voy camino a… —dijo.

El conductor lo interrumpió.

—Está escrito que Dios no perdona pecados grandes, como el asesinato. Lo sé, pero si odio a mi esposa y la envío a vivir lejos con un pariente que la mata de hambre gradualmente, ya sabe, ¿eso me convierte en asesino?

Jalal respiró profundamente para tranquilizar sus nervios.

—Sí —contestó.

El hombre negó con la cabeza y apretó los labios.

—Eso me dijo mi primo, y él es tan ignorante como lodo seco. En fin —le dio un ligero latigazo al burro, asintió con una sonrisa y continuó su camino.

Jalal se recargó contra un muro, sintiéndose fatal. Tenía treinta y siete años y, durante toda su vida, habían ido hombres a su casa, y antes a casa de su padre, con ese tipo de preguntas. Estaba orgulloso de las respuestas que ofrecía. Le venían con prontitud, pues tenía una buena cabeza para el Corán, que era un documento muy complejo. Alá no siempre elegía que sus palabras fueran claras y, si se contradecía a sí mismo, era uno de sus privilegios. Los hijos de Dios no son bebés que necesitan que los alimenten en la boca. ¿Quién podría quejarse? Sin importar cuán enredado fuera el libro sagrado, quejarse era un pecado grave.

Los pensamientos impuros le venían a la mente sin parar, y el peor de todos era que su piedad enmascaraba su podredumbre interior. Había momentos en que Jalal esperaba que un estudiante hiciera una mueca, arrugara la nariz y dijera: "¿Ustedes también lo perciben? Abramos una ventana".

Entonces, ¿qué le diría el maestro al alumno? "Esa peste es sólo mi alma. Por favor, copien el siguiente verso."

Una marejada de culpa lo recorrió. Bajo el sol de mediodía, se estremeció de frío y cambió de rumbo hacia el bazar. No tenía nada que comprar; su esposa iba al mercado al amanecer todos los días. Pero, cuando estaba seguro de que ella no lo veía, Jalal se mezclaba con las multitudes ruidosas. El contacto de otros cuerpos contra el suyo lo hacía sentir menos solo. Los comerciantes que le gritaban al oído lo distraían de la miseria de sus pensamientos impíos.

En unos cuantos minutos obtuvo el alivio que buscaba. En los pasillos angostos entre los puestos todo tipo de cuerpos rozaban hombros y daban codazos. Puesto que las mejores frutas y verduras se vendían antes de mediodía, los vendedores debían esforzarse por sacarse de encima los dátiles aplastados por amas de casa quisquillosas y las ollas de latón con pequeñas abolladuras donde habían pegado contra el suelo.

—¡Menta fresca! ¡Ya no habrá más cuando empiece el frío! ¡Granadas cosechadas de los huertos del Profeta! ¡Grasa de cordero de un día de nacido!

Era puro espectáculo, pero a Jalal lo reconfortaba, pues lo sacaba de sí mismo. Le sonrió a una muchacha que vendía baratijas de plata.

—Muy lindas —murmuró, pensando en cuán inocente se veía la muchacha.

Ella sonrió también y se inclinó hacia él.

—Mírame a los ojos y ve el mundo antes de que comenzara.

Jalal se desconcertó.

—¿Qué?

La muchacha levantó la voz por encima del escándalo.

—Éstos le quedarían lindos a tu esposa —sostenía un par de arracadas.

Jalal estaba seguro de lo que había oído la primera vez y estaba a punto de decirlo cuando se dio cuenta de que había sido la voz de un hombre. Algún hombre se había acercado a él desde atrás y le había dicho esas impactantes palabras al oído.

—Mírame a los ojos y ve el mundo antes de que comenzara.

Jalal se dio media vuelta para alcanzar al hombre, pero ya se había perdido en medio de la arremolinada multitud. Le ardían las orejas y el corazón se le iba a salir del pecho. No quería que la muchacha del puesto lo viera así, por lo que se alejó de prisa, abriéndose paso entre la muchedumbre. En su interior empezó a acumularse la ira conforme repetía las palabras y se sentía cada vez más ofendido.

Curiosamente, para un hombre tan apacible, de pronto lo sobrecogió la furia. Quitó de su camino a empujones a una anciana que se tambaleaba y pateó sin fijarse a un perro callejero.

—¿Por qué no miras? Tienes ojos pequeños, pero capaces de ver a través del universo.

Ahí estaba de nuevo, la misma voz. Esta vez, Jalal fue más veloz. Se dio la vuelta y agarró el manto del hombre que estaba atrás de él.

—¿Qué me acabas de decir? ¿Cómo te atreves?

Había agarrado a un cargador negro, un abisinio con un fardo de algodón sobre el hombro. El cargador se veía aterrado y murmuró una disculpa en su lengua nativa. Era evidente que no sabía una palabra de árabe. Todos los que lo rodeaban voltearon a verlos. Jalal soltó al pobre hombre, se sonrojó y huyó. A sus espaldas sintió la punzada de las voces burlonas.

Corrió lo suficientemente rápido como para sudar, aunque sabía que sudaba más bien por el pánico. Alá leía sus pensamientos impuros. Eso era un hecho. Ahora estaba siendo castigado, y esto era apenas el comienzo. La reprimenda divina es terrible. Peor aún, puede ser tortuosa. Tu propia mente puede atormentarte con palabras que podrían ser satánicas o divinas; nunca lo sabrás.

Cuando el ángel Gabriel se acercó por primera vez al Profeta, que la paz sea con él, hubo más temor que regocijo. El ángel le dijo: "¡Recita!" El más sagrado de los libros sagrados estaba siendo entregado como un regalo, pero ¿para quién? Para un hombre simple y afligido, un mercader de la Meca, quien ansiaba conocer la voluntad de Dios. Mahoma iba a la cueva con frecuencia para meditar sobre el mundo pecaminoso y la debilidad de la fe. Parecía como si todos los pueblos hubieran recibido la palabra de Dios excepto los árabes. Habían olvidado que eran hijos de Abraham. Alá tenía todo el derecho de destruirlos, pero, en vez de eso, los bañó con las benditas palabras del Corán.

Sin embargo, cuando una bendición llega con una luz cegadora, la mente puede trastornarse. Todos los niños beduinos crecen con miedo a los genios y a los demonios que pueden inhalar mientras duermen o inclinan la cabeza hacia atrás para beber vino. El Profeta era apenas un hombre entre hombres y había sido criado en el desierto por beduinos. Al ver a Gabriel, el corazón se le llenó de terror. Salió corriendo de la cueva y subió a trompicones la montaña. Cuando llegó a la cima, con las sandalias rotas y los pies sangrantes, su única intención era lanzarse por un barranco hacia las rocas del fondo. Se detuvo sólo cuando miró hacia el cielo y vio al ángel con otra forma, extendido como una luz tenue que llegaba hasta el horizonte. Entonces Mahoma se dio cuenta de que Alá está presente en cualquier lugar de la creación. No hay forma de escapar de él, por lo que morir era inútil.

Debe haber sido un momento muy desesperante. Jalal lo sentía ahora mismo: ese terror de no tener dónde esconderse. Quería llevarse las manos a los oídos para silenciar la voz insidiosa. Pero la razón tomó el control. La voz no regresaría; no, si él se calmaba. De inmediato, Jalal se fue del bazar. Encontró una plaza vacía, un lugar del que había oído hablar en el que se encontraba un viejo pozo que se había secado. Nadie iba ahí jamás. Era un lugar vacío rodeado de muros en blanco.

Jalal no tardó en llegar a él. La plaza estaba vacía. Se sentó en la derruida orilla del pozo y miró a su alrededor varias veces para asegurarse de que estaba solo. Poco a poco, su corazón se fue tranquilizando. Se sintió normal de nuevo, casi a salvo. Curiosamente, el pánico parecía haber desplazado a la culpa, pues, cuando miró hacia su interior, experimentó una fresca sensación de paz.

—Ven conmigo, amado mío. Hay un campo lejos del alcance de la vida y de la muerte. Vayamos ahí.

¡Oh, Dios! El corazón de Jalal se le subió a la boca. No intentó siquiera voltear para ver al hombre que le hablaba al oído. No habría nadie ahí. En vez de ponerse de pie de un brinco y huir, Jalal se quedó paralizado, con las piernas flácidas como las de un bebé. Su cuerpo sabía que no había escapatoria, así que, como un criminal que se rinde el día de su ejecución, esperó.

Cuando no hay dónde esconderse, de cualquier forma todos nos escondemos. Después de que el ángel lo inspiró, el Profeta corrió a casa y se encerró en su habitación. Durante meses no le contó a su familia nada sobre la visita divina, e incluso pasó todavía más tiempo antes de que alguien fuera de su casa escuchara las primeras palabras del Corán. Para Jalal, las cosas empezaron igual. Corrió a casa y se encerró, lejos de la vista de los hombres, pero entonces todo se aceleró. Un día brillante y frío alguien tocó a la puerta. Su esposa no estaba en casa, así que Jalal esperó a que un sirviente abriera. Pero, como ninguno lo hizo, prefirió no gritarles y abrir la puerta él mismo.

Era un forastero, vestido de negro de pies a cabeza, y estaba recargado en un bastón para caminantes.

—Ya vine. Espero que estés mejor, aunque en tu posición yo no lo estaría —dijo—. Déjame entrar.

La voz del forastero era apacible, aunque convincente, y hablaba persa con un buen acento. Tendría más o menos la edad de Jalal, así como la misma barba de estudioso. Jalal se hizo a un lado para dejarlo entrar.

—¿En mi posición? —preguntó con la voz entrecortada.

—Estás hecho un nudo. Eso provoca Dios. Cuando una contradicción es demasiado hermética, la mente se da por vencida.

—¿Y Dios quiere esto? —preguntó Jalal. Sentía un hormigueo en la espina dorsal, pero no quería aceptar lo que significaba: la voz del forastero era la que había estado hablándole al oído.

—Dios quiere que tengas claridad sobre las cosas. En este momento no la tienes —el forastero miró a su alrededor, eligió el cojín más grande y cómodo, y se sentó en el suelo con un suspiro. Había caminado un largo trayecto.

—Té —ordenó al ver a la sirvienta entrar a la habitación. Con una mirada, Jalal la autorizó a que lo llevara. El forastero lanzó su bastón al otro lado de la estancia, el cual repiqueteó al caer.

—Si quieres ser un pecador abyecto, adelante. El problema es que no puedes ser abyecto y orgulloso al mismo tiempo. Por eso estás confundido —declaró el forastero. El cojín en el que estaba sentado con las piernas cruzadas y la espalda recta, en lugar de encorvado, estaba cerca de una ventana. Jalal veía con claridad los ojos brillantes y penetrantes del hombre. Cuando se posaron en Jalal, parecían estarse riendo de él.

—Todos debemos vivir con conocimiento de nuestros pecados —murmuró Jalal.

—No evadas la conversación —dijo abruptamente el forastero—. Quizá tengas razón en ser abyecto, pero necesitas mejores razones. Eres orgulloso porque crees que eres mejor que el Profeta, la paz sea con él. El Profeta se escondió bajo una sábana durante dos días después de que la voz de Dios le habló. Tú pretendes ocultarte para siempre. ¿No es eso una especie de orgullo?

Al oír hablar de la voz de Dios, Jalal se puso rígido. La sirvienta llegó con el té, así que él debía aparentar estar calmado mientras ella les servía dos vasos. Cuando estuvieron solos de nuevo, el forastero intervino primero.

—Me llamo Shams. Sé de las voces. Durante mucho tiempo le he rezado a Alá pidiéndole la compañía de quien pueda tolerar mi compañía. No me tomó en serio, pero un día una voz me preguntó: "¿Qué estás dispuesto a pagar a cambio?" "Mi cabeza", contesté. Cuando ansías tanto encontrar a alguien que entiende, tu vida es un precio pequeño. Así que la voz me dijo quién eres y dónde encontrarte —Shams levantó el vaso para brindar—. Así que aquí estamos. Los dos hombres más afortunados del mundo… o los más malditos.

Las palabras de Shams conmocionaron a Jalal hasta la médula. Si hubiera tenido el valor para actuar como abogado, podría haberlo acribillado con un sinfín de preguntas incrédulas y de sospecha. Pero algo detenía su lengua. Se recargó y, para su sorpresa, suspiró aliviado. Se sentía como un viajero sediento en el desierto que tiene la visión de un oasis. Durante días, el viajante no ve nada frente a sí más que las mismas dunas áridas, pero entonces, justo cuando acaba de drenar la última gota de su bota de agua, se tropieza en la siguiente cuesta y, ¡mirad!, su visión es real.

Shams, el forastero, sonrió.

—Estaba en el bazar el otro día. De hecho te vi. Entre la gente ordinaria, paso como un mercader ambulante, un tejedor. Eso es lo que comercio, de hecho, pero soy hijo de un imán de Tabriz, un gran hombre.

Jalal asintió.

—La voz preparó el camino para que no te diera la espalda.

—Así como la voz que yo escuché me preparó el camino hacia ti. Ambos hemos sido bendecidos. No es que haya olvidado la posibilidad de que más bien estemos malditos.

El imperio de los sultanes selyúcidas era vasto; se extendía desde el mar Egeo y atravesaba varias tierras conquistadas siglos antes por los romanos. Para los árabes, estas tierras seguían siendo *Rum*, o Roma. Si conocías a un viajero de ahí, podías contarle a tus amistades que te habías topado con un *rumi*, o romano. Pero el mundo le pondría esa etiqueta a un hombre en particular, aunque Jalal aún no lo sabía. Él, nuestro Rumi, empezó a plantear preguntas. Ya no estaba tan nervioso y quería saber todo sobre este tal Shams-i Tabrizi que había sido enviado por voluntad de Alá. ¿Quiénes eran su gente? ¿Era el afortunado hijo mayor o el desprovisto menor?

—Quien soy no es importante. Digamos que soy tú —dijo Shams.

—¿Y quién soy yo?

—Al parecer, un coleccionista de insectos.

—¿Por qué lo dices?

Shams miró a su alrededor.

—Tienes libros regados por doquier. Lees con atención el Corán y la ley. En mi experiencia, los gorgojos y los gusanos se abren paso a mordiscos por los libros viejos y, dado que las palabras que lees son inútiles, la única razón para aferrarte a esos libracos debe ser porque coleccionas insectos.

A pesar de sus palabras, el forastero sabía tanto de los contenidos de los libros como Rumi. Intercambiar palabras de erudición deleita el corazón de cualquier estudioso. No obstante, al mundo le resulta aburrido.

Pronto Rumi confesó su estado de crisis. Una vez que las palabras empezaron a fluir, no pudo detenerse. Shams era un incansable oidor, aunque no necesariamente era paciente.

—Deja de decir "Dios" todo el tiempo —dijo bruscamente—. Me pone los nervios de punta.

—Pero estamos hablando de Dios —objetó Rumi.

—Por desgracia.

—¿Qué insinúas? Tú también eres un buscador, ¿no es verdad?

Shams se encogió de hombros.

—Y tú eres un vendedor de fruta a quien se le acabaron los duraznos. Dios solía ser un delicioso durazno, el más dulce y maduro que pudiera imaginarse. Caía como miel en la lengua. Pero el tiempo pasó. La dulzura se secó; la miel se volvió amarga. ¿Qué venderás ahora? Gritarás: "¡Fruta! ¡Deliciosa y deseable fruta!" Pero lo único que podrás ofrecer es la piel seca y apergaminada.

Al principio Rumi se resistió. Estaba seguro de que Dios no era un durazno.

—Quiero conocimiento. Tú me das poesía —le dijo al visitante en tono acusativo.

—Claro. Si no tienes rosas para oler, al menos puedes capturar su esencia en un poema —dijo Shams.

Rumi elevó las manos al aire.

—Duraznos. Rosas. Te burlas de mí.

—Para no llorar.

—¿Eso qué significa?

—Veo el vacío en tu corazón. Lo has recubierto de palabras elegantes y te mueves por el mundo recibiendo la aprobación respetuosa de otros hombres. Pero ellos no te aman. De hecho, te odian por tu conocimiento. Temen que descubras su secreto y los expongas.

—¿Qué secreto? —preguntó Rumi.

—Que sus corazones están tan vacíos como el tuyo.

Si Shams seguía embistiéndolo de esa forma, Rumi no se imaginaba qué podía ocurrir. Después de una hora se sintió exhausto. Un poco más y quizá se desmayaría o se enfermaría. Se sentaron solos en la habitación, rodeados por el té frío y los vasos sucios, aunque del otro lado de la puerta Rumi tenía una esposa y dos hijos. Después de un rato, hubo unos ligeros golpecitos provenientes de la otra habitación. Rumi se enderezó, como si de pronto hubiera recordado que tenía una vida que llevar.

Shams notó que la mirada de Rumi se clavó en la puerta.

—Lo sé —murmuró—. El mundo está con nosotros, pero sólo durante un poco más de tiempo.

No había amenaza en su voz, pero Rumi se sintió alarmado.

—¿Qué va a pasar? ¿Estás ocultando un cuchillo?

Shams se rehusó a contestar y le hizo un gesto para que se fuera con su familia. Esa noche, el visitante durmió cubierto con una sábana de lana gruesa afuera de la casa, y desayunó con la familia sin decir más que murmullos corteses. Rumi volteó a verlo con inquietud. Bajo la luz de un nuevo día, Shams parecía fantasmal, como una aparición que debía haberse desvanecido en la noche. Una vez que estuvieron solos, Shams le dijo a Rumi que lo ignorara.

—Hoy seré tu sombra. Actúa como si no estuviera aquí.

—¿Por qué?

—Por nada misterioso. Sólo quiero observar.

Rumi estaba seguro de que estaba ocurriendo algo misterioso. Siguió las instrucciones de Shams y se obligó a no mirar por encima del hombro a lo largo del día, un día cualquiera. Rezó y estudió, y les dijo a sus hijos qué se esperaba de ellos. Fue a la madraza, la escuela religiosa que había heredado de su padre, donde enseñaba a doce niños a leer y a escribir. La parte más difícil fue después del atardecer, cuando se sentó a la luz de las velas a leer el Corán. Ver a Shams en una esquina lo hizo sentir demasiado ansioso como para concentrarse.

Sin mayor preámbulo, Shams alzó la voz.

—Te hablé de los duraznos y las rosas. Ahora es momento de hablar de candelas y de océanos.

La reacción de Rumi lo hizo esbozar una sonrisa. Se veía aliviado de que Shams dejara de ser una sombra silenciosa, aunque estaba confundido y un poco molesto por los nuevos acertijos que planteaba. Shams se acercó a la vela que estaba junto al libro de Rumi, la cual daba buena luz y liberaba poco humo. Llenaba la habitación con la esencia aceitosa de la cera de abeja.

—Si Dios es luz, ¿está en esta candela? —preguntó Shams.

—Quizá.

—¿Por qué quizá? ¿Hay algún lugar en el que no esté Alá?

—No, pero la luz de Dios es distinta a la de esta vela ordinaria. Si se consume, ¿podría decirse que Dios ha desaparecido?

Shams soltó una risotada.

—Dios desaparece todo el tiempo. Cuando la gente pierde un hijo o su dinero, o todo su ganado, en mi experiencia suelen perder a Dios. Pero ése no es el punto. Acepta por un momento que esta candela es Dios —dijo Shams, y Rumi asintió—. Veneramos la luz. La llamamos Dios. Pero ¿cuántas velas puedes encender, cuántas lamparillas sagradas o fuegos rituales, antes de aburrirte?

La luz ya no representa nada. No es más que una candela olorosa cuyos residuos desecharás mañana por la mañana. ¿Sabes qué significa eso?

Rumi intentó no mostrar su irritación.

—Tú dímelo.

—Significa que el tiempo es enemigo de Dios. Si algo puede morir, derretirse como una vela, no puede ser Dios, pues Dios no tiene principio ni fin —Shams sostuvo la mano en alto para impedir que Rumi lo interrumpiera—. Noto tu impaciencia. Guarda la calma un momento… Océanos.

—Te escucho. He viajado y he visto el océano.

—Puedo leer tu mente cuando contemplaste el océano. *Cuán vasto, cuán sorprendente. Esto también debe ser Dios.* Contemplaste la eternidad. ¿Y eso qué?

—¿No basta con maravillarse?

—¿Bastar para qué, para cercar la infinidad? Ni siquiera abrazaste el océano. Si metieras un vaso en él y te llevaras un poco de océano a casa, después de unos días se evaporaría. Hasta ahí llegaría la maravilla. ¿Y dónde queda Dios?

—Dímelo tú. No quiero adivinar —contestó Rumi.

—En ningún lugar. El espacio es enemigo de Dios. Los océanos son vastos. Puedes pasar toda una vida navegándolos, contemplando su extensión. Pero aun así la infinidad se extendería más allá de tus ojos. Te he presentado dos verdades inescapables. El tiempo es enemigo de Dios, como también lo es el espacio. ¿Qué puedes hacer una vez que te rindes ante estas verdades?

Shams no había cambiado su tono de voz, que era como el de un maestro. Rumi usaba ese mismo tono todo el tiempo, como un sonsonete plano que adormecía a la mitad de sus estudiantes. Pero, en lugar de adormecerse, Rumi sintió el cosquilleo en la espina dorsal. Shams se dio cuenta.

—Ah, el primer destello —dijo con un tono triunfal—. Piensa cuánto tiempo has esperado para oír mis palabras. Recárgate y disfruta sentirte aturdido. Goza de tu ignorancia.

Se estaba burlado de Rumi, pero sus palabras eran verdad. En un instante, Rumi vio su ignorancia extenderse frente a él. Llevaba años rezando y estudiando. Había viajado a los confines del imperio del sultán y había visitado sus santuarios. Pero, si Dios estaba más allá del tiempo y el espacio, nada de eso importaba.

Shams se acercó lo suficiente como para que Rumi percibiera su aliento cálido y húmedo.

—Has intentado capturar el mar con una cuchara y el sol con una candela. Basta ya.

Rumi se conmocionó. La estancia se sentía pequeña y oscura, y él se preguntó si no debía temerle a Shams. ¿No sentiría uno miedo si invitara a un asesino a su casa? Y un asesino de la mente es más letal. En el instante en el que Rumi lo pensó, la vela se apagó, y sin advertencia alguna sintió que Shams lo rodeó con los brazos. Rumi se sobresaltó y su instinto era liberarse del abrazo del forastero. Pero Shams se aferró y lo sujetó con más fuerza.

—¡Ámame! —le susurró con brusquedad.

Rumi estaba aturdido. Intentó levantarse de un brinco, pero el abrazo de Shams lo obligó a permanecer sentado.

—No hay escapatoria —susurró Shams—. Nunca irás más allá del tiempo. Nunca tocarás la túnica de Dios, la cual está fuera del universo. Sólo hay una decisión por tomar. ¡Ámame!

Rumi nunca había sentido un pánico igual al que sentía en ese instante. La oscuridad era sofocante. Sentía el impulso abrumador de gritarle a Muhammad, el viejo sirviente que dormía del otro lado del umbral de la casa por las noches para protegerlo de los ladrones. Sin embargo, una parte de él se mantenía tranquila. Esto lo sorprendió y bastó para que se quedara quieto entre los brazos de Shams.

—Mejor —murmuró Shams y aflojó el abrazo.

—¿En serio? —Rumi se rio nerviosamente. Escuchaba el latido acelerado de su corazón y estaba seguro de que Shams también podía oírlo.

Después Shams relajó los brazos, que seguían rodeando a Rumi, pero sin tanta fuerza, como un padre que sostiene a su hijo mientras están sentados junto al río en primavera disfrutando el regreso del calor. En voz baja, Shams empezó a cantar.

> Llévame al lugar a donde nadie puede ir,
> donde la muerte tiene temor
> y los cisnes se posan para jugar
> en el rebosante lago del amor.

La voz con la que cantaba era aún más dulce que aquélla con la que hablaba, la cual tenía fila. Rumi se quedó quieto. Le gustaba la poesía, e incluso le encantaba más oírla cantada con el sonido de una flauta de fondo. Sintió que una cálida lágrima le rodaba por la mejilla.

Shams tomó aliento y repitió el estribillo.

> Y los cisnes se posan para jugar
> en el rebosante lago del amor.
> Ahí se reúnen los creyentes,
> siempre fieles al Señor.

Rumi se estremeció. Le dio gusto que la habitación estuviera a oscuras, porque las lágrimas le cubrían las mejillas. Un asesino había entrado a su casa y se había convertido en un ángel.

La conmoción de lo que le había ocurrido a Rumi se extendió muy rápido por el pueblo. El erudito jurista de Konya había perdido el camino; vagaba por las calles durante horas, con los ojos bien abiertos, con las manos elevadas al cielo. Parecía delirante y afiebrado. Cantaba en voz alta y, cuando la gente le hablaba, actuaba como si no reconociera a nadie. Esto podría olvidarse, atribuirse a la luna llena, aun si algunos amigos seguían murmurando malamente a sus espaldas. Rumi eran tan respetado que su reputación no se vio arruinada en una semana. Se necesitó un mes entero.

—Los estudiantes se van. ¡Quedaremos en la ruina! —se lamentaba su esposa.

Rumi la veía con la mirada perdida, como si tampoco a ella la conociera. Era evidente que tan alarmante cambio había ocurrido después de la llegada de Shams. La gente abordaba al forastero.

—¿No te gusta la persona en la que se ha convertido? —contestaba Shams.

—¿A ti sí? Perdió la cabeza. Pronto perderá también a todos sus amigos. Nadie querrá tener nada que ver con él —decía la gente.

Shams se encogía de hombros.

—En ocasiones, una persona decide volverse real. Si eso los conmociona, imagínense cómo debe sentirse él.

Nadie quedaba satisfecho con esta explicación desenfadada. Creció el resentimiento contra Shams, pero Rumi rara vez se alejaba de él. Si Shams estaba en la habitación, Rumi lo miraba constantemente, y cualquier frase que saliera de su boca inspiraba a Rumi a exclamar "¡Ah!" en voz alta.

Había intervalos en los que Rumi se calmaba y podía ser interrogado. Al unir los pedazos de sus palabras, que eran apresuradas y fragmentarias, aun en estos momentos de calma, sus amigos descifraron qué le estaba pasando.

—No sabía quién era —les explicó Rumi—. Me vestía de falso conocimiento, no sólo de mí mismo sino de todo. ¿Por qué estamos aquí? Para hallar la verdad. Toda la vida he rezado y estudiado. Mi padre fue un sufí y creía que Dios nos acercaba a nosotros mismos. Él me enseñó que mi alma quiere unirse con Dios, no después de la muerte, sino ahora, en este preciso instante.

Hasta el momento, nada de esto era un secreto. Los sufís eran una secta de gran influencia. La gente común los respetaba porque vagaban inofensivamente en busca de Dios. Eran amables y tomaban en serio su búsqueda. Shams también era sufí, de una secta distinta; había muchas, cada una con su *tariqa*, sus métodos y rituales para hallar a Dios. Pero ésa no era razón para perder la cabeza, argumentaban los amigos de Rumi.

Entonces Rumi abría los ojos como platos y el rostro le brillaba con una inocencia infantil.

—Lo sé, lo sé. Pero ¿quién en verdad encuentra a Dios? La búsqueda nunca termina. Si contara las palabras de todas mis plegarias, serían millones. Tenía que huir. Y ustedes también. Todo mundo debe huir. Es nuestra única esperanza.

En ese punto se emocionaba demasiado y se enfrascaba en una especie de danza arremolinada mientras cantaba canciones que se le venían a la cabeza, con letras apasionadas que la mayoría de la gente consideraba indignantes.

> La muerte mató a quien yo era,
> ahora soy el amor mismo.
> Si hay trigo en torno a mi tumba,
> ay, haz vino con él,
> ¡y bebe del elíxir de la vida!

Curiosamente, entre más se avergonzaba a sí mismo, más empezaba la gente a escucharlo. Lo seguían en sus divagaciones, esperando oír qué saldría de él en esa ocasión. Luego empezaron a reunirse afuera de su puerta pequeñas congregaciones. Había perdido el respeto —no, más bien lo había lanzado al barranco con una risa enloquecida— y en ese momento Dios lo tocó. Siempre cantaba sobre amor y sobre lo que había más allá de este mundo.

> No vengan a mi tumba a llorar.
> Ya no estoy ahí,
> ya no duermo más,
> me he unido a la danza inmortal de los amantes,
> ¡y ahora mi espíritu vuela en libertad!

Si lo escuchaban, poco a poco iban entendiendo. El amor era algo nuevo a sus oídos. Los libros sagrados hablaban mucho del temor a Alá, quien ejerce el castigo eterno sobre las cabezas de los pecadores. Los fieles soñaban con el paraíso prometido por el Profeta, donde el vino fluía como un río y la fruta caía de los árboles, pero el pecado era inescapable. A los niños se les advertía que obedecieran sin cuestionar, porque lo que más ama Dios después de la fe es la obediencia.

No obstante, en el fondo sabían de qué hablaba Rumi. Si le das a un hombre pobre una hectárea de tierra que rodee su casa, estará complacido y se quedará ahí de por vida. Construye un muro en torno de esa hectárea, y querrá escapar. Rumi había saltado el muro y, aunque la gente contenía el aliento mientras esperaba que lo abatieran, nada ocurrió. Pasaron los meses y él seguía cantando sus canciones delirantes, atrayendo la atención de quien oyera el suave llamado a la libertad del alma.

A la larga, Rumi se dio cuenta de que estaba solo. Todos los días, su puerta estaba bloqueada por un pequeño grupo que se sentaba en el piso a esperarlo. Alguien empezó a poner sus palabras por escrito. Incluso cuando se columpiaba en un poste y recitaba en trance durante horas, expresaba enseñanzas. A riesgo de ser considerado un hereje, algunos empezaron a afirmar en privado que estaba recitando el Corán de los persas.

Nada se mantiene privado durante demasiado tiempo. Los clérigos de Konya estaban muy conmocionados, así que formaron una delegación y fueron a tocar a su puerta. Rumi los recibió con resignación. Al mirar a su alrededor, los invitados se sorprendieron de encontrar su biblioteca limpia y intacta. Rumi sabía qué estaban pensando.

—No quemé mis libros. ¿Por qué lo haría? Alá no puede ser tocado por el fuego. Y, después, probablemente tendría que volver a escribirlos de nuevo.

Hablaba con ligereza, pero el clérigo mayor de Konya, un mulá con el doble de edad que Rumi, lo miró con suspicacia.

—¿Profanarías los libros sagrados, pero es inconveniente hacerlo? ¿Eso es lo que estás diciendo?

—Estoy diciendo lo que sea que ustedes escuchen —murmuró Rumi.

Se habría desatado una discusión, pero los clérigos guardaron silencio al ver entrar a Shams a la habitación.

—Convención de coleccionistas de insectos —dijo como bienvenida, pero nadie le entendió. El simple hecho de verlo ya era suficientemente desagradable.

—Has corrompido al mejor de nuestros maestros —murmuró el clérigo mayor.

—Lo liberé —afirmó Shams—. Ahora será un maestro perfecto.

—Sólo el Profeta es perfecto, la paz sea con él —intervino otro clérigo.

—Cada alma es perfecta, pero brilla a través de nosotros como si fuéramos una ventana sucia. ¿Quién sabe cómo seríamos una vez que limpiáramos la ventana? —dijo Shams con más insolencia de la imaginable.

Había comido bien y se estaba escarbando los dientes con un palillo de latón. Los clérigos murmuraron, furiosos. No estaban ahí para debatir, sino sólo para emitir una advertencia. Resultó ser una advertencia vaga, pues nadie tenía el poder de excluir a Rumi del culto. Si lo mantenían afuera de la mezquita, podía rezar en privado. Si prohibían a los niños asistir a su madraza, habría problema entre la gente común que había empezado a adorarlo. Rumi había abierto las puertas de la escuela de par en par para todo el pueblo.

Los clérigos se pusieron de pie para partir cuando Shams alzó la mano.

—Aposté mi cabeza con tal de encontrar a este hombre que los indigna. Fruncen la nariz cuando él me mira con amor, y se niegan a aceptar que un alma está viendo a otra. Si Dios quiere, todos nos veremos así entre todos algún día.

—Si Dios quiere, ese día nunca llegará —dijo abruptamente el clérigo mayor, quien tenía suficientes pruebas de que Satanás espera oculto a los incautos.

El escándalo no se disipó, como tampoco Shams. Su presencia era intolerable para cualquiera que importara. Una tarde fría de invierno, Rumi y su amigo místico se sentaron a conversar. Entró un sirviente, diciendo que alguien en la puerta trasera buscaba a Shams. Que si aún hacía tejidos. ¿Quizá era un cliente?

Shams señaló con un gesto que no tardaría. Fue a la puerta trasera, pero nunca regresó. Quizá los captores le echaron encima un saco oscuro y se lo llevaron en medio de la noche. Quizá tuvo un capricho y simplemente se fue caminando por su propio pie. Las malas lenguas, al ver la cara de satisfacción del hijo menor de Rumi, sostenían que él había organizado el asesinato. Si era así, Alá había cobrado el precio de la cabeza de Shams.

Rumi se rehusaba a creer en los rumores. Estaba demasiado aturdido como para comer o dormir, incluso casi para respirar. Cuando el dolor dejó de paralizarlo, preparó un caballo, se llevó consigo a dos sirvientes, y buscó a Shams en todos los lugares que se le ocurrieron hasta llegar a Damasco. Pero nunca encontró una sola pista.

Al tomar el camino de vuelta a casa, Rumi reflexionó durante largo rato.

—Ya sé qué pasó —anunció finalmente.

—Qué bueno. Ahora podrás vivir con tu pérdida —decía la gente.

—Jamás.

Lo que el dolor le había enseñado era esto: sufrir por Shams era igual que sufrir por Dios. Rumi vertió su dolor en poemas sobre Shams. Primero fueron cientos, luego miles y después decenas de miles. El anhelo se convirtió en obsesión. Entonces, un día, después de que había llegado otra primavera, Rumi se encontraba vagando por sus huertos, perdido en sus pensamientos. Sintió un ligero roce en el hombro.

—¡Shams!

Sin embargo, al voltear, notó que sólo eran los pétalos de los ciruelos, que eran los primeros en florecer en abril. Al quitarlos con los dedos, se detuvo. ¿Cómo puede alguien sentir el tacto de pétalos de flores a través de prendas de lana gruesa? De pronto, escuchó a Shams reír y sus palabras volvieron.

—Dios desaparece todo el tiempo.

Eso era. El anhelo por Shams era el mismo anhelo que sentimos por Dios, quien desaparece no porque nos odie sino porque toda la vida es una búsqueda: de amor, de verdad, de belleza. Lo que sea que represente Dios debe ser escurridizo; de otro modo, todos celebraríamos como un millonario flojo y nos dormiríamos por el exceso y la estupefacción.

Rumi se detuvo, agarró un puñado de blancos pétalos del ciruelo y se los llevó a la nariz. El aroma era ligero —algunas personas no perciben nada y esperan a que los cerezos florezcan un mes después—, pero para Rumi era embriagante. Desde ese instante, su búsqueda de amor perfecto estuvo teñida de alegría, aunque era una búsqueda que nunca terminaría.

Al escuchar sus poemas, la gente se maravillaba; había tanto amor y tanto dolor en sus palabras. Algunos no soportaban oírlo. Cuando se conmocionaban, sabían que no era sólo por él. Sentían miedo por sí mismos. Sentían la pasión no correspondida. Sentían una voz que los llamaba desde la eternidad.

> Motas de polvo bailan bajo la luz;
> también es nuestro baile.
> No escuchamos el interior para oír la música;
> pero no importa.
> La danza continúa, y bajo la alegría del sol
> se oculta un dios.

Revelando la visión

Si Occidente estaba afligido por hacer desaparecer el Dios personal, como Buda y muchos otros sabios en India lo habían hecho, Rumi lo trajo de vuelta con pasión. En su fervor, su sed de hacer a Dios su amante, su voluntad de llevar su búsqueda al extremo de la locura, Rumi es el devoto completo. La adoración lo consume todo. Cada momento se gasta en una búsqueda febril por una sola cosa: la dicha que proviene de una unión exultante con Dios.

Desde un punto de vista romántico suena maravilloso, pero hay una necesidad adusta detrás. Como el judaísmo, el Islam sigue las escrituras que tratan sobre la ley, la obediencia, los peligros de la tentación y el temor de Dios. ¿Puede un ser humano sostener una relación tan austera y disciplinada con Dios? Quizá unos cuantos. Pero la naturaleza humana tiene un gran talento que es lo opuesto a su más grande debilidad. Si se nos dice que no nos desviemos más allá de los confines seguros de la virtud, siempre encontramos una forma de transgresión; saltamos la barda para encontrar la libertad, pero también el desastre.

Rumi conoció ambos extremos. Su biografía, la de un jurista respetable que de la noche a la mañana se convirtió en un espíritu libre, apela a nuestro gusto moderno por la rebeldía. Pero su tiempo

con su amado maestro, el misterioso y errante Sufi Shams-i Tabrizi, fue breve; duró menos de un año. Durante ese tiempo Rumi
se volvió versado en el camino del éxtasis, el camino de la dicha
creciente a través del amor a lo divino. Pero Shams también tenía
un lado funesto, quien parecía saber que su camino terminaría de
forma violenta. Desaparece de las páginas de la historia al salir por
la puerta trasera para encontrarse con un desconocido. Después
de eso no se sabe nada, excepto que el dolor de Rumi era inso-
portable.

Cuando el dolor es así de intenso, es común que la gente bus-
que sustitutos que llenen ese vacío que sienten en su interior. Los
padres que pierden a un hijo preservarán su habitación intacta y
no moverán nada, como si el amor pudiera congelarse en el tiempo.
Al menos el recuerdo sí. Rumi hizo algo similar en sus poemas.
Convirtió a Shams en un amante inmortal, pero no por razones
cróticas, sino para recuperar la sensación de dicha perfecta que se
había posado sobre él sin aviso, sólo para después perderla de forma igual de inesperada.

En muchos de los poemas de Rumi, es imposible distinguir
a Dios, el amante inmortal, del maestro perdido. No obstante, la
forma en la que escribe sobre la búsqueda de Dios es tan personal
y apasionada que resulta irresistible:

> En el amor que es nuevo, ahí debes morir,
> donde el camino empieza al otro lado.
> Fúndete con el cielo y libérate
> de la prisión cuyos muros debes romper.
> Recibe la tonalidad del día
> entre la neblina de la oscuridad.
> ¡Ahora es momento!

Fuera de la esfera aislada de la poesía persa, Rumi es conocido
en traducciones por versos cortos y frases sucintas:

> El ídolo de ti mismo es la madre de todos los ídolos.

Afortunado es aquel que no camina acompañado
de la envidia.

Estás confundido si crees que es fácil dominar al yo.

Éstos hacen parecer que es un romántico efusivo, inspirado para entregarnos brillantes gemas que son fáciles de asimilar. Sin embargo, dentro de su propia tradición, Rumi es célebre por discursos monumentalmente largos sobre el sufismo. El término *sufí* proviene del burdo manto de lana que usaban los místicos errantes, y hasta el día de hoy sus prácticas se salen de las rigurosas fronteras del Corán. Es una curiosidad histórica que muchos occidentales vean a los sufis como representantes atractivos del Islam, cuando, para los practicantes del Islam, los sufis resultan demasiado poco ortodoxos, poco apegados al libro. Cuando Turquía se volvió república bajo el mando de Mustafa Kemal Ataturk, después de una lucha de independencia de tres años (1919-1922), el sufismo fue prohibido junto con otras demostraciones públicas del Islam. Durante un tiempo, la tumba de Rumi en Konya permaneció cerrada al público y pasaron décadas antes de que los giratorios bailes derviches, que son centrales para la orden mevleví, pudieran llevarse a cabo. Sin importar qué pensemos del sufismo, las distintas órdenes representaban una amenaza para el Estado secular y la creencia reaccionaria.

Sin embargo, cuando te enfrascas en la lectura de sus poemas, nada de eso importa. El camino puro y sin distracciones del amante místico de Dios está al descubierto, junto con el dolor de la ausencia del amante divino. Claro que, cuando no estás bajo su hechizo, este tipo de discurso sobre Dios puede parecer histriónico y hasta histérico. En la India de mi infancia había figuras sagradas que eran respetadas y hasta reverenciadas, y quienes actuaban como locas (y quizá lo estaban). Eran conocidas como *mastram*, quienes están locos por Dios. Así que el verso de Rumi "Entregas todo, incluso tu mente" no es una hipérbole. Es peligroso iniciarse en un camino que podría costarte la sanidad mental, por no mencionar tu hogar, tu familia y la aceptación de la sociedad.

No obstante, creo que es un error asumir que el camino de la devoción planteado por Rumi es una especie de negociación espiritual en la que se comercia razón por irracionalidad, seguridad por riesgo y felicidad ordinaria por dicha. El camino de la devoción, como todos los caminos profundos, se trata de transformación, y no de negociaciones con un dios invisible. La meta sigue siendo la conciencia de la unidad. Sin embargo, en lugar de examinar los obstáculos que existen en nuestra conciencia —que es el camino de la contemplación— o de distinguir lo real de lo irreal por medio de un enfoque intelectual —que es el camino del conocimiento—, la devoción es una relación amorosa totalizante.

El romance de un camino como éste desaparece rápidamente, pues no importa qué camino tomes: siempre habrá obstáculos y resistencias bloqueando el camino. Alguien que esté en el camino del conocimiento puede frustrarse por completo y decir: "No sé adónde voy. Mi mente se siente revuelta y confundida. Me agota pensar en Dios y nunca encontrarlo". La frustración del devoto es emocional: "Me siento aturdido. No puedo encontrar la dicha que alguna vez conocí. Dios corre delante de mí como un amante incitador, y nunca me permite tocarlo cuando estoy desesperado por hacerlo". Lo que salva ambos caminos es que el curso de desarrollo del alma está bien cartografiado. Quizá te sientas exhausto y vacío, y en tu lucha esa condición se percibe como única. Pero no lo es. La tradición de quienes buscan a Dios es la más larga de la historia conocida. Siempre que haya registros de Dios, encontramos a quienes lo buscan abriéndose camino hacia la presencia divina.

Leer a Rumi resulta muy convincente porque registra todo desde su propia experiencia, sin importar qué tan humillante pueda ser. Pero también tiene una dimensión universal que amplifica lo personal y lo hace mucho más significativo. Helo aquí en su modalidad desprendida, hablando como si lo hiciera desde una perspectiva sobrenatural, desde una percha en la eternidad:

Cuando un amante de Dios se prepara para bailar
la Tierra se retracta y el Cielo tiembla,
pues sus pies pueden repicar con tan brutal alegría
que el sol, la luna y las estrellas podrían caerse del cielo.

Leer sobre cómo se escribieron los poemas genera la impresión de que Rumi siempre estuvo en un trance, a veces bailando y a veces balanceándose en círculos alrededor de un poste. La imagen de Rumi haciendo esas cosas cautivaba a sus seguidores y molestaba a la sociedad respetable. No obstante, la palabra éxtasis proviene del latín y significa "estar afuera o separado". La dicha no es un estado histérico, voluble ni cambiante. Más bien es un atributo divino y, por lo tanto, completamente estable. Lo que causa la aparente histeria y volubilidad en la situación de Rumi es la pérdida. Al no sentir dicha, al perseguir con desesperación a un dios ausente por temor a ser abandonado, el que busca el camino de la devoción no está actuando motivado por el éxtasis, sino todo lo contrario.

Creo que es por eso que los respetables caminos de la devoción que encontramos en Occidente, como los que se encuentran en conventos silentes e iglesias apacibles, le resultarían extraños a Rumi. El sufismo es altamente organizado y disciplinado, por lo que quienes somos ajenos a él no podemos hablar con credibilidad del tipo de experiencias que tiene alguien que pertenece a esa orden. Sin embargo, sospechamos que el tipo de despertar espontáneo de Rumi es poco común. No nos enseña un camino para los lectores occidentales. Sin embargo, como una antorcha sostenida al principio del camino, ¿quién es más brillante? Hay una flama brillante al interior de Rumi, y su esperanza es hacerte ver esa misma flama en tu interior.

Terminaré con una de sus metáforas extendidas más famosas sobre la transformación que, en última instancia, la devoción puede traer consigo. Un par de amantes despiertan en la cama, y la mujer —imaginamos su cabello alborotado y su calidez íntima— se acurruca junto al hombre y le hace una pregunta que parece vana:

> En los albores del día dos amantes despiertan.
> Da un trago de agua y dice ella:
> "¿A quién amas más?
> ¿A mí o a ti mismo?"
> Quería saber la verdad.

El hombre le ofrece una respuesta que no es considerada con su vanidad, pero que viene del corazón:

> Él respondió: "No puedo amarme a mí mismo,
> pues ya no existo más.
> Soy como un rubí elevado al sol
> que se funde en un solo carmesí.
> ¿Puedes distinguir la gema del mundo
> cuando el rubí se entrega a la luz del sol?"

Entonces entra Rumi a hablar con voz propia, tomando el lugar del hombre y elevando la conversación de los amantes al plano de lo sublime:

> Así es como los santos pueden afirmar con sinceridad:
> *Yo soy Dios.*
> Sé como el rubí al amanecer
> y aférrate a tu práctica.
> Sigue trabajando, cavando el pozo,
> hasta que encuentres agua.
> Cuelga un rubí de tu oreja
> y se convertirá en el sol.
> Sigue tocando a la puerta
> y la alegría se asomará por la ventana
> para dejarte entrar.

Si Occidente quiere un antídoto para el hábito oriental de hacer desaparecer a Dios, Rumi no encaja. Ofrece un dios personal al que uno puede acercarse con amor y devoción, pero el camino de la devoción hace desaparecer a quien busca. La luz que lo abraza extingue su personalidad, e incluso extingue el amor inferior entre dos amantes. En la evolución de Dios, aferrarse a una imagen del patriarca sentado sobre las nubes es un hábito cada vez más persistente, sobre todo cuando, como en el caso de Rumi, lo divino es un sentimiento en el corazón que se extiende hasta convertirse en dicha totalizante. La dicha no tiene nombre ni rostro. Los visionarios del mundo van en direcciones distintas y sus caminos se entremezclan, pero aún no ha surgido una representación unitaria de Dios. Mientras tanto, sigue gestándose una transformación más profunda.

6

JULIANA DE NORWICH

"Todo estará bien"

Las miradas seguían a la señora Kempe mientras paseaba por la ciudad. Era imposible pasar por alto su escandaloso vestido blanco —ella lo llamaba "despliegue pomposo"—, el cual debía pertenecer más bien a una virgen. La señora Kempe había engendrado catorce hijos, y los primeros la volvieron loca durante un tiempo. (Tuvo suerte de recuperarse de su distracción, si es que en realidad logró recuperarse.) Ahora ya no permitía que su esposo le pusiera una mano encima.

—Disfrutarás de suficientes placeres cuando llegues al cielo, John Kempe —le decía con frialdad. Él no estaba tan seguro de que fuera un trato justo.

También había rumores de que de sus ojos salían enormes lágrimas en público mientras sollozaba por Jesús. Era imposible saber cuándo ocurriría. La señora Kempe decía que provenía del éxtasis irresistible que sentía al contemplar las obras divinas a su alrededor. ¿Sería la carretilla de heno que se atravesaba en su camino o el viejo asno una de las maravillas de Dios? Quizá, pero sus sollozos eran tan audibles y extraños (entre el chirrido de un búho y el chillido de un lechón) que enervaban a la gente.

—Dios me ha hecho lo que soy, y no me disculparé en su nombre —respondía ella a todas las quejas.

Un cortejo opulento la seguía a todas partes, incluso cuando salía a comprar un saco de nabos. Cualquier extravagancia encontrada en Margery Kempe era un tema popular.

Armaba todo un espectáculo sobre la atención que disfrutaba recibir.

—Es Jesús quien me habla a diario. Eso es lo único que necesito y deseo. El resto es mero polvo en mi zapatilla.

—¿Te está hablando en este momento? —le preguntaba la gente, lo cual la hacía reír.

—¿Cómo podría? Soy yo quien está hablando con él. ¿Estás sordo?

En realidad le preocupaban sus arranques sagrados, pero en público se mostraba desvergonzada, como conviene a la hija del cinco veces alcalde de Bishop's Lynn. Asimismo, como miembro del parlamento, su padre también era convocado con frecuencia a Londres, sobre todo en épocas dificultosas.

—¿Qué épocas serán ésas? —preguntaban los bromistas en la taberna local—. ¿La plaga, la guerra en Francia, los nuevos impuestos que mataron de hambre a la mitad del campesinado o las rebeliones que aniquilaron a la otra mitad?

Si las visiones de Margery provenían de algún lugar, debía ser de la sensación de que el fin de los tiempos estaba cerca. Por gracia de Dios, Inglaterra entera no veía más que calamidades aun antes de que Ricardo II, el niño rey, demostrara ser un enclenque burdamente engañado por sus corruptos ministros.

En una tierra donde se rezaba tres veces al día y se asistía a la iglesia dos veces los domingos, ¿cuánto más quería Dios de su pueblo? Los peores problemas surgieron en 1381, cuando Margery tenía ocho años. En un año, los impuestos se triplicaron; la mayor parte se usaba para financiar guerras extranjeras interminables y el resto terminaba en los bolsillos de cortesanos corruptos. Un recaudador de impuestos fue atacado por una turba furiosa al sur de Londres. Era una chispa, y los campesinos eran yesca seca. Las turbas surgían sin aviso. Marchaban al centro desde la campiña, atravesando la tierra como un monstruo enfurecido. Se suscitaron batallas aisladas. El violento verano le costó la vida al arzobispo de Canterbury, y no fue el único. El ejército campesino incluso enfrentó al rey y exigió ser liberado de su condición de siervo. ¿Quién podía creerlo?

Pronto los rebeldes empezaron a marchar hacia el norte. Si entraban a una ciudad, buscaban a los recaudadores de impuestos para hacerse justicia, incendiaban las mejores casas y profanaban los lugares sagrados. El pánico era equivalente al que suscitaba la peste

bubónica. Margery apenas tenía ocho años, y era consentida e inocente. Fue empacada en medio de la noche y arrebatada de su pueblo, Bishop's Lynn. Le aterraba haber sido envuelta en una gruesa
cobija de lana y sentirse medio sofocada en la carroza que avanza-
ba a rebotes. Jamás vio con sus ojos a los siervos revoltosos. Para
empezar, apenas si conocía a uno que otro siervo, pues era la niña
citadina de un padre pudiente.

Pero lo malo no derivó en lo peor. Antes de que terminara
el verano, los campesinos fueron amedrentados. Estaban armados
con palos y cuchillos, que no representaban un reto para las flechas, las lanzas y las armaduras. Todo mundo corrió a la plaza central de Bishop's Lynn para presenciar el ahorcamiento, la ejecución
y el descuartizamiento de los líderes más notables de la revuelta.
Margery estaba dividida entre la curiosidad y el temor. Sin embargo, no pudo resistirse y decidió sobornar a su sirvienta para
que la dejara escabullirse a ver las ejecuciones. Sin duda sería horripilante, pero quería ver algo especial.

—¿Qué te atreverías a ver, ni niña? —le preguntó la sirvienta,
horrorizada.

—Justo antes de que descuarticen el cuerpo —contestó con
sobriedad Margery—. He oído que el verdugo le saca el corazón
al hombre y se lo muestra para que pueda arrepentirse y encontrar la misericordia divina. Es algo que me gustaría ver con mis
propios ojos.

La sirvienta se opuso, e igual recibió la moneda de la niña con
tal de no contarle a su padre sobre su deseo malsano. Al recor
darlo, la señora Kempe no lo consideraba malsano, aunque Dios
no habría estado de acuerdo con ella. Un frío arrepentimiento le
llevaría la vida entera.

La primera crisis ocurrió cuando tenía veinte años, aún era recién casada y acababa de dar a luz a su primera hija. El parto había
sido difícil. Margery se sintió afiebrada y no tardó en enfermar de
gravedad. No había hierbas ni plegarias que le bajaran la fiebre.
Tenía el cuerpo atrofiado de dolor. Era tan intenso que empezó
a alucinar, y vio demonios que giraban a su alrededor y la rasguñaban entre chillidos y risas. La oscuridad manchó su mente, por

lo que, cuando su esposo entró a la recámara, Margery le volteó la cara.

—No hay visitante que pueda hacerme bien, excepto la muerte —dijo.

La esperanza fue derrotada. A la casa entró un sacerdote para darle los santos óleos y confesarla por última vez. Sin embargo, estaba dubitativo.

—Escucharé tu confesión, hija —le dijo a Margery—. Pero también rezaremos por tu recuperación. Me quedaré todo el tiempo que Dios me lo requiera —era más que optimismo, pero sin duda no era por caridad. Su familia podía darse el lujo de pagar buena plata por un guardián constante.

—No, debo morir después de lo que le diré —expresó Margery débilmente—. Dios no me querrá entonces.

El sacerdote había oído todo tipo de pecados en el confesionario, así que le garantizó que podría ser perdonada, sin importar nada.

—No digas eso hasta que escuches mi gran secreto —contestó Margery.

Nadie supo qué le susurró al oído, pero el sacerdote salió a toda prisa del dormitorio, horrorizado. Se negó a darle la absolución. Ni siquiera se atrevió a terminar de confesarla. John Kempe miró con desconcierto cómo huía el sacerdote de su casa. Cuando entró a la habitación de su esposa, ella estaba enloquecida, con los ojos en blanco. No tenía otra opción más que encerrarla en el almacén de la casa hasta que los demonios que atormentaban su mente finalmente reclamaran su vida.

Pasaron los meses, y Margery se despertó a diario temblando, segura de su condena. Se fue deteriorando mientras languidecía. Puesto que todos aceptaban la misma verdad —que su alma estaba perdida en manos de Satanás—, no había razonas para tomar medidas extremas con el fin de mantenerla con vida. Así que fue un poco perturbador cuando la familia entró al almacén, lista para envolver el cadáver en una sábana, y la encontraron sentada en la cama, afirmando que Jesús se le había aparecido.

Fue una visita milagrosa. Jesús se paró junto a su cama, mirándola con ojos misericordiosos.

—¿Por qué me has abandonado y te has abandonado a ti misma? —le preguntó.

—Sí lo abandoné —reconoció ella—. Pero no más. Me dio la mano, y lo que en mí estaba maldito ahora ha sido bendecido. El resto de mi vida le pertenece sólo a Dios.

Su familia estaba perpleja y escéptica. Margery deambuló durante días en una especie de éxtasis, y fue entonces cuando empezaron los extraños y sonoros llantos. Nadie podía negar que había recuperado la fuerza milagrosamente; y su discurso, cuando reunía aliento suficiente, era sensato. Pero su presencia planteaba algunos problemas. Una joven esposa acosada por una abundancia de sentimiento religioso debería hacer lo correcto y entrar a un convento, lo cual ocurría con bastante frecuencia. La familia logró casi enclaustrar a Margery. Cuando llegó el día en que empacaron su valija con las pocas cosas que necesitaba para el viaje, la encontraron sentada en el piso, rodeada de varios vestidos finos y sollozando sobre un pañuelo con abundantes brocados. Lo ondeó en dirección a su familia.

—Mis hermosas cosas. No puedo dejarlas atrás.

Y no lo hizo. La carroza fue despachada, y Margery continuó con su pomposo despliegue.

No estaba orgullosa de ser orgullosa, pero sabía que la vida en el convento sería demasiado desolada. La vida con John Kempe era todo menos desolada, pues un bebé seguía al anterior, hasta que su esposo murió repentinamente después de que ella dio a luz al decimocuarto crío. La viuda acaudalada empezó a vestirse de blanco e hizo crecer el escándalo al insistir que Jesús la estaba visitando de nuevo, con bastante frecuencia, de hecho. Se le veía a diario vagando por Bishop's Lynn, moviendo los labios sin emitir sonido, y todos sabían con quién debía estar hablando. Bueno, todos los que le creían.

Pero ¿ella misma lo creía? Era una pregunta fastidiosa. No tenía forma de demostrar que las visitas eran divinas. También podrían ser demoniacas, pues una vez ya había tenido una experiencia con demonios. La única forma de resolver el dilema era encontrar a alguien que sin duda alguna hablara con Dios. Un santo sería conveniente. Y la segunda mejor opción era la anciana bendita que vivía del otro lado del bosque.

La Providencia bendice todas las cosas. En lo relativo a la ciudad de Norwich, la Providencia bendecía tres cosas: la madera, las iglesias y los cadáveres. La anciana bendita, llamada Juliana, era testigo de las tres. El suministro de leña que enriquecía al pueblo parecía interminable. Sólo los años que duró la peste detuvieron el traslado desde el bosque de la leña en largas filas de carretas (pues fueron útiles para apilar los cadáveres en esos tiempos). El roble inglés era famoso en todas partes, por lo que las calles de Norwich estaban llenas de extranjeros que habían navegado de lugares extraños para comprar madera. Cuando Margery Kempe llegó al pueblo, lo notó.

—Era como Babel. Escuché a un danés, a un ruso y a un español de camino aquí —señaló.

—¿Hablas esas lenguas? —le preguntó Juliana.

—No, pero viajo. El cuerpo de Dios está esparcido por doquier y yo sigo las pistas. La semana pasada sostuve el cráneo de Juan el Bautista. Fue maravilloso —era una forma peculiar de decir que la viuda Kempe tenía suficiente oro como para emprender peregrinajes divinos durante buena parte del año, en cualquier lugar de Europa donde esperaba encontrar paz… y respuestas.

—¿Dónde está el cráneo de Juan el Bautista? —preguntó Juliana.

—Aquí y allá, al parecer. Francia, Alemania. He visto varios; una vez vi sólo la quijada. Estaba cubierta de oro en medio de una bandeja enorme sobre el altar mayor.

La anciana bendita aún no era una reliquia. Era más bien una reclusa que habitaba una cabaña humilde más allá de los límites del pueblo. Había un jarrón de vino de sauco sobre la mesa entre ambas mujeres. La viuda Kempe se sirvió la mitad de una copa para sí misma y la diluyó con agua.

—Llámame Margery —dijo y le dio un trago a su bebida.

Todo el mundo sabía el nombre de Juliana, aunque su nombre de nacimiento había sido de algún modo olvidado a lo largo de tantos años en los que casi nadie la vio, con excepción de las sirvientas, las cuales iban y venían. La gente se acostumbró a ver a una devota silenciosa arrodillada en la esquina más oscura de la iglesia de San Julián, así que empezaron a llamarla por ese nombre: Juliana.

—Así que el comercio de madera ha financiado todas estas iglesias —dijo Margery—. Me pregunto si hay gente suficiente para llenarlas —había oído hablar de Norwich y de los regalos de la Providencia. Norwich presumía tener más iglesias que cualquier otra ciudad en Europa al norte de los Alpes—. Y las iglesias recolectan dinero para mantener lejos los cadáveres.

Juliana frunció el ceño.

—La última vez que la peste atacó fue veinticinco años antes de que nacieras. Yo sólo tenía seis años, pero lo recuerdo. Todo el mundo que sobrevivió lo recuerda.

Al mirar atrás, Juliana se sentía bien de no haber sido mayor. Los viejos aún se despertaban con pesadillas sobre la peste. Margery, por su parte, jamás había presenciado con sus propios ojos las consecuencias de la peste negra; sólo había escuchado relatos horripilantes. La población entera de un pueblo podía ser aniquilada como con un movimiento de la guadaña. Quienes se apresuraban a enterrar a sus muertos, con frecuencia terminaban bajo tierra al día siguiente. El hedor de los cadáveres lograba que los hombres más fuertes se desmayaran. La mayoría de estas historias se mantenían vigentes en el púlpito cuando los sacerdotes advertían a la población acerca de la ira de Dios. Nada funcionaba tan bien como una plaga para sacarle el diezmo a los más pobres.

—¿Mi vestido blanco te ofende? —preguntó Margery. Estaba reacia a hablar sobre el verdadero propósito de su visita—. Nuestro reverendo obispo lo detesta. De hecho, no sólo nuestro obispo, sino todos los que he conocido hasta ahora.

—¿Conoces a muchos obispos? —preguntó Juliana.

—Estoy obligada a hacerlo.

Era una forma tersa de decir que la fe de Margery había sido puesta a prueba varias veces, como se esperaría cuando alguien hace de la piedad un espectáculo público. Sin embargo, ninguno de sus adustos examinadores le había descubierto alguna herejía, pero tampoco ninguno afirmaba que sus visiones fueran reales.

—No me han llevado a la hoguera ni a la horca aún —alardeó.

La realidad era que sus preocupaciones se habían tornado en ansiedad, y ahora en terror. Sus peregrinajes se habían vuelto más frecuentes, pues Margery estaba huyendo. Tenía suficientes riquezas para sobornar a los sacerdotes que pudieran condenarla. Ninguna multitud la había obligado a escapar de algún encarcelamiento, sino que intentaba huir de sí misma. En sueños, los demonios la rasguñaban, igual que antes. Sólo que ahora se necesitaban días y muchos lamentos para que Jesús apareciera frente a ella. El recorrido era agotador y solitario. Ya nadie defendía su santidad, sin importar cuánto dinero ofreciera.

Juliana era su última esperanza. Era reverenciada sin ser temida. Los pobres no tenían reparos en llamarla santa, y la rodeaba un halo de superstición. Su existencia era exigua y obstinada. Usaba prendas pardas hechas en casa y comía sólo lo suficiente para mantener dos aves de corral medianas. Su espíritu era intocable, como un unicornio o un fénix. Pasaba horas orando, y el único momento en que se permitía la entrada de invitados era cuando Dios le decía que abriera la puerta. Para que las mugrosas monedas no la tocaran, alguien aceptaba las limosnas antes de entrar a la cámara oscura en la que Juliana se sentaba.

O más bien se arrodillaba. Juliana detestaba dedicar un momento a alguien que no fuera Dios. Rezar la hacía brillar, aunque rara vez veía la luz del día.

Margery estaba segura de que la anciana sabría el propósito de su visita, así que decidió empezar.

—Vine a encontrar certeza sobre mis visiones —dijo, después de un rato de silencio—. ¿Cómo puedo saberlo?

—Si los obispos no lo saben, ¿cómo podría saberlo yo? Ellos son la autoridad para nuestras pobres almas —contestó Juliana, quien sufrió sus propias examinaciones cuando era joven, las cuales habían sido crudas y severas. Si fallabas, había ocasiones en que ya ni siquiera salías por la puerta.

—Los obispos se están protegiendo a sí mismos —dijo Margery.

—Entonces quizá deberías preguntárselo a Cristo la próxima vez que te hable.

Margery se rio. Se notaba que Juliana no se estaba burlando de ella. La entendía, lo cual la hizo relajarse.

De pronto, Juliana pareció notar por primera vez el vestido blanco.

—¿No eres virgen? —preguntó.

—No. Uso el blanco porque quiero ser pura de nuevo.

—Es inmensamente difícil volver a ser virgen —señaló Juliana.

—Me refiero al alma.

—Yo también.

Juliana le lanzó una mirada enigmática.

—Dios te habla, ¿y tú quieres mi consejo? Eso podría meternos a ambas en problemas. ¿Qué tipo de respuesta te satisfaría?

—Una respuesta en la que pueda creer. El pecado he pesado sobre mí toda mi vida. Lo admito. He gastado la mitad de mi fortuna intentando eliminar las manchas de mi alma ennegrecida.

—Querida, sabes las respuestas que te enseñaron. Cuando nuestro Señor venga de nuevo, todos los muertos volverán. Entonces, y sólo entonces, seremos perfectamente puros.

Margery torció la boca.

—No soy buena para esperar.

—No tendrás que esperar. Estarás muerta —Juliana notó la desilusión en el rostro de su invitada. ¿Qué esperaba que dijera? Detrás de su mundanalidad, la viuda Kempe estaba sufriendo. Juliana respiró profundamente—. Nuestra tarea es creer en las enseñanzas de la Iglesia, no crear nuevas. Todas las nuevas ideas tienen lo mismo en común: son herejías.

—Pero ¿si nos están ocultando las verdaderas enseñanzas? —contestó Margery—. Es decir, ¿si lo hacen deliberadamente quienes se supone que deben atender nuestras almas?

Estaba entrando a un terreno peligroso, y esperaba que Juliana, como cualquier otra persona que temía a la Iglesia, eligiera sus palabras con cuidado. Pero no fue así.

La voz de Juliana se tornó aguda.

—Dios no necesita hablar en boca de los sacerdotes. Un jarrón quebrado no puede llevar más que un poco de agua.

—Y a veces nada —agregó Margery.

—Y a veces nada.

Una nube pasajera oscureció la habitación al bloquear la luz del sol que entraba por la única ventana de la cabaña. Las dos mujeres se dieron cuenta, y, si hubieran sido del tipo que leía presagios, podrían haber considerado que era una señal del cielo, aunque no precisamente buena.

No obstante, el velo de la oscuridad parecía unirlas más. Margery escuchó un ligero chasquido, el cual conocía bien. Durante toda la conversación, Juliana había estado rezando el rosario con los dedos que pasaban las cuentas ocultos bajo un manto en su regazo.

—Los sacerdotes creen que todo el mundo está a punto de caer al infierno —dijo la anciana en tono apacible—. Eso es lo que te aterra. Quizá estés en peligro de condenarte, si les haces caso. Yo no les creo. ¿Es posible que Dios ame a sus hijos y aún así los vea condenarse?

Margery sintió un gran alivio.

—Entonces, ¿hay salida?

Los ojos de Juliana eran pequeños puntos brillantes en medio de la oscuridad.

—Claro —hizo una pausa para reunir sus palabras sin dejar de pasar las cuentas del rosario—. Te voy a decir la verdad absoluta. Y, como suele ocurrir con las cosas absolutas, no me creerás.

—Continúa.

—Cierra los ojos y escucha. Éstas no son meras palabras para tranquilizarte. Serán tu salvación.

El poder de la voz de Juliana hacía a Margery sentirse reconfortada e intranquila a la vez; era una combinación extraña. Cerró los ojos. La diminuta ventana de la cabaña no dejaba entrar luz. Sólo veía oscuridad, así que esperó. Parecía avecinarse el regalo de una santa.

¿Qué conforma a un santo? El mundo habla de tal forma que el resto de nosotros no podemos oír. La vida normal los abandona. Si la vida de Juliana se vio conmocionada por la plaga cuando era niña, la de Margery fue socavada por la rebelión campesina. Dios influye en el alma de formas misteriosas. Margery nunca llegó a ver al verdugo sosteniendo el corazón de un villano frente a sus ojos para que se arrepintiera. Pero pasó junto a estructuras de casas quemadas en el pueblo, con agujeros negros donde debían estar las ventanas. Cada vez que su sirvienta pasaba por las tumbas frescas de las víctimas asesinadas por la multitud, repetía la misma advertencia.

—Ése podría haber sido tu padre.

Sus amigos cercanos —mercaderes, magistrados, terratenientes— desaparecían de la noche a la mañana.

El temor teñía los recuerdos de Margery, junto con otros sentimientos, todos pecaminosos. El odio de los sacerdotes inflamaba a los campesinos, y el odio tarda en morir. Cuando los rebeldes confrontaron al rey Ricardo, sus líderes se quejaron amargamente acerca de los sacerdotes que poseían vastas tierras y pagaban para tener sus propios ejércitos privados. Se suponía que los miembros del clero vivían en la pobreza y se comportaban como hombres de paz. ¿Qué pretexto ponían para desdeñar escandalosamente sus votos?

Estas preguntas amargas quedaban sin respuesta. No hubo necesidad de hacerlo una vez que los líderes rebeldes fueron ejecutados. La multitud se desperdigó a los cuatro vientos, y cada hombre declaraba en voz alta que no había simpatizado con la revuelta. Milagrosamente, nadie había sido enemigo del rey.

El odio se mantuvo cerca de casa, en silencio. Uno de los líderes ejecutados, un predicador renegado de nombre John Ball, jamás fue olvidado. Había tenido el valor de dar sermones al aire libre, como nuestro Señor. Las multitudes se reunían en las plazas en el sur de Londres. Ball leía en voz alta fragmentos de una Biblia inglesa, lo cual estaba al borde de ser una traición, casi tan malo como predicar sobre Dios bajo el cielo abierto. En cuanto a los sacerdotes ricos de buena cuna, Ball dijo una sentencia que permaneció mucho después de que fue asesinado por los partidarios del rey. Era un grito de los hombres comunes contra la aristocracia: "Cuando Adán cavaba y Eva hilaba, ¿quién era entonces el caballero?"

Esas palabras llegaron a oídos de Margery y le incendiaban la conciencia. Corrió entonces a buscar a su padre, el alcalde.

—¿Dios dio a Adán y a Eva la tierra entera para que la atendieran? —le preguntó.

Su padre sonrió.

—Bueno, a Adán.

—¿Y Adán sembró la tierra?

Su padre asintió.

—¿Entonces era voluntad de Dios que quien trabajara la tierra fuera su dueño? —preguntó Margery.

Su padre le recordó con el ceño fruncido que apenas tenía ocho años. Margery repitió la pregunta.

—La primera voluntad de Dios no es relevante ahora —contestó su padre.

—¿Cambió de opinión?

—Sí.

—Pero, si Dios es perfecto, entonces siempre tiene la razón. No necesitaría cambiar de opinión.

Su padre frunció el ceño de nuevo. Él no pensaba en demonios, al menos no a tan temprana edad, pero le molestaba tener una hija que mostrara señales de terquedad y peculiaridad.

—No tengas miedo; Dios es perfecto. No necesita explicarse a sí mismo ante las niñas pequeñas —algo que reconfortaba al alcalde era que su hija nunca aprendería a leer ni a escribir. No hay mejor protección para la fe que la ignorancia.

Eso puso fin al asunto. Las preguntas tienen la costumbre de enterrarse en el suelo, como langostas que salen cada siete años. Cuando emergen de nuevo, la gente se sorprende de que haya muchas más de las que recordaba. La conciencia de Margery no le daba tregua, por mucho que rezara. Su padre poseía varias tierras en la campiña, y daba por sentado que su hija disfrutaba sentarse a su lado mientras él las visitaba, e incluso a veces, cuando él conducía a los caballos, la dejaba sostener las riendas.

Margery empezó a temer en secreto esas salidas. Había siervos a los costados del angosto camino de tierra que llevaba de la casa de campo a los campos. Los hombres hacían una reverencia con sus gorros y las mujeres se inclinaban como si ninguno de ellos hubiera participado en la rebelión masiva contra sus dueños. Pero sin duda eran propiedad de sus amos, cual esclavos. Ninguno de ellos ganaba nunca lo suficiente como para comprar su propia tierra, y la mayoría ya estaba muy desgastada antes de cumplir los treinta.

¿Por qué Dios hacía las cosas tan difíciles para casi todo mundo, y les otorgaba comodidades y tranquilidad a unos pocos? La culpa se arrastró hasta la mente de Margery, quien sabía qué decía la Biblia. Después de su desobediencia, Adán y Eva fueron castigados dolorosamente. Dios dijo: "Por esto que has hecho, ¡maldita seas entre todas las bestias y entre todos los animales del campo! ¡Te arrastrarás sobre tu vientre, y polvo comerás todos los días de tu vida" (Génesis 3:14).

Margery no veía a los ricos comer polvo. En la mesa de su padre, se deleitaban con ganso y venado, y en los días festivos degustaban pavorreal rostizado, decorado con su majestuoso plumaje, como el rey en Westminster. Ser rico significaba que Dios te amaba más que a los demás, pero entonces se le ocurrió una idea terrible. Si el amor de Dios traía consigo tantas comodidades, Él debía odiar a casi todos los demás. En sus paseos al campo, Margery había visto ancianas tan cansadas y encorvadas que de verdad comían polvo mientras plantaban las semillas.

Durante años, se guardó sus dudas. Sin embargo, éstas se infectaron, y, cuando pasó por la agonía de su primer parto, era hora de perforar el forúnculo en su alma. Debía revelar su gran secreto a un sacerdote. En medio de una charca de sudor, dentro de una habitación sofocante con las persianas selladas, Margery sintió el fresco alivio de la absolución aun antes de que le fuera entregada, sin sospechar la trampa que había creado para sí misma.

—Creo que Dios nos odia. De hecho, estoy segura —le dijo al sacerdote al oído—. No he pasado mi vida encerrada en la casa de mi padre. He visto quemar a brujas por creer que estaban casadas con el Diablo, y dos de ellas incluso confesaron haberle engendrado hijos, que tenían una cola que debían ocultar bajo prendas apretadas. Ahogaron al hijo de Satanás, y por ese simple hecho fueron condenadas.

—¡Hija mía! —protestó el sacerdote, con la intención de detenerla mientras aún hubiera tiempo. Si continuaba, perdería la posibilidad de ser perdonada.

Una onda de dolor recorrió de golpe a Margery, obligándola a emitir un fuerte gemido.

—No. Debo hacerlo.

El sacerdote esperó nerviosamente mientras la mujer recuperaba la fuerza para hablar. Tenía la piel pálida, y ambos estaban muy seguros de que ella estaba cercana a morir.

—Dios debe odiarnos para darnos obispos corruptos que condenan a los inocentes sólo para hacerse de otra parcela de tierra para sí mismos. He acompañado a parteras y he visto bebés nacer en la miseria, los cuales parecían animalitos de piel desnuda antes de morir unas horas después. Dios no nos tiene misericordia. Enfermamos y envejecemos. Nos revolcamos en nuestros pecados, con la certeza de que el castigo divino es seguro, mientras que el amor divino nunca llega.

Para entonces, el sacerdote estaba muy alarmado.

—Me pediste que te confesara, pero tus palabras son orgullosas y pecaminosas.

A pesar de estar enferma y débil, Margery giró la cabeza para verlo con una mirada abrasadora.

—No creo en ti, sacerdote, así que no puedes asustarme —dijo—. Tu salvación es tan estéril como tus castigos. La vida en la Tierra ya es infierno suficiente.

El sacerdote sintió una ola de indignación que arrastró toda la compasión que tenía por la madre moribunda.

—La misericordia de Dios será llevarte ahora. Si sobrevives, sabrás lo que significa ser acusada de brujería y blasfemia —el cura mantuvo su voz firme, a pesar de su ira, para presentar el rostro pétreo de la autoridad.

Margery se rio, aunque parecía más un graznido proveniente de su garganta reseca.

—Si representas a Dios en este instante, demuéstralo. ¿Nuestro Señor me perdona o me odia? Necesito una señal. Si no puedes producirla, daría igual consultar a un asno respecto a Dios que hablar contigo.

La indignación que le provocaron estas palabras fue lo que llevó al sacerdote al salir de prisa de la habitación de mal humor. Margery recordó el incidente con el corazón lleno de extrañeza. Quizá habló así por el delirio. Quizá sus palabras fueron lo que atrajo a los demonios a bailar alrededor de su cama, porque en unas cuantas horas empezó a verlos. ¿O fue su blasfemia la que atrajo a Jesús a pararse junto a su cama? ¿Era necesario maldecir la misericordia de Dios para que Él la escuchara? Lo único que tenía por seguro es que Jesús la había visitado, y que su corazón se inundó de misericordia cuando le dijo: "¿Por qué me has abandonado y te has abandonado a ti misma?"

Su recuperación y la visita de Jesús se volvieron de conocimiento común. El sacerdote, quien pudo haberla destruido, decidió no hacerlo. No era por misericordia, sino que la amante que tenía en secreto lo había disuadido de emprender una acción severa que provocara la venganza de la poderosa familia de Margery. Mejor dejar que prevaleciera una paz inquieta, y sí que la paz fue siempre inquieta en los años posteriores a la revuelta.

La devoción reconfortó a Margery durante largo tiempo. Jesús le reafirmaba su misericordia al decírselo todos los días, y cuando empezó a realizar sus peregrinajes, no podía evitar llorar al pie de todas y cada una de las reliquias sagradas.

—Siento que Dios está aquí, frente a mí —le dijo al sacristán que acababa de develar una pieza de la Sábana Santa en Italia.

El sacerdote sonrió con gracia, y Margery no se dio cuenta de que tenía la mano extendida. Sin embargo, sabía un poco de italiano, así que, cuando se dio la vuelta, lo escuchó cuando le murmuró a un lacayo:

—*Stupido!* ¿Sí pagó en la entrada? Enséñame.

Un comentario cínico no bastaba para destrozar la fe. La de Margery fue deteriorándose por grados, como los peregrinos van desgastando los escalones de una catedral. Sus viajes le enseñaban pobreza inenarrable, mucho peor que la que había visto en las tierras de su padre. Las cabezas de los prisioneros eran empaladas en estacas cerca del Puente de Londres después de que el verdugo hubiera acabado con ellas. Margery no podía evitar preguntarse cuántos habían sido culpables sólo de irritar a la amante del rey cuando se rehusaron a ser sus amantes. Un monarca puede matar a unos cuantos rivales por capricho; Dios mataba a todos al final. ¿Estaba permitiéndose un capricho?

La fe de Margery ya estaba devastada y destrozada en el momento en que llegó a la cabaña de Juliana. Cuando le pidió que cerrara los ojos, sintió un dolor alrededor del corazón y se dio cuenta de que no había nada que pudiera hacer para sanarlo. ¿Qué podía hacer Juliana para aliviar su dolor?

Margery se estremeció mientras la anciana repetía con insistencia sus palabras.

—No voy a reconfortarte. Voy a darte la misma salvación que Dios me dio a mí. *Todo estará bien, y todo estará bien, y todo tipo de cosas estarán bien* —murmuró y se detuvo.

¿Eso era todo? Margery cerró los ojos con fuerza, como si esperara un trueno o alguna otra señal.

—¿Entiendes? —preguntó Juliana en un tono de voz bastante normal.

Margery escuchó el tintineo de vasos y luego un salpicón. Abrió los ojos y percibió, a pesar de lo oscuro del cuarto, que Juliana estaba sirviendo más vino, esta vez para ambas. Estaba envuelta de sonrisas.

—Maravilloso, ¿verdad? —preguntó—. Oh, espera. Veo que no entiendes. Lo lamento —la mirada de desilusión en el rostro de Margery era inconfundible. En vez de reprobarla, Juliana se rio—. ¿Qué esperabas, querida mujer? No puedo disparar rayos de los senos.

—Esperaba…

Margery se detuvo y aceptó con humildad la copa de vino que Juliana le ofrecía.

Juliana se recargó en su silla.

—Supe que tus visiones eran genuinas tan pronto pusiste un pie aquí. Lloras de éxtasis, aunque te avergüenza y te convierte en un espectáculo. Gastas tu dinero en peregrinajes sagrados y das dinero a la caridad. Todo esto habla de tu amor por Jesús, y él va con quienes lo aman con el corazón lleno. ¿Cómo no podría creerlo? Él también vino a mí —era lo más extenso que había dicho Juliana desde la llegada de Margery, y su fragilidad se lo dificultaba. Pero quería continuar—. No me preocupaban tus visiones, sino tu pecado.

Margery se encogió, avergonzada.

—Crees que soy horrible.

Juliana echó atrás la cabeza y se rio.

—Nadie es horrible, mi niña. El pecado no es señal de maldad. Es algo que nadie imagina. Yo no lo habría imaginado si nuestro Señor no me lo hubiera dicho Él mismo.

Margery se quedó boquiabierta. Había pasado años temiendo que la declararan un peligro para la Iglesia. Ahora estaba sentada bebiendo vino amablemente con alguien que podía sacudir la Iglesia hasta la médula, si la gente común se reunía en torno de sus visiones. La doctrina del pecado los había mantenido tan oprimidos como los soldados del rey. La habitación empezó a nadar. Margery quiso decir: "No entiendo", pero en vez de eso, dijo:

—Eres muy peligrosa.

—Así que somos más parecidas de lo que crees —dijo Juliana—. Yo estaba en mi año treinta cuando me enfermé tanto que se esperaba que muriera. Sin embargo, mi primer instinto no fue mandar llamar a un sacerdote.

—¿Por qué no?

—Porque en mi experiencia la gente muere más rápido tan pronto el sacerdote llega —contestó Juliana descaradamente—. Es cortesía común. Pero mi caso era diferente. Dios se me aparecía a diario, y se detuvo sólo cuando estuve bien de nuevo.

—He oído historias al respecto.

—Lo sé. Me convertí en el chisme. Pero tú y yo sabemos cómo se conmociona la vida cuando Dios habla.

La anciana hizo una pausa, no por timidez ni deseo de guardarse algo. Estaba apabullada, aun entonces, cuarenta años después, por la luz que había fluido en esos tiempos hacia su cuerpo. Había abandonado su cuarto de enferma, como si flotara sobre la tierra, y contempló el cosmos reducido al tamaño de una avellana. En esa visión, al ver que toda la creación podía caber en la palma de la mano, supo que Dios estaba en todo. Si estaba en todo, debía estar en el pecador y en su pecado, e incluso en el Diablo mismo.

—Me sorprendí de ver el pecado con nuevos ojos —dijo—. No es nuestra vergüenza. El pecado se convertirá en nuestra adoración.

Margery, quien creía que ya nada podía sorprenderla, se sentía más que desconcertada en ese instante. Casi entra en pánico.

—No puedes alabar el pecado —dijo en voz baja.

—Alabo todas las creaciones de Dios. No es posible que una parte sea perfecta y la otra esté enferma. Nos duele saber que hemos pecado. Ese dolor nos fue dado para mostrar dónde hemos perdido el amor. Si escuchamos nuestro propio dolor, encontraremos un camino para volver al amor. El pecado es saldado con dicha.

Juliana se tomó el suficiente tiempo diciendo estas palabras, para que Margery pudiera tranquilizarse. Miró sus manos y notó que había vaciado su copa de vino. Estaba empezando a entender, porque su propio dolor se había convertido en éxtasis; no siempre, pero más de una vez.

—El pecado es parte del plan de Dios —dijo Juliana—. Nos guía cada señal, todo lo que nos ocurre, hacia el amor. Es por eso que todo está bien. Es por eso que todo estará bien. Lo que te he dicho es la verdad absoluta. El dolor viene y va. Pecamos hoy y olvidamos mañana. Lo que permanece siempre es el amor.

Margery no ocultó que estaba conmovida y empezó a sollozar. Siempre había un dejo de humillación cuando tenía un ataque de llanto en público. Ahora lo hacía con toda libertad, y se sintió como si los granos de veneno estuvieran siendo disueltos y borrados de su corazón.

—Tenía tanto miedo de perder mi alma —murmuró cuando pudo hilar palabras.

—Demasiada gente te ha dicho que tu alma estaba en peligro. Antes de creerle a nadie, pregúntales si ellos han visto alguna vez sus propias almas.

Le pareció a Juliana que ya había revelado demasiado. El esfuerzo la había agotado y, además, era una mujer realista. La mitad de Norwich había llegado hasta su puerta y la mayoría rompía en lágrimas cuando la oía hablar. Pero no parecía que Norwich se estuviera convirtiendo en una brillante ciudad de santos.

Margery extendió la mano en la oscuridad y tomó la mano de la anciana, aunque eso significara separarla del rosario. Juliana la retiró.

—No creo haberte bendecido. Bendícete a ti misma. Tu alma nunca se relajará con cosas que estén por debajo de ella.

Mi alma me bendice. ¿Aun si peco?, pensó Margery, pero no lo expresó. Apenas si podía acoger esta nueva visión del pecado. El viaje de vuelta a Bishop's Lynn no se había vuelto más corto mientras permanecía sentada ahí. Se levantó, y ambas mujeres intercambiaron cabeceos. Conforme salía a la frescura del ocaso tardío, Margery tenía la mente en blanco. En su interior había un silencio que la tranquilizaba. En la carroza de camino a casa se arropó con una cobija e intentó dormir a pesar del traqueteo. Quería visualizar un mundo donde todo fuera a estar bien. Era difícil. Imaginar que todo ya estaba bien era imposible. Después de un rato, la imagen de Juliana pareció desvanecerse.

A los ojos de los demás, Margery Kempe siguió deambulando incansablemente. Había una reliquia sagrada en particular en Danzig que debía ver, un cáliz que derramaba sangre de Cristo en Pascuas. Pero la perseguían las indelebles palabras de Juliana: "Nunca serás libre hasta que veas tu propia alma". Se encontró a sí misma en un peregrinaje invisible. Una mujer de blanco podía ser vista en cualquier lugar conforme pasaron los años. Cuando ya era demasiado vieja como para viajar, Margery se fue apaciguando, excepto el día de su muerte.

Los testigos recuerdan que al final se alborotó. Con un ligero grito, extendió la mano, intentando alcanzar febrilmente un objeto que flotaba sobre su cama. Sin embargo, nadie más lo veía, y ella falleció sin decir una palabra. Lo que sea que haya excitado su espíritu fue entre ella y Dios.

Revelando la visión

Examinar a una mística cristiana después de observar a los místicos orientales nos resulta más familiar. Estamos habituados a términos como *alma*, en lugar de *atman*; Jesús en vez de Shiva. Pero, detrás de esta familiaridad, Dios se aleja de las imágenes paternales reconfortantes de los sermones de la Iglesia. No todo mundo está a favor del acto de desaparición divina. La atracción de las viejas imágenes es fuerte, y romper con ellas es muy difícil. La violencia puede surgir. El romance de estar en el mundo pero no ser parte de él —que es el romance esencial del misticismo— choca con la dura realidad social.

No puedo evitar sentir que Juliana de Norwich es la figura más conmovedora de este libro. No fue martirizada ni hay evidencias de que haya sufrido persecución alguna. No tenemos registro de que haya estado sola, aunque vivía lejos de la sociedad en reclusión rural, en una época en que el bosque estaba a las orillas de las ciudades de todos tamaños en Inglaterra. Lo que la hace tan conmovedora es la enorme distancia entre su vida interna y la brutalidad de la vida a su alrededor. Pasó mucho tiempo antes de que los estudiosos dejaran de llamar a su era "Edad Oscura" o "Edad de las Tinieblas", y adoptaran un término más educado y clínico como "Edad Media". Pero ¿qué tan más oscura podía ser una era?

La peste negra, que Juliana presenció en su tierna infancia, fue un terror sagrado, literalmente. Es difícil imaginarlo, no sólo por el impacto de ver los cuerpos apilándose en las calles hasta que una tercera parte de la población murió en cuestión de días, sino también por la aterradora convicción de que la ira de Dios estaba descendiendo. Se buscaron y aniquilaron chivos expiatorios: brujas, judíos y herejes. La guadaña de la muerte arremetía con una ferocidad imparable. En este contexto, imaginemos a una mujer que escucha este mensaje en boca de Dios: "Todo *estará bien*, y todo *estará bien*, y todo tipo de cosas *estarán bien*".

Estas palabras son con las que Juliana es recordada en los anales de los místicos católicos, buena parte de los cuales eran mujeres. Pero en la Inglaterra del siglo XIV Juliana destaca en un paisaje desolado y lleno de violencia, enfermedad, de la revolución de campesinos y clérigos de mano dura que en ocasiones pagaban por sus propios servicios militares. La única rival de Juliana era Margery Kempe, quien no sería recordada, pues la Iglesia no la adoptó, de no ser porque publicó sus memorias: el primer libro publicado en inglés escrito por una mujer.

Se conocieron cuando Juliana era vieja y Margery de edad mediana. Y, al imaginar qué se habrán dicho en esa conversación, he traído a colación el problema central que flota entre los místicos: ¿sus revelaciones son reales? Una vez que te canonizan, que oficialmente te declaran santo, el asunto se resuelve según las reglas. Pero, para todos los personajes de este libro, salvo algunas excepciones, escuchar a Dios traía consigo la condición de paria y las sospechas generalizadas. En tiempos de Juliana, cada vida estaba entrelazada, de una forma u otra, con la religión. Esto significaba, sin lugar a dudas, que incontables personas afirmaban haber sido inspiradas por Dios, así como incontables iglesias locales aseguraban tener reliquias preciosas, como un trozo de la Vera Cruz o la lanza que atravesó el costado de Jesús.

No es de ayuda si un místico recibe mensajes que no coinciden con los poderes religiosos de la época. Suele pasar, como si Dios eligiera a los más humildes para enmendar los errores de los más poderosos. He aquí una muestra de Juliana que no habría complacido al obispo local: "Dios mostró que el pecado no debe ser una vergüenza para el hombre, sino adoración. Puesto que por cada pecado la verdad responde con dolor, también para cada pecado el alma recibe dicha de parte del amor". Su lenguaje es arcaico, pero su significado era impactante en su época: el pecado no es algo de lo cual avergonzarse. Dios nos envía dolor para mostrarnos dónde está la verdad. Por lo tanto, en última instancia, el pecado es una forma de hallar la dicha a través del amor divino.

¿No avergonzarnos del pecado? Como todos sabían a su alrededor, el pecado era una condición universal que vinculaba a todas las personas con la caída de Adán y Eva. Además, creaba la mezcla duradera de miedo y devoción que permitía a la Iglesia amasar una vasta fortuna. Cada catedral es un monumento a la redención y al pecado que se toman de la mano con fuerza. A Margery Kempe le atormentaba no saber dónde cabía en este esquema. ¿Era una pecadora que debía gastar hasta el último centavo en peregrinajes —y era una mujer muy viajada que visitó los principales sitios sagrados de Europa— por miedo a estar condenada? En su mente, Margery parecía sentirse así, y se nos dice crípticamente que, cuando estaba muy enferma, confesó cosas tan terribles que su confesor salió a toda prisa de la habitación, negándose a absolverla o a decirle a alguien más lo que ella le había dicho al oído.

¿O de verdad Dios visitó a Margery? Después de todo, hay místicos dubitativos, y uno la imagina intentando lograr que Juliana disipara sus dudas, lo cual hizo, de cierto modo. Incapaz de detectar si sus visiones, arrebatos, sudoraciones y demostraciones públicas en realidad provenían de Dios, Juliana tomó un camino más simple. Dijo que, dado que Margery se dedicaba a la caridad y a otras obras sagradas, el resultado de su extraño estado, mitad éxtasis, mitad locura, era bueno a fin de cuentas.

El siglo xiv queda muy lejos, pero nuestra existencia tiene tantos miedos y tantas amenazas que aquel "todo estará bien" necesita explicación. Para la mente moderna, llamar esto un artículo de fe es difícilmente una defensa. Tampoco Juliana afirma que "todo estará bien" cuando muramos y lleguemos al cielo. Lo que se le reveló puede describirse como un estado de conciencia que está mucho más expandido que la conciencia ordinaria de la vigilia. Al entrar a ese estado de forma espontánea, Juliana vio el pecado, la maldad y el sufrimiento bajo una luz completamente nueva: "La verdad ve a Dios, y la sabiduría contempla a Dios, y de estas dos proviene la tercera, es decir, un sagrado y maravillante deleite en Dios, que es amor".

Este nuevo tipo de visión representa su experiencia de estar unida con una presencia divina que la transformó. Sus visiones reales duraron apenas unos cuantos días, pero su efecto fue permanente (lo cual nos recuerda que la gente que hoy en día tiene experiencias cercanas a la muerte reporta que, al haber "caminado hacia la luz", regresa sin temer a la muerte).

La nueva perspectiva de Juliana reveló verdades que en este punto resultarán familiares a los lectores por haberlas encontrado en capítulos anteriores:

A la vista de Dios, todos los hombres son un hombre, y un hombre es todos los hombres.

De pronto el alma se une a Dios cuando está auténticamente en paz consigo misma.

No Podemos alcanzar un conocimiento absoluto de Dios hasta que primero conozcamos con claridad nuestra propia alma.

No hay duda de que algunos místicos comunican advertencias divinas, pero Juliana no es uno de ellos. Su mensaje es que Dios no contiene ira y que "somos su alegría y su deleite, y Él es nuestra salvación y nuestra vida".

También le quedó claro que la conciencia de Dios implica un viaje del sufrimiento a la unidad, otro tema común en este libro. ¿Cómo se emprende este viaje? Los ingredientes son conocidos y cristianos. Juliana defiende la oración y la contemplación, y su principal misión es reforzar la fe en el amor de Dios. Esto puede parecer desilusionante, pues después de la emoción de leer sobre otros grandes místicos, en este punto uno puede sentirse desilusionado. "¿Qué hay de mí?", es una pregunta natural para la cual no suele haber respuesta. O, en todo caso, se ofrecen las mismas respuestas convencionales una y otra vez. En Oriente, el consejo cambia de oración a meditación. Aun así, quien busca debe andar el camino por sí solo.

Creo que es saludable poner la desilusión de cabeza al darnos cuenta de que la inspiración no está vacía ni es momentánea. En el caso de Juliana y de otras como ella, tenemos evidencias de transformación personal y observamos el funcionamiento de un estado de conciencia distinto. Sobre todo, el camino espiritual adquiere un rostro humano. Ella es alguien que tuvo que descifrar, como debe hacerlo todo el que busca, cómo vivir en el mundo con ese conocimiento tan extraordinario.

Mientras más cósmica se vuelve Juliana, más extraordinario resulta su estado. Un pasaje famoso de su obra, *Revelaciones del amor divino*, comienza con un objeto cotidiano diminuto: "Y en esto me mostró algo pequeño, no mayor que una avellana, en la palma

de mi mano, según me pareció; era redondo como una bolita". Al
estar en un nuevo estado de conciencia, Juliana percibe que está
sosteniendo la Tierra en la palma de su mano, como lo haría William Blake siglos después al ver el mundo en un grano de arena.
Blake también habla de sostener la infinidad en la palma de la
mano, mientras que Juliana usa esa imagen para sustentar su perspectiva de lo divino:

> Lo miré con el ojo de mi entendimiento y pensé: "¿Qué
> puede ser?" Se me respondió, de manera general: "Es
> todo lo que ha sido creado". Me quedé asombrada de
> que pudiera durar, pues una cosa tan insignificante, pen-
> saba yo, podía desvanecerse en un instante. Y se me res-
> pondió en mi entendimiento: "Permanece y permanecerá
> siempre, porque Dios lo ama; de este modo, todo tiene
> su ser a través del amor de Dios".

La forma en que Juliana conecta lo humilde con lo universal
le ha dado a su mensaje un poder de permanencia. Dudo que cualquier persona pudiera leer sus experiencias sin sentir cercanía con
ella. Los tres manuscritos de su libro que sobreviven han sido im-
presos, según entiendo, para meditarlos en los conventos. No hay
duda de que existe como documento de la fe católica.

Lo que nos inspira hoy en día es el recuento directo de una persona ordinaria que de pronto ve con los ojos del alma. A lo largo de
la evolución de Dios, la gente ansía transformación. Cada religión
es como un programa de entrenamiento para soltar la cáscara de la
mortalidad y vivir en la vaina brillante de la inmortalidad. Cuando
las religiones insisten en que sólo un programa de entrenamiento
funciona (y los no creyentes serán castigados como herejes por con-
tradecirlo), la inmortalidad se pierde en el dogma. No obstante, cada
místico que da fe de su propia transformación nos transmite esperanza. Juliana de Norwich encontró la transformación en un contexto de muerte y conflicto. Sin embargo, está más cerca de nosotros
que los místicos orientales, por lo que su familiaridad hace que
nuestra propia transformación nos parezca más posible.

7

GIORDANO BRUNO

"Todo es luz"

La Iglesia envió una góndola más grande de lo habitual para recoger al prisionero en Venecia. ¿Sería una torcida señal de respeto? El brillante casco negro era lo suficientemente ancho como para albergar a cuatro hombres. Estaba equipado con cadenas para atar al prisionero del pecho, y grilletes para los pies. Con un atuendo pardo y sucio, el hombre erecto de baja estatura se mantuvo de pie sin decir una palabra sobre el último escalón del muelle, permitiendo que las olas del Gran Canal le mojaran los dedos desnudos. Los guardias asignados para vigilarlo lo veían desde el interior de la prisión, donde se resguardaban del frío. Otros dos hombres bajaron de la embarcación, un celador con un llavero que le colgaba del cinto y un joven sacerdote dominico, quien constantemente miraba al suelo de forma nerviosa.

—Súbete —le ordenó el carcelero con brusquedad—. No te muevas hasta que te haya encadenado. No necesitamos tontos que se avienten por la borda.

Sin mirar al carcelero, el prisionero obedeció las órdenes. Y luego enfocó su atención en el joven dominico.

—¿Es tu primera? —le preguntó.

—No sé a qué te refieres, hermano —contestó el joven sacerdote, a quien le estaba costando trabajo subirse de nuevo a la embarcación que se mecía con el agua. No había nacido en la costa. Quizá incluso era el primer bote que conocía en su vida.

El prisionero esbozó una leve sonrisa.

—Debí haber sido más específico. ¿Tu primera excomunión? ¿Inquisición? ¿Conspiración contra los inocentes? Y no me llames hermano. He sido secularizado varias veces, cuando les convenía.

—Éste es muy parlanchín —gruñó el carcelero asintiendo en dirección al gondolero, quien alejó la embarcación de los escalones del *palazzo*. El amanecer estaba aposentado en el horizonte, bendiciendo a Venecia como la riqueza y la belleza esperan ser benditas. Para entonces, el prisionero ya estaba encadenado y con grilletes. Se hallaba sentado en el asiento de en medio de la embarcación pintada de negro con su proa grandilocuentemente tallada.

Al navegar junto a una fila de *palazzos* de las riberas, nadie se fijó en un espectador de bonete que acababa de asomarse por la ventana superior de uno de aquellos *palazzos*; nadie más que Bruno, el condenado que estaba siendo llevado a Roma. Ladeó la cabeza y gritó con una violencia inesperada:

—¡He sido despreciado por hombres mejores que tú! ¡He sido despreciado por reyes! Mañana seré despreciado por el papa. ¡Traidor! ¡Cobarde!

El hombre de la ventana superior se asustó y se retractó, ocultándose.

—Cállate. La gente honesta está durmiendo. No quiero tener que amordazarte —le advirtió el carcelero.

—La gente honesta está sudando entre sábanas incestuosas, o al menos la mitad de ellos —dijo Bruno. Se rio al ver la expresión del rostro del sacerdote, y luego se inclinó hacia delante, en actitud de confidencialidad—. El hombre que nos estaba viendo no tiene conciencia. Yo era su amigo, su maestro. Pero él me acusó con el obispo, por rencor. Me desperté en su casa una mañana para ver entrar de improviso a cinco rufianes, quienes me empujaron hacia la buhardilla antes de que llegaran los oficiales. Ahora regresará a dormir, y a mediodía pagará una misa especial, por si acaso ser un Judas irrita un poco a Dios.

El joven dominico había sido advertido sobre el don de palabra del prisionero. Estaba decidido a no responder, pero faltaba mucho hasta llegar a tierra, donde los esperaba un vehículo de la prisión. El gondolero, quien era gordo y olía a ajo, empujaba con absoluta calma el remo. No tenía prisa.

—Dios es justo. Quizá encuentres misericordia —dijo el sacerdote, seleccionando con cuidado sus palabras. El carcelero era empleado de la Santa Sede y tenía oídos.

Bruno torció la boca.

—No te delates. La empatía con un hereje es igual que ser hereje.

—¿Entonces eres un hereje? ¿Odias a Dios?

—¿Dios? —Bruno miró fijamente al joven sacerdote—. El último duque al que serví se interesó en mí y se sentó a mis pies durante meses. Luego concluyó que yo no tenía una pizca de espiritualidad. A mí me pareció un cumplido, pero él estaba sobresaltado. Me alejó de la corte una noche en un carruaje encubierto y esperó no tener que volver a verme jamás —hizo una pausa—. Crees que soy demasiado confiado para ser un hombre condenado.

—Aún no estás condenado —corrigió el sacerdote.

—Como si lo estuviera.

El canal apaciguaba las olas que entraban a él desde el mar Adriático. Si uno juzgara a la Iglesia por los magníficos domos que se elevaban alrededor de ellos, pensaría que Venecia era el paraíso. Un paraíso incluso mejor que el Edén, pues éste estaba envuelto en oro y seda.

Bruno luchó contra el vaivén del bote para sentarse con la espalda completamente recta.

—¿Alcanzas a oler la corrupción? Estaban juzgándome el obispo de Venecia, pero al parecer no era lo suficientemente seguro. Ahora Roma exige mi cuerpo. Ambos sabemos qué pretenden hacer con él. ¿Alguna vez has oído el crujido de tus propios huesos? Es asqueroso. Lo lamento, sé que el clero no tiene la costumbre de oír la verdad.

El joven sacerdote quiso responder que su vida entera estaba entregada a la verdad, pero se contuvo. La brutalidad del prisionero lo disuadía, como un aire fétido.

Durante el resto del trayecto, nadie más en la góndola habló. Desembarcaron en un pequeño muelle rocoso que estaba vacío, con excepción de la carroza de la prisión.

Antes de que pudieran meterlo en ella, Bruno se sacudió con todo y las cadenas, con lo que llamó la atención del carcelero. El sacerdote ya se había acomodado en uno de los asientos del frente.

—Quiero despedirme —dijo Bruno.

—¿De quién? No hay nadie aquí.

—No si estás ciego.

Sin duda, el prisionero disfrutaba ser un enigma. Se arrodilló sobre el suelo desnudo durante un largo instante, con la mejilla pegada a la tierra. No podía culpar a la tierra por sus problemas. Quizá la culpable era la época. La peste arrasó con su pueblo cuando Bruno era niño, bajo la sombra del Vesubio, cerca de Nápoles. Los turcos asaltaban la campiña y se llevaban varios esclavos. Tu hermana o tu hija podían desaparecer de la noche a la mañana. Los cultivos se marchitaban, como si tanto infortunio no fuera suficiente.

A pesar de una maldición de esa índole, la verdadera culpable era su naturaleza. El alma de Giordano Bruno estaba inflamada de ira, fervor y curiosidad —y muchas más cosas—, pero su insaciable apetito de fama era lo que lo arrastraba a la locura. La locura lo había convertido en el hereje más notable de toda Europa. No era una locura simple, como las visiones que tenían los pobres desdichados que gritaban sobre ver a Satanás con cabeza de cabra y ojos feroces. Bruno quería ser el hereje más notable de Europa, y no estaría satisfecho hasta que el papa mandara traerlo frente a él. ¿Y luego qué?

Tendrían una conversación formidable. Bruno se levantaría y deslumbraría al Santo Padre con sus argumentos. ¿Cuáles eran sus fallas a los ojos de la Iglesia? Sostenía que la Tierra giraba alrededor del Sol. Ya lo había afirmado Copérnico, un católico, mientras que Aristóteles, un pagano, decía que no. Bruno había escrito otras cosas controversiales: que infinidad de estrellas brillaban en el cielo, que cada una era un planeta en el que había vida humana; que todas las cosas estaban hechas de Dios y no sólo por Dios; que en todo hombre, hasta en el más grotesco pecador, está presente la luz divina.

Estas nociones no eran herejías. Eran verdades. Contenían su propia divinidad, si tan sólo uno abría la mente. Bruno ya se imaginaba la mirada de admiración del papa mientras él exponía su defensa. Su torrente de elocuencia culminaba gloriosamente cuando el Santo Padre se encogía entre su sotana con ribetes de armiño como un muchachito asustado, mientras Bruno, blandiendo el puño, gritaba: "¿Lo ves? Lo he demostrado más allá de la sombra de la duda. No soy un hereje, puesto que alabo la verdad. ¡Tú eres el hereje!"

Sintió una patada nada suave en las costillas.

—Levántate. Ya besaste lo suficiente el lodo —gruñó el carcelero.

La fantasía de Bruno se rehusaba a desvanecerse. Tambaleándose para ponerse de pie, el hereje más notable de Europa miró al carcelero con gélida arrogancia.

—Llévame a Roma de inmediato. Tengo cosas que decir.

El carcelero, quien no era sólo un tarugo, apreció el gesto. Le hizo una reverencia burlona y abrió la puerta de la carroza de la prisión. Bruno entró, ignorando la pestilencia que llenaba el húmedo interior, el cual estaba iluminado por la poca luz que entraba por la ventana abarrotada de la puerta. No había asientos, así que Bruno se sentó en el sucio piso cubierto de paja, mientras el carcelero lo encadenaba a dos aros de hierro que colgaban de un extremo de la carreta.

—Discúlpenos. Olvidamos los cojines de satín de Su Señoría.

La puerta se cerró de golpe, y al poco tiempo el transporte empezó a dar brincos sobre el camino de piedra sólida que partía del canal. El frío de enero entraba por las grietas de las tablas que recubrían la carreta, pero lo ayudaba a pensar mejor. Por fortuna, los grilletes no estaban demasiado apretados, y, fuera de la pestilencia, Bruno no estaba demasiado incómodo. Todo lo anterior era una señal esperanzadora. La Iglesia lo quería de vuelta. No lo iba a someter a un sufrimiento tan degradante que le impidiera mantener la mente intacta.

Lo mejor de todo era que no lo perseguía el demonio de la desesperación. Incluso en ese momento, sentado en medio de la mugre en el piso de la carreta, Bruno agradecía estar solo con sus pensamientos. Eran su único consuelo, como lo habían sido cuando huyó para convertirse en monje a los quince años, hacía casi ya treinta. *Estoy tan a salvo como mis pensamientos*, se dijo a sí mismo.

La Inquisición de Venecia lo había atacado. Él habría ganado, de no ser porque un día vaciaron la corte y se le informó al acusado que su caso había sido transferido a Roma por órdenes directas. Aunque el demonio de la desesperación nunca visitaba a Bruno, lo rozó ligeramente cuando escuchó esa noticia. *Roma significa muerte.* De inmediato barrió el miedo de su mente. Hablaría de las estrellas de nuevo. *Mírenlas. Vean lo que yo veo.* Los cielos giratorios lo salvarían antes de que la Iglesia le echara encima el cielo entero.

El viaje a Roma tardó dos días. No lo alimentaron ni le permitieron salir de la carreta, ni siquiera para los llamados de la naturaleza. Durmió colgando de sus cadenas. Un hombre más débil habría dudado de seguirle importando a la Iglesia, pero para Bruno estas privaciones demostraban lo contrario. Su mente era tan temida por las autoridades que la corte quería que llegara fatigado. De ese modo, colaboraría más, o eso creían. Esta creencia se redobló cuando la carreta estaba a punto de llegar a su destino. Se detuvo en seco, la puerta se abrió y la brillante luz del sol del sur cegó los ojos de Bruno.

Escuchó un caballo dando pisotones en la tierra, y luego una sombra bloqueó la luz. Entró un hombre robusto que hacía rechinar las tablas de la carreta. Bruno parpadeó. La puerta se cerró, y emprendieron el camino de nuevo.

—Saludos —a pesar de la oscuridad, Bruno reconoció la casaca y el ceñidor negro de un jesuita—. Tengo el honor de escoltarlo el resto del camino, doctor. Pronto lo liberaremos de tan desafortunadas ataduras. ¿Agua?

El jesuita titubeó un momento y luego le llevó la taza de plata a los labios. El prisionero bebió, pero sin desesperación. Si estaba siendo recibido con dignidad, él también conservaría la suya.

—¿Adónde vamos? —preguntó una vez que tuvo húmedos los labios.

—Al *castello.* Nos espera una habitación.

—Ah.

Bruno estaba demasiado débil como para articular más de una sílaba. El *castello* era el lugar más temido: el Castel Sant'Angelo, un enorme baluarte circular en las orillas del río Tíber. Fue construido como tumba del emperador Adriano hacía varios siglos, pero él no fue el primer hombre en entrar y no volver a salir. Al menos no desde que la Inquisición se apropió el castillo como lugar para torturar a los posibles herejes.

Si el jesuita disfrutaba la conmoción que había producido, no lo demostró. Sostuvo la taza de plata en los labios de Bruno hasta que éste se acabó el agua. Después sacó un pañuelo doblado y lo abrió para mostrar algo de buen pan y queso, los cuales le dio de comer al prisionero con una gentileza y cuidado sorprendentes.

—Es triste que estas cosas se den entre hombres educados —dijo el jesuita—. No usaría la palabra *inquisición* en su presencia, excepto que usted sabe, con su claridad de intelecto, que se refiere sólo a una interrogación. *quaero, quarere, quaesivi, auqesitum*. En latín es mucho más fácil.

Si hubiera venido de otra boca, este gesto de pedantería habría entretenido a Bruno, pero ahora sentía un escalofrío.

—Hemos reunido algunos documentos —continuó el jesuita—. Fírmelos, haga unas cuantas declaraciones modestas frente a la curia y al anochecer estaremos compartiendo la cena en la *Piazza*. Todo este desafortunado evento se aclarará.

Bruno asintió sin contestar. Al parecer, no se esperaba que lo hiciera. La carretilla, las cadenas y la pestilencia de su propio excremento hablaban por sí solas. Cualquier intento de escapatoria sería reprimido enérgicamente.

El camino de tierra pasó a ser uno pavimentado con piedras, y luego con adoquines redondos. La puerta se abrió de pronto, y el carcelero, después de dejar salir al jesuita (el sacerdote se había llevado un pañuelo perfumado a la nariz), desencadenó a Bruno y lo arrastró al exterior, donde la luz iba desapareciendo con el crepúsculo.

—Una moneda por tu gentileza —dijo Bruno—. Mi criado te pagará.

El carcelero frunció el ceño ante la burla. El agua y el trozo de comida le habían animado el espíritu a Bruno. El gigantesco tambor de piedra que se cernía sobre él ya no era tan aterrador.

Las almenas del techo ya no parecían colmillos, ni las enormes puertas de hierro se veían como fauces. Una vez adentro, fue guiado a una habitación bien iluminada con una cama y sillas, no a una celda. Momentos después, un sirviente con uniforme vaticano trajo una charola con sopa humeante en una sopera.

El prisionero, si así se le podía llamar, comió solo. Justo antes de caer exhausto en la cama, lo visitó de nuevo el solícito jesuita.

—Alguien le traerá ropa limpia en la mañana. Eche sus andrajos a la chimenea. Los papeles necesarios pueden esperar hasta después del desayuno.

Intercambiaron sonrisas, aunque Bruno era lo suficientemente cínico como para saber que estaban jugando con él. En su interior se encogió de hombros. ¿Abjuración? Ya lo había hecho suficientes veces para escapar de la persecución. Incluso quizá retrasaría la firma de los documentos. Disfrutaba ser enjuiciado, a decir verdad. Era puro teatro, y el escenario le pertenecía a él. En Venecia, su caso había sido lo suficientemente importante como para que los jueces asignados no fueran una caterva de jesuitas de poca monta posados como cuervos sobre un cadáver, sino el obispo mismo. Durante siete meses, Bruno había defendido su caso inteligentemente.

—Su Excelencia, si he cometido errores relativos a nuestro Señor, deme papel y tiempo. Me retractaré de todo. Pero estos errores fueron accidentales.

El obispo, quien comía en las mismas salas de banquete que recibían a Bruno y seducía a las mujeres que conocía ahí, lo miraba dudoso.

—¿Accidentales? Tienes la teología. Hiciste tus votos como sacerdote.

—Pero apenas era un muchacho. Eso no significa que no tengo Dios. Pero Dios se presenta en muchas formas que no debemos razonar. Vino a mí como una luz brillante que me reveló los secretos del mundo natural, no del mundo en lo sucesivo. Soy pensador, observador y filósofo. Mi mente es increíblemente abstracta. ¿Acaso no fui casi nombrado profesor de matemáticas el año pasado en Padua?

Era una carta ingeniosa. No eran tiempos de ignorancia, y la Iglesia había avanzado con la época, habiendo reconocido después de una larga lucha sangrienta que las universidades favorecían a Dios y no eran su enemigo. Bruno había estado inmiscuido en la lucha. Si el año hubiera sido 1393 y no 1593, habría sido recluido y asesinado de inmediato. Al menos ahora la Iglesia se detenía a reflexionar sobre las ideas nuevas antes de condenarlas.

—La cátedra de matemáticas le fue otorgada al final a Galileo —señaló el obispo en tono respetuoso.

—Y Galileo es menos sacerdote que yo —le recordó Bruno a la corte—. Voltea la mirada a las estrellas, igual que yo. ¿Ofende a Dios que un hombre examine maravillado su obra? La fuente de la razón no puede odiar la razón, pues que la creación sea explorada por la mente del hombre glorifica a nuestro Padre.

Sí, lo había hecho bien en Venecia. Silenció a quienes dudaban. Si su viejo amigo no se hubiera vuelto letalmente celoso, Bruno habría ganado.

Llegó la mañana, y con ella un cambio de prendas y el desayuno prometido. Bruno arremetió contra el pan con hambre canina y se la bajó con un buen orujo. Casi llora al ver la luz del sol atravesar las cortinas, en lugar de ventanas abarrotadas. Le estaba dando la espalda a la habitación cuando escuchó entrar al solícito jesuita, pero, al darse la vuelta, no había jesuita, sino sólo dos guardias con cascos de acero pulido.

—¿Dónde están los papeles? —preguntó Bruno. Su mente supo al instante que lo habían engañado.

Sin contestar, los guardias se acercaron a él de prisa y le sujetaron los brazos a los costados. Uno le murmuró algo al otro en un dialecto burdo que Bruno no entendió. Lo arrastraron por el corredor, permitiéndole gritar y protestar sin taparle la boca. Al final del corredor había una puerta adornada con pernos de hierro. Un guardia tomó una antorcha humeante del muro, mientras el otro empujaba a Bruno por la puerta. La llama titilante era apenas lo suficientemente brillante como para evitar que cayera dando tumbos por las escaleras de piedra que aparecieron a sus pies. La escalinata de caracol daba cuatro giros, y abajo lo esperaba una figura encapuchada con los brazos cruzados sobre el pecho.

Roma significa muerte.

Bruno se negó a permitir que ese pensamiento se apoderara de él.

—Es un error. Acepté abjurar. Alguien debe habérselos dicho.

Sin decir una palabra, la figura encapuchada asintió, y Bruno sintió que le jalaban los brazos hacia atrás. Se dobló del dolor mientras le ataban cuerdas a las muñecas. Los dos guardias gruñeron y volvieron a subir por la escalera de caracol, llevándose consigo la antorcha. Dejaron tras de sí la oscuridad y, a pesar de sus intentos, Bruno se habría sentido aterrado en ese momento, excepto porque la figura encapuchada abrió el portillo de la linterna que traía a un costado. El rayo titilante los guió por varios corredores y por un par de esquinas. Bruno intentó no escuchar los gemidos.

La figura encapuchada abrió con llave una pequeña puerta y se hizo a un lado para que Bruno se agachara y entrara a su celda. No estaba completamente oscuro adentro, gracias a un angosto conducto que llevaba hasta la superficie. Antes de que pudiera darse media vuelta para decir algo, la puerta se cerró de golpe y el candado dio un golpeteo sin misericordia. Con un quejido, el hereje más notable de Europa cayó de rodillas al suelo.

Tocaron a la puerta antes de entrar por él. Bruno se había prometido mostrarse valeroso de cara a la tortura, pero se estremeció de cualquier forma. Luego se dio cuenta de que los torturadores no tocarían a la puerta, sino que alguien le estaba dando tiempo para recomponerse. Se levantó lo mejor que pudo y abrió la puerta para encontrarse con el solícito jesuita, quien lo veía con gesto insulso.

—¿Puedo pasar?

Brumo asintió y se hizo a un lado. Por la luz que entraba por el conducto, Bruno sabía que había estado en su celda una noche y un día. Nadie le había llevado comida ni agua. No se quejaría. El jesuita quería conmocionarlo y desmoralizarlo. Si ése era su juego, debía descifrar cuál sería el propio.

—Mi juez en Venecia fue un obispo. Espero al menos lo mismo aquí en Roma —dijo, tomando la palabra. Ante la degradación, la audacia sería una buena táctica.

El jesuita examinó la celda con detenimiento, como si esperara encontrar una silla tapizada en la esquina. Al ser corpulento, jadeaba por el trayecto de las escaleras en espiral.

—Si esto deriva en un juicio —dijo con toda calma— le ofreceremos un cardenal. Pero esto no es un juicio, se lo aseguro. La Santa Sede ha adquirido la reputación de ser cruel, pero en realidad los jesuitas somos los más doctos y cultos de todos los hermanos de Cristo. Comprendemos y, cuando no comprendemos, educamos.

—¿Los jesuitas me consideran inculto? Eso sería una novedad —dijo Bruno.

—Sin duda. Pero no todo su aprendizaje parece dirigido hacia Dios.

Bruno empezó a sentirse más cómodo. Esto comenzaba a sonar como un debate, en lo cual él sobresalía. Apareció entonces un guardia en la puerta. Le aflojó las ataduras de las muñecas a Bruno, pero los músculos se le habían debilitado tanto que los brazos cayeron a los costados una vez sueltos, como si estuvieran fríos e inertes. Sin embargo, después de un rato pudo frotarse las manos. Practicó hacerlo mientras el guardia lo guiaba por las escaleras hacia el vestíbulo principal del castillo.

El jesuita señaló hacia una habitación lateral, donde esperaban otros cuatro jesuitas. No estaban alineados detrás de un banquillo, como un tribunal, sino sentados en círculo en sillas cómodas. La habitación tenía el cálido olor de rollos de moca y anís, como si Bruno hubiera llegado un poco tarde al desayuno. Sintió un dolor intenso en el fondo del estómago. De reojo vio a uno de los jesuitas limpiarse la comisura de la boca con una servilleta de lino.

—Ah, bien. Hablaremos. Todos estaremos cómodos —dijo ese sacerdote. Era más viejo que los demás y aparentemente estaba a cargo.

Audacia, se recordó Bruno.

Señaló un tazón lleno de fruta en una mesa lateral.

—Todos queremos que esto termine pronto. Mi defensa es sencilla. Necesito una manzana.

La Inquisición llevaba desde el siglo XII juzgando herejes, por lo que ya nada le resultaba sorprendente. Bruno podría haber rogado, suplicado, llorado o clamado a Dios. Miles de infieles condenados lo habían hecho antes que él, pero él era el primero en pedir una manzana, si es que estaba leyendo correctamente la sorpresa que había suscitado. Sin esperar a que alguien se moviera, Bruno caminó hacia la mesa y la rodeó, sosteniendo la fruta fría que había pasado el invierno en un sótano.

—¿Quién hizo esta manzana? El Creador. ¿Cómo la hizo? Roja, redonda, crocante y dulce. Díganme, ¿he cometido herejía al decir estas palabras? ¿Acaso "roja" ofende los oídos de Dios? ¿O "redonda" va en contra de la ley canónica? ¿Son "crocante" y "dulce" conjuros malignos utilizados para convocar al diablo? —sostuvo la manzana en alto mientras examinaba el cuarto con la mirada seria—. No, claro que no. He descrito lo que puede verse en esta manzana, como he descrito lo que veo en los cielos. Enseño matemáticas y otras materias. Los reyes me han mandado llamar para que les enseñe mis famosos métodos para memorizar. La reina Isabel de Inglaterra puede ser una condenada protestante, pero no discutimos acerca de teología. Está envejeciendo y quería ser instruida para recordar los nombres de todas sus cortesanas. Y yo acepté con amabilidad.

Varios de los jesuitas asintieron, tal como lo había hecho el obispo de Venecia. El teatro estaba en marcha de nuevo. Bruno hizo una pausa para reunir sus poderes dramáticos, pero el sacerdote mayor lo interrumpió.

—No nos importa.

—¿Qué?

El sacerdote se puso de pie, agarró la jarra de café y se sirvió una taza humeante.

—No nos importa qué tan listo seas. Te has defendido en Venecia diciendo que no sabes nada de teología —se acercó al prisionero con expresión insulsa y dos palabras tajantes—. Aquí no.

Bruno se sentía lo suficientemente fuerte como para contener la ansiedad.

—¿Estás diciendo que esta manzana ofende a Dios?

—Estoy diciendo que tú ofendes a Dios. ¿O acaso eres tan vanidoso y engreído que has olvidado tus propias palabras? —balanceando la taza en una mano, el jesuita mayor sacó un papel de su pretina y entrecerró un poco los ojos para leerlo—. "El verdadero propósito de la vida debe ser la iluminación, moralidad auténtica, práctica de la justicia."

—Sí, yo lo escribí, pero ¿qué podría tener de malo...?

El sacerdote lo interrumpió.

—Déjame terminar. "La verdadera redención debe ser la liberación del alma de su error, para que pueda alcanzar la unión con Dios."

Bruno notó que su acusador había torcido la cara, pero sus propias palabras lo conmovieron y se le salió hablar.

—¡Hermoso!

—Es horrible —reviró el jesuita—. ¿Puedes quedarte ahí escuchando tu vil herejía y no ver el infierno?

Bruno sintió que palidecía. De pronto, la habitación se sentía más fría, y él se encorvó como si la espina dorsal se le hubiera ablandado.

—No —murmuró.

El sacerdote mayor se le quedó viendo con una mirada indescifrable. Tomó su asiento y asintió en dirección al jesuita solícito, quien parecía servir como alguacil.

—Giordano Bruno, el acusado —empezó, asumiendo un tono de voz formal mientras se ponía de pie—. Los testigos juran que regresaste a Italia para enseñar magia e iniciar a los estudiantes en artes sobrenaturales. Viajaste por tierras protestantes para predicar en contra de la única Iglesia auténtica. Te convertiste al calvinismo para ganarte su favor, pero luego fuiste excomulgado por los protestantes cuando éstos ya no pudieron soportar tus mentiras. Tus libros enseñan una nueva religión a la que llamas "luz", la cual es una abominación de la fe correcta y establecida por el bendito Jesús Cristo.

Las acusaciones habrían continuado, pero el jesuita mayor levantó la mano.

—Como verás, Bruno, las manzanas no te salvarán.

Los otros sonrieron ante el comentario agudo. Bruno sintió la urgencia de gritar, pero la desesperación aún no había cegado su razón. El predicamento se estrechaba cada vez más en torno a su cuello. Había seguido la luz divina. Había creído que todos los pecados son pasos que alejan de la luz, y que toda la redención son pasos hacia ella. Ansiaba el día en que sería uno con Dios. Nada más importaba.

Había tantos herejes como peces en el mar, condenados por falsos testigos, conspiraciones, intrigas y envidias. Pocos salvaban el pellejo, si sabían en qué dirección girar. Pero Bruno estaba condenado por algo mucho mejor; se había maldecido ante Dios al haber visto la verdad.

En algo tenía razón: cuando los torturadores llegaron, no tocaron a la puerta. El Santo Oficio ordenaba empezar con tormentos ligeros. Le metieron un trapo a la boca mientras le echaban agua a la boca. Desde fuera parecía poco, pero a la víctima le provocaba un pánico letal. Del agua pasaron a pinzas de hierro, carbones ardientes y rocas presionadas contra el pecho. Los torturadores jamás presionaban demasiado ni calentaban los carbones lo suficiente como para poner en riesgo la vida de Bruno.

Así pasaron el primer año, intentando romper su cuerpo. La siguiente vez que fue arrastrado frente a los cuatro jesuitas, quienes seguían sentados en sus cómodos sillones frente a la chimenea, le preguntaron si tenía algo nuevo que decirles.

—Me gustaría que me dieran un diploma en dolor. No pueden decir que no he sido aplicado.

Entonces continuó el proceso de romperlo. Para el Santo Oficio, torturar a un hereje tenía un propósito espiritual: misericordia. ¿Acaso no era misericordioso obligar a los demonios a salir, para que el alma purificada pudiera presentarse frente a Dios? Este tipo de misericordia implicaba algunos riesgos. Entre los acusados, algunos cuantos eran inocentes, pero tendían a confesar todo tipo de pecados horripilantes antes de que terminaran de arrancarles las uñas con pinzas. Los culpables también hacían confesiones falsas una vez que los colgaban de tirantes de cuero hasta que se les dislocaban los hombros. Era necesario mantenerlos colgados hasta que sus confesiones fueran razonables. Y así era la lógica.

Después del segundo año, Bruno parecía más bien una colección de heridas supurantes y cicatrices. Ya no podía caminar, y era difícil entender lo que decía porque por lo regular se expresaba con gemidos animales. El Santo Oficio reconsideró su caso. El acusado se había negado a abjurar, a pesar de todos sus intentos. El miedo al potro lo reducía a la súplica, y en esos momentos confesaba unos cuantos errores lastimeros. Pero las herejías contenidas en sus libros eran demasiadas y demasiado flagrantes. Lo peor era que la gente sentía simpatía por él. La palabra *mártir* empezaba a rumorarse.

Un día, Bruno levantó la mirada para encontrar de pie en su celda a un nuevo sacerdote, esbelto y joven. El golpeteo del candado y el chirrido de la puerta no lo habían despertado de inmediato. Bruno pasaba incontables horas durmiendo; la diferencia entre noche y día ya no significaba nada. La única razón por la que se sentó fue porque el hábito del recién llegado no era jesuita. Sus párpados hinchados le impedían discernir otra cosa.

El sacerdote, quien era dominico, se arrodilló junto al catre de hierro.

—Me permitieron visitarte y traerte comida. Toma —sostuvo frente a él un canasto de provisiones—. Siento mucha lástima por ti, hermano. Ah, se me olvidó que no quieres que te llame así.

El dolor nunca cedía, pero, conforme la vista se le aclaró, Bruno reconoció que aquél era el joven dominico de Venecia.

—Estás intentando una nueva táctica. ¡Eso es todo! —dijo Bruno.

—No soy uno de ellos. ¿Sabes lo peligroso que es que esté diciendo estas palabras?

Bruno soltó una risotada ronca.

—Así que la táctica es ser sutil. Bien. Habla —con una patada débil, tumbó el canasto—. Llévate tu ofrenda de Judas cuando te vayas.

—Debes comer.

—Sólo los vivos deben comer. Yo ya estoy muerto. Sólo que ha tardado mucho tiempo en llegarle la noticia a Dios.

Con cuidado, el sacerdote recogió el pan y el chorizo del suelo, y los puso de nuevo en el canasto.

—En realidad nunca nos presentamos. Soy el padre Andrea. He venido a consolarte.

Bruno le extendió la mano, encorvada y deformada por los huesos que le rompían con demasiada frecuencia como para que le soldaran.

—Consuélame ésta.

Los ojos del padre Andrea se abrieron como platos.

—¿Acaso ya no te queda fe? Incluso la fe del tamaño de una semilla de mostaza…

Bruno lo interrumpió bruscamente.

—¿Cómo te atreves? ¡Salte!

Lanzó el canasto a la cabeza del sacerdote, y las provisiones salieron volando. Se miraron mutuamente en silencio; el único sonido audible era el de los pasos de las ratas, quienes no podían creer que de pronto hubiera caído comida del cielo.

—Soy tu única esperanza —murmuró el padre Andrea.

—Los muertos no necesitamos esperanza.

Y así terminó su primer encuentro. Pero la paciencia del dominico era sólida, así que volvió todos los días. Estaba dispuesto a sentarse durante horas mientras Bruno volteaba el rostro al muro, negándose a hablar con el visitante. Finalmente, un día fue distinto. Cuando el sacerdote entró a la celda, Bruno caminaba de un lado al otro sin parar, como si las piernas le hubieran sanado de la noche a la mañana.

—Hablaré contigo. ¿Sabes por qué?

El padre Andrea sonrió.

—Porque te importa tu alma.

Bruno soltó una carcajada que sonaba extrañamente alegre.

—No. Por fin, por primera vez, entiendo la inmortalidad, y necesito decírselo a alguien antes de que me maten. Algo tan preciado no puede desperdiciarse.

El sacerdote se veía decaído, pero su paciencia no vaciló.

—Prosigue.

Bruno se animó aún más.

—Te mostraré algo estupendo. Como ves, he ido más allá de la muerte. Conforme el cuerpo se marchita, el alma se expande. Cada vez soy más ciego a este mundo, el cual se disuelve y se desvanece como una voluta de humo. Anoche, Dios me extendió la inmortalidad —los ojos acuosos de Bruno ardían y lagrimeaban en exceso—. Pero no la tomé. He vuelto para decirle al mundo lo que sé. Debes prestar atención. ¿Comprendes?

Esta combinación de vanidad y locura hacía que al padre Andrea se le rompiera el corazón, pero se quedó en silencio.

—El secreto de la inmortalidad radica en Dios —comenzó Bruno—. Pero ¿qué es Dios? En estos tiempos, nadie que haga esa pregunta está a salvo, aunque todos los niños se la hacen. La única diferencia es que yo nunca he dejado de preguntarlo. No podía hacerlo.

El padre Andrea intervino con tristeza:

—Quizá es una buena pregunta con consecuencias malignas.

—No lo creo. Cuestionar a Dios es acercarse a él.

—Y al peligro.

Bruno esbozó una sonrisa irónica.

—No lo dudo. Intenta aceptar que no me guiaba Satanás cuando cuestioné a Dios. Soy un hombre de mi época, y en esta época queremos saberlo todo. Mi obsesión con Dios me trajo preguntas, y los jesuitas no pueden obligarme a negar que dichas respuestas eran de origen divino —levantó la mano—. Sé que quieres objetarlo, pero permíteme terminar. Si todo fue hecho por Dios, entonces Dios está en todo. No podemos limitar lo infinito. Por lo tanto, Dios está en cada criatura, en cada colina y en cada árbol, y también en cada persona. ¿Por qué no vemos a Dios en nosotros mismos? Porque la luz ha sido cegada por la ignorancia y el error. De todo esto me había dado cuenta antes de que me traicionaran en Venecia.

El padre Andrea no pudo contenerse más.

—La Iglesia no enseña nada de eso. Estás pisando tierra santa, pero no perteneces a ella.

—Ten paciencia. Sólo falta un poco más. Cuando fui lanzado a este agujero, desesperé. No por mi vida, pues conviene al hombre sabio aceptar la muerte con calma e incluso a veces buscarla. Sin embargo, en mi agonía ocurrió algo más. Conforme mi cuerpo iba siendo destruido, la luz se iba haciendo más brillante. Les salió el tiro por la culata. Sus tormentos aniquilaron todos mis miedos, pues nada puede ser peor que lo peor. Después del horror del dolor encontré la luz que he estado buscando, y me bañé en ella hasta que, de repente, *me convertí en la luz* —el fervor en su voz obligó al sacerdote a ocultar el rostro entre sus manos; el prisionero estaba enunciando su propia condena. Bruno le dio un jalón en el brazo para hacerlo levantar la luz—. Tú vives por la verdad, ¿cierto? Si tus votos significan algo, diles que no viste locura en mis ojos ni la mirada ardiente de un demonio. La luz es la verdad. Está en todas las cosas, y, cuando lo sabemos, podemos volver a ella. No se necesita nada más. La pestilencia y la hipocresía de la Iglesia son insignificantes. Debí haber excomulgando al papa hace mucho, pero la luz acoge hasta a los peores hombres. Hasta un papa puede salvarse.

Después de esto, el dominico dejó de visitarlo. Estaba obligado a informar al Santo Oficio acerca de lo que decía Bruno. Con eso tenían suficiente evidencia para condenarlo en ese instante. Pero la causa de Bruno estaba provocando revuelo, así que los jesuitas optaron por el silencio. No se pronunció palabra sobre los procedimientos, y durante siete años continuó su encierro. Hubo más torturas, más interrogatorios. Para mayor irritación del tribunal, Bruno se mantuvo firme en su rechazo a abjurar. A un abogado más valeroso le habría tomado meses desenmarañar los cargos confusos contra Bruno, los cuales seguían cambiando; se necesitaba mucha valentía porque el abogado mismo podría también terminar en prisión. Pero Bruno no tenía defensor. Entraba en un silencio necio y cansado, y escuchaba con apatía el rollo expuesto en un latín oscuro. En los días en los que acababa de ser torturado, la cabeza le colgaba sobre el pecho, y él sólo se sentaba en la corte medio consciente y entre gemidos.

Finalmente, llegó el día en que la gente olvidó el escándalo. Después de siete años de juicio, Bruno fue acarreado frente a un cardenal, tal como lo había prometido el jesuita mayor el primer día. El destello rojo del traje del prelado brillaba en la lúgubre corte.

—¿El prisionero tiene algo que decir antes de que se dicte sentencia?

Bruno era un caparazón demacrado al que no le quedaban huesos sin romper. Levantó la cabeza.

—Nada.

La corte no perdió tiempo en solemnidades. Fue sentenciado a morir en la hoguera de inmediato, después de atravesarle la blasfema lengua con una espina y de cerrarle su hereje boca con una jaula de hierro.

Él los escuchó con mirada pensativa.

—Creo que ustedes tienen más miedo a sentenciarme del que yo tengo de oírlo.

Esto fue tomado como una última impudicia proveniente de un hombre que estuvo decidido a ser imprudente toda su vida. El cardenal se puso de pie y le lanzó una mirada de desprecio. Si contestó a la burla de Bruno, no hay registros que lo comprueben.

Bruno fue quemado en la hoguera en el Campo de Fiori, un mercado de flores grande y atestado de gente. Los negocios cerraron sus puertas por un instante para presenciar el espectáculo. La jaula de hierro que traía asida a la quijada le impedía gritar, aunque su cuerpo se retorcía entre las llamas. Un sacerdote insolente —quizá era un impostor que había hurtado una casaca— se atrevió a saltar a la pila para sostener un crucifijo frente a los ojos de Bruno. Éste volteó la mirada, y los guardias vaticanos de inmediato alejaron al sacerdote de la pila y se lo llevaron lejos de la escena.

Cuando el cuerpo del hereje se consumió y quedó hecho cenizas, la multitud se dispersó. Un miembro desconocido del clero tomó un puñado de cenizas y las esparció en los vientos, donde desaparecieron bajo el crepúsculo romano, como una delgada voluta de humo.

Revelando la visión

Con la vida y la muerte de Giordano Bruno dos mundos chocan entre sí, y las repercusiones siguen entre nosotros. La fe y la ciencia empezaron siendo enemigas, pues los hechos amenazaban con derrocar la fe. Esta amenaza era evidente para las autoridades eclesiásticas, quienes arremetían contra los descubrimientos científicos como si fueran herejías. Un hecho no puede ser herético a menos que lo fuerces a serlo. Uno puede concebir una Iglesia que acepte la ciencia como una nueva forma de glorificar la creación divina, y la Iglesia podría haber permitido que Dios fuera el Creador racional que trabajaba usando las leyes naturales. Ésta no era la Iglesia a la que Bruno intentaba adaptarse, ya fuera mimetizándose como monje, enseñando como profesor o incitando como científico.

Uno de los problemas de todas sus tácticas era que Bruno tenía muchas ideas desquiciadas; de hecho, su aprendiz aristócrata de Venecia lo traicionó y lo denunció a la Inquisición, pues Bruno se negó a enseñarle las artes sobrenaturales. Bruno se consideraba a sí mismo un experto en estas artes, e incluso jugaba con "matemáticas mágicas". Se debe hurgar entre un revoltijo de fantasía y especulación para encontrar la espiritualidad revolucionaria de Bruno, pero, una vez que se logra, sus apreciaciones siguen impresionando.

Él veía lo que otros místicos habían descubierto: que la naturaleza es un campo de luz que emana de la divinidad. Pero lo que lo hace profético es que él no dependía de la fe, sino puramente de la mente para ver lo que veía, y por eso representa la mente humana como parte de la mente de Dios. Hoy en día seguimos peleando por determinar si la espiritualidad es consistente con la razón. Ser científico no te convierte automáticamente en ateo, pero sí te conduce a un camino pantanoso donde la fe puede hundirse como sobre arenas movedizas.

El día que Bruno fue quemado en la hoguera, el 17 de febrero de 1600, era una mañana clara desbordante de vendedores de flores en medio de un mercado romano. Uno casi puede imaginar a las amas de casa en mandil comprando rosas de invierno. El caso de Bruno se había vuelto infame, por lo que la reacción del público debe haber sido una combinación de abucheos y lágrimas. Fue el telón final de un drama largo, cruel y lento que había durado siete años. Bruno era un pensador lo suficientemente importante como para sobrevivir tanto, y su abjuración habría sido muy significativa para el papa y para el Santo Oficio.

El juicio en la corte que sostuvo que Bruno había negado la divinidad de Cristo no estaba errado. Bruno había coqueteado con la herejía arriana, la cual cuestionaba si Cristo era igual a Dios. Pero es improbable que ésta haya sido más que una fase pasajera en el viaje mental de Bruno, el cual fue caprichoso, temerario, inspirador, ridículo, noble y extraño, dependiendo desde dónde se le mire. Es recordado hoy en día como un mártir de la libertad intelectual, en especial por los científicos, quienes lo agrupan junto a Kepler y a Galileo, valientes seguidores de la nueva astronomía que comenzó cuando Copérnico declaró que la Tierra giraba alrededor del Sol.

Ahora bien, Bruno no era científico. Durante su vida, fue mejor conocido por su sistema de técnicas mnemónicas que interesaron incluso a reyes y a reinas, como Isabel I de Inglaterra. En tanto persona pública, no era capaz de complacer a quienes estaban en el poder y lograba alienar a todas las cortes a las que se vinculaba, por lo que hubo ocasiones en que incluso fue expulsado del país en el que estaba. Era un inconformista, y quienes lo recordaban decían que era introvertido e inclinado hacia la melancolía.

Al final, después de tan horripilante muerte, el relato lastimoso de Giordano Bruno se convirtió en un símbolo, aunque ambiguo. Yo me sentí atraído hacia su lado místico. Inspirada por los nuevos descubrimientos que se hacían sobre estrellas y planetas, la mente de Bruno dio brincos sorprendentes. Estaba convencido de que había mundos infinitos, de que había vida en esos mundos y quizá también ángeles. En lugar de haber quedado fija el séptimo día de la creación divina, la naturaleza estaba en movimiento constante. De hecho, el cosmos probablemente se estaba expandiendo a una velocidad fantástica, lo que significaba que la creación era un proceso continuo. Dar esos saltos le permitió a Bruno sonar sorprendentemente como uno de nuestros contemporáneos, como cuando escribe: "En todas partes hay cambio relativo e incesante de posición a lo largo del universo, y el observador es siempre el centro de las cosas". Ése es Bruno con su camiseta de científico, pero en sus tiempos no había suficiente ciencia para sustentar un brinco tan temerario. Su verdadero viaje fue hacia lo trascendente, hacia el campo de la luz que en su mente se fundía con Dios, la naturaleza y el cielo estrellado: "La luz divina está siempre en el hombre, y se presenta a los sentidos y a la comprensión, pero el hombre la rechaza".

A medida que el futuro se fue desenvolviendo, los dominios de la ciencia se fueron definiendo. La astronomía se separó de la astrología y la evolución remplazó al Génesis, así que es natural que Bruno no pueda ser mártir en ambos campos, a no ser que… en esa expresión final pudiera estarse gestando otra revolución. Como personas modernas, heredamos la revolución científica. La conquista de la superstición es parte y parcela de esa revolución, como también lo es la separación del razonamiento y de la irracionalidad. Es escalofriante leer que más brujas fueron quemadas en Inglaterra después de la muerte de Shakespeare en 1616 que antes; esa persecución descabellada no sólo ocurría en Salem, Massachusetts.

Durante cuatro siglos nos hemos alejado del campo de luz de Bruno para regresar al principio. La unidad de la luz es el fotón, y la física reconoce que todas las interacciones responsables de la materia y la energía en el cosmos involucran al fotón. Dicho de otro modo, los humanos existimos en el campo de la luz, y nuestros cuerpos provienen, literalmente, del polvo estelar. Yendo aún más lejos, algunos físicos previsores se preguntan si el universo tiene mente; según ellos, actúa como si fuera un ser vivo a medida que evoluciona y se desarrolla en formas más complejas. El cerebro humano, hasta donde sabemos, es la cosa más compleja de la existencia. ¿De verdad fue producto del azar en el transcurso de trece mil millones de años? A un científico se le ocurrió que creer en la aleatoriedad como la única fuerza creativa en la naturaleza era como decir que un huracán cruzó un tiradero de basura y construyó con ella un avión.

Lamento que las dos palabras clave, *inteligente* y *diseño,* fueran apropiadas por fundamentalistas religiosos con el propósito de defender el relato creacionista hallado en el Génesis. No hay duda de que el Génesis en realidad es un mito sobre la creación, y es muy hermoso. Existe para decirnos algo sobre nosotros mismos a nivel mítico; por lo tanto, no debe ser rechazado. Pero es más fascinante una visión liberada de la inteligencia y el diseño, la cual podría derivar en un cosmos vuelto a nacer.

Bruno fue testigo de la última vez que eso ocurrió. En el renacimiento del universo gracias a Copérnico, Bruno tuvo la visión de posibilidades más extendida y declaró cosas que podrían estar tomadas directamente de Shankara y de la antigua tradición védica de India: "Entiendo el Ser en todo y sobre todo, puesto que no hay nada sin participación en el Ser".

Es nuestra pérdida que el Ser haya dejado de ser un misterio, como lo fue para Bruno y para todos los místicos. "Ser" parece dado por sentado, vacío. "Soy" simplemente implica presencia actual. Sin embargo, el Ser adquiere de pronto su misterio de nuevo cuando nos sumergimos en la física moderna y descubrimos que el universo entero emergió del vacío. Este tema surge con frecuencia conforme abordamos a los visionarios de este libro, pero aun así debe destacarse que el vacío que precedió al universo es un hecho. Todo lo que parece sólido y familiar en realidad es producto del misterio.

El notable neurólogo inglés sir John Eccles expresó su postura con claridad austera: "Quiero que se den cuenta de que en el mundo natural no existe color ni sonido. No existe nada de ese tipo; ni texturas, ni patrones, ni belleza, ni aroma". Cualquier cualidad de la naturaleza es todo menos reconfortante; pertenece a una ilusión de la realidad de la que nos rodeamos. Cuando dos amantes se toman de la mano, parece como si dos objetos cálidos y maleables se envolvieran, pero es pura ilusión. Todas las sensaciones se crean en nuestra propia conciencia a partir de propiedades invisibles, como el electromagnetismo. De hecho, los átomos, que son los ladrillos del universo, no tienen propiedades físicas en lo absoluto; por lo tanto, nada que esté hecho de átomos puede ser físico.

Bruno era una rara combinación de místico y racionalista, lo cual le permitió enfrentar desde el inicio la ilusión de realidad. Había sido expulsado de la orden dominica, pero se mantuvo firme en su creencia en Dios y asumía que, cuando hablaba de la naturaleza, estaba hablando de Dios al mismo tiempo: "No hay ser sin esencia. Por lo tanto, nada puede estar libre de la Presencia Divina... La naturaleza no es más que Dios en las cosas".

¿Esa última oración es verdad en términos literales? Al buscar a "Dios en las cosas", dejamos de usar las gafas de la cristiandad, sin embargo no hay duda de que la búsqueda sigue siendo la misma. ¿Qué gafas necesitamos? Hay muchas respuestas flotando en torno de la comunidad científica y espiritual; algunos optimistas creen que ambas se fundirán tan pronto reconozcan que van en busca del mismo unicornio: una visión de Dios y de la naturaleza que borre todas las fronteras y contenga la respuesta definitiva a los acertijos de la naturaleza.

Si eso ocurre, la historia de Bruno encontrará su justificación, no como el relato de un mártir que necesita compasión, sino de un profeta que merece ser reconocido. Para redimirlo por completo, debemos aceptar otro de sus dichos visionarios: "Es manifiesto... que cada alma y espíritu tiene una cierta continuidad con el espíritu del universo". Bruno observó esta verdad con una claridad valerosa que no podemos más que envidiar. Con el tiempo, a Dios se le permitió convertirse en un Creador racional. La Iglesia lamentó su fase de persecución, y hoy en día es permisible predicar que los hechos glorifican las maravillosas obras de Dios. Sin embargo, aunque evolucionó para hacer las paces con la gravedad y la termodinámica, Dios sigue frunciendo el ceño ante las células madre y los primeros días de vida en el vientre materno, o eso sostiene la Iglesia. La tregua entre fe y hechos sigue siendo fluctuante.

8

ANNE HUTCHINSON

"El espíritu es perfecto en todo creyente"

La madre estaba de pie en la orilla, rodeada de once niños reunidos en torno de ella, y extendió los brazos.

—Contemplen el Leviatán.

Era difícil no contemplar una ballena encallada, y mucho más no olerla. El cadáver hediondo era un hallazgo inusual, alejado de las manadas de ballenas que expulsaban chorros de agua como un jardín de fuentes italianas en la costa de Massachusetts. Los nativos (que eran temidos porque se les consideraba "salvajes" sin importar lo pacíficos que fueran) se habían apresurado al lugar antes que los colonos. No tenían embarcaciones grandes ni fuertes para cazar ballenas en el mar, pero cuando una de ellas encallaba en la costa, era temporada de bonanza.

Algunos valientes se montaban al lomo de la enorme bestia gris con lanzas largas y rebanaban franjas de carne que caían como bofetada en la arena. Las mujeres se arrodillaban junto a ellas con pequeñas navajas de piedra para tronchar trozos de carne que secarían después.

—¿Saben qué significa esto? —preguntó la madre, dirigiéndose a su rebaño como una maestra.

—Significa que su tribu tendrá qué comer en el invierno —contestó Bridget, una de las hijas mayores.

—Si no asaltan antes nuestros graneros —murmuró Francis, uno de los hijos de en medio, quien resentía haber sido arrastrado del otro lado del mar para complacer a Dios. Soñaba con una amada en Inglaterra mientras pasaba el verano sacando piedras de la supuesta tierra en una granja a las afueras de Boston.

La madre frunció el ceño.

—No piensen en este mundo. Sin duda es una señal.

La prole Hutchinson, la cual estaba emocionada de ver su primera ballena muerta, se quedó en silencio. Todos sabían, hasta el más pequeño, que su madre podía encontrar, en todo, un sermón. De hecho, había hallado uno cuando iban de camino a la playa rocosa, que empezaba así: "Y el Señor le dijo a Josué: 'Tomen doce piedras de en medio del Jordán'", y continuó hasta que llegaron al punto en el que la ballena yacía estofándose en el calor inusual para la temporada.

Si Anne Hutchinson podía extraer sermones de las piedras, se daría un festín —teológicamente hablando— con la ballena. La señaló sin prestar la más mínima atención a la pestilencia, a los salvajes semidesnudos que trepaban al animal ni a la posibilidad de que los visitantes de la colonia de puritanos no fueran bien recibidos.

—¿Qué es el Leviatán? —preguntó Anne—. La Biblia tiene la respuesta.

—Uno de los siete príncipes del infierno —vociferó uno de los niños de atrás.

—¿Entonces esta tonta criatura es uno de los príncipes del infierno? —preguntó Anne.

—Podría ser una princesa, si no es macho —sugirió Katherine, una de las niñas más pequeñas.

Anne sonrió.

—La Biblia habla sólo de príncipes, niña —decidió entonces contestar su propia pregunta, pues el ansia de sermonear se hacía imposible de contener—. No, esta criatura no es un príncipe del infierno. Pero la Biblia nos dice que el Leviatán pecaba de orgullo, y he aquí el orgullo caído. No hay pez más orgulloso que la ballena, la cual es ama del mar. Pero ésta fue azotada y ahora no es más que carroña para cualquier perro que pase por aquí.

Ninguno de sus hijos protestaba mientras Anne daba su discurso. Habían llegado al Nuevo Mundo el año anterior, en 1634, para unirse al nuevo Edén que Dios les había ordenado que poblaran. En Inglaterra la única realidad que habían conocido era el puritanismo. Una realidad seria y piadosa, en extremo. Toda la gente que veían en la iglesia estaba afligida por la corrupción del clero anglicano. Todos odiaban a los papistas e injuriaban al rey Carlos por casarse con una reina católica, o prostituta, como la llamaban abiertamente los puritanos. Ninguno se persignaba ni rezaba a los santos, como sus vecinos anglicanos. Ninguno de ellos veneraba a la Virgen María ni se arrodillaba frente a la cruz al posarse en un banco de la iglesia.

Pero los mayores de los niños Hutchinson sí sabía que tener una madre sermoneadora era inusual. Los predicadores más ambiciosos de Boston, con sus largas levitas, rehuían a Anne Hutchinson cuando se trataba de discutir las escrituras. La mujer tenía más de cuarenta años, ya no era joven ni conservaba sus rasgos de niña. Jamás se le habría ocurrido usar maquillaje para disimular sus años, y, al ser puritana, usaba discretas prendas negras y cafés. Los colores brillantes eran señal de vanidad. Pero su rostro brillaba cuando recitaba las escrituras, mientras que en reposo se le notaba la tensión de haber engendrado catorce hijos y haber enterrado a tres. Puesto que usaba un gorro ajustado que le cubría el cabello, las líneas del rostro resaltaban, como también lo hacían sus penetrantes ojos.

En ese momento, sin mayor preámbulo, empezó a recitar veinte versículos sobre el Leviatán tomados del Libro de Job, que empezaban así: "¿Acaso puedes pescar a Leviatán con anzuelo? ¿Puedes atarle la lengua con una simple cuerda? ¿Puedes atarle una soga en la nariz, y horadarle con ganchos la quijada?"

William, su esposo, llegó cruzando las dunas, pues se había quedado atrás arreglando el viaje de vuelta a Boston. Se detuvo para recobrar el aliento, pues estaba jadeante y no había imaginado la pestilencia. Estaba lo suficientemente cerca como para oír a Anne recitar, lo cual lo hizo sonreír. Tenía dinero, muchos hijos y, lo más peculiar de todo, una esposa que sabía tanto como cualquier hombre sobre la Biblia. Las hijas menores se reían cuando su madre llegaba a este versículo: "¿Podrás jugar con él, como con un ave, y ponerle un lazo para que se diviertan tus hijas?"

Anne era una predicadora tolerante, a diferencia de otros, y meramente levantaba un dedo.

—Ésta es la parte que quiero que recuerden especialmente, mis niños: "¿Quién podría abrirle esas potentes quijadas, sin que se espante al ver sus filosos colmillos?".

Hizo una pausa expectante, y el padre, al ver que ninguno de los hijos alzaba la voz, intervino:

—Lo que su madre quiere decir —dijo, medio hablando y medio cayéndose de las empinadas dunas— es que Leviatán resguardaba la boca del infierno. Así que Dios le dio una enorme boca como señal de la trampa que les espera a todos los pecadores.

—Nada menos —dijo Anne—. Qué maravilloso es el libro de la Creación, y es una gran bendición que Dios lo haya abierto para nosotros.

William disfrutaba la alegría que reflejaba el rostro de su mujer. Ella veía la mano de Dios en todo, como hacían los puritanos. Tropezarse en una cuneta o tirar un huevo implicaba que debías examinar tu alma manchada. La calamidad y la persecución habían orillado a los puritanos a buscar hasta la más insignificante semilla de pecado en sí mismos. Los campesinos bromeaban que cada primavera traía una nueva cosecha de piedras en sus campos. Era una burla cruda, y en secreto algunos santos, como se llamaban entre sí, dudaban si Dios aprobaba su faena rural.

Los primeros en poner su destino en manos de la Providencia fueron los peregrinos que llegaron quince años antes, en 1620. Al verlos desbrozar el terreno para construir cabañas, era imposible imaginar la fina casa blanca de madera de los Hutchinson que se erigiría en el centro de Boston. Los registros adustos de ese primer año eran sucintos, pero espeluznantes.

En diciembre, el clima se tornó gélido, mucho peor de lo que habían experimentado jamás en Inglaterra. El 25 de diciembre, los colonos más resistentes abandonaron el *Mayflower* para asentarse en la costa. La fecha no era significativa, pues no celebraban la Navidad, la cual fue inventada por los papistas de Roma.

Seis personas murieron ese mes, y otras ocho más en enero. Diecisiete más perecieron en febrero. ¿Qué las estaba matando? Para algunos, era la privación voluntaria de comida, pues las madres daban sus raciones a los niños. Trece de las dieciocho mujeres casadas fallecieron, mientras que sólo murieron tres niños. El resto falleció por escorbuto o por una plaga sin nombre. Simplemente murmuraban la "enfermedad" cuando caía otra víctima. Dios no les estaba sonriendo.

Aun así, los colonos construyeron sus toscos refugios y siguieron orando cada minuto del día que sobrara. No fue sino hasta el primer día de la primavera que los últimos peregrinos bajaron del barco y, aunque en marzo mejoró el clima, trece más murieron. Los entierros eran realizados en la noche bajo el manto de la oscuridad, por temor a que los salvajes se envalentonaran si veían cuántos de los intrusos habían fenecido. (Aunque los indios no habían mostrado la cara, sino que ese primer invierno acecharon en las sombras del bosque.) Al mirar a su alrededor en el cementerio de Plymouth, los sobrevivientes contaban cuarenta y cinco tumbas, casi la mitad de ellos. La boca del infierno, reflexionó William Hutchinson, también se había abierto en esa playa.

A menos de que fuera la boca del cielo. Cuando estaban solos, lo consultaría con Anne, quien tenía el don de leer las pruebas y las recompensas de Dios. La familia extendió un mantel en la colina viendo hacia la playa, en un lugar alejado del aroma. Era una excursión agradable, y los niños recibieron una sorpresa al final: un poco de miel para ponerle a su pan. Pero cuando las nubes provenientes del mar se fueron acumulando, la familia se levantó para empacar y se retiró a las carretas. Entonces un destello de color llamó la atención de Anne.

Katherine, quien tendía a ser una niña soñadora, le había quitado un lazo rosa al vestido de su muñeca y se lo había atado al cabello. Anne se quedó mirándola un segundo, intentando controlar su ira.

—Dame eso, niña —dijo y extendió la mano.

Katherine sabía que, cuando mamá hablaba en ese tono serio y bajo, algo malo había pasado. Le entregó el lazo ofensor y se obligó a no llorar. El trayecto de regreso a las carretas fue sombrío. Las nubes se apilaron con rapidez hasta formar un manto gris en las alturas, y las gotas empezaron a caer.

Fueron afortunados, pues la lluvia no fue tan fuerte como para penetrar las capas hechas en casa con las que se habían cubierto las cabezas. Sin dirigirse a nadie en particular, Anne alzó la voz.

—Jezabel. Hablemos de ella. ¿Quién quiere empezar?

Ninguno de los otros niños se atrevió a contestar, pues era obvio que quien debía hacerlo era Katherine, aun si apenas tenía siete años.

—Jezebel era una reina malvada que adoraba ídolos —contestó Katherine—. Y era una adulta.

Siete años no era demasiado pronto como para que oyera hablar de adulterio, aunque quizá sí era demasiado joven para enfocarse en él. Anne dejó pasar la equivocación.

—La reina intentó asesinar al profeta Elías —dijo—, pero el Señor mató en su lugar a Jezabel. Nada escapa a su vista, hasta la transgresión más inocente.

Mientras jugueteaba entre los dedos con el lazo rosado, relató una historia de milagros y violencia. Jezabel, esposa de Acab, estaba decidida a destruir al Dios de Israel, para que su dios falso, Baal, fuera victorioso. Reunió cuatrocientos cincuenta profetas de Baal para que se disputaran con uno de los israelitas, Elías. Fortalecido por Dios, Elías propuso una prueba simple para demostrar cuál era el dios real. Se montaría un sacrificio de fuego. Los cuatrocientos cincuenta profetas de Baal construyeron una pira inmensa de ofrendas y le rezaron a Baal para que enviara fuego y la encendiera. Sus voces se elevaron en un coro audible de súplicas, y, dado que no descendió fuego alguno, se cortaron la piel con navajas. Pero ni la sangre de los sacerdotes trajo lo que esperaban de su dios.

Elías construyó una pira pequeña y, para mostrar su confianza absoluta, vertió sobre ella tres jarras de agua. Luego levantó la vista y le pidió a Dios que mandara fuego, y en un instante la pira estaba ardiendo. Jezabel se frustró y nunca olvidó el insulto.

—Entonces conspiró contra Elías —continuó Anne—, pero su maldad no serviría de nada. Con el tiempo, Jezabel fue pisoteada hasta la muerte por caballos, y su cuerpo fue devorado por perros.

—Excepto su cráneo y las palmas de sus manos —intervino uno de los niños, a quien le entusiasmaban las lecciones bíblicas.

—Excepto eso —asintió Anne. Tomó la muñeca de Katherine y le ató el lazo rosado a la cintura de nuevo. Esa noche, la niñita soñó imágenes de perros que masticaban el cadáver de una reina adornada con lazos rosas en el cabello.

La violencia explícita no perturbaba a la madre ni a la niña. Durante su infancia en Inglaterra, Anne había escuchado relatos sangrientos de los libros de los mártires. La fascinaban, e incluso podía comer un panecillo con absoluta serenidad mientras miraba grabados del destripamiento de un santo. Era muy natural simpatizar con los mártires pues su propio padre, un predicador con inclinaciones abiertamente puritanas, había sido encarcelado y acusado de herejía por desafiar la autoridad eclesiástica oficial. La familia pasó por un periodo de intensa carencia mientras estuvo en arresto domiciliario.

Mientras más eran perseguidos los puritanos, más rectos se volvían. La línea entre ellos y los demás se volvió concreta y evidente en el Nuevo Mundo. Se había establecido una mancomunidad que vería por el bien común, pero los santos, como se llamaban entre sí, nunca serían como los forasteros, como se conocía a los no puritanos. Nadie seguía la línea con tanta precisión como Anne, hasta que cometió un error y de pronto ser una santa dejó de ser tan escandalosamente sencillo como antes. Por ahora, la crisis estaba en ciernes, esperando a ocurrir.

Pasaría un tiempo antes de que el recién nacido que entró al mundo llorando y pataleando preguntara: "¿Estoy salvado o condenado?" Por el momento, era simplemente hermoso. Anne envolvió al infante en una manta ajustada y lo entregó. La madre, exhausta por el parto, se había quedado dormida. Pero estaba bien atendida. Al menos diez mujeres se habían reunido para asistir el parto, reunión informal que se conocía como *chismorreo*, en el cual arrullaban al niñito. Anne, la líder del grupo, estaba satisfecha. Sabía que había riesgo de que la madre, el niño o ambos murieran en las próximas semanas. Era importante tener cuidadoras puras para impedir que eso ocurriera.

—Avísenle al padre que todo está bien —le dijo a una de las mujeres, quien salió de prisa de la recámara. Anne estaba en su elemento y se sentía contenta. Miró entonces a su alrededor. ¿En qué condición llegó este niño al mundo? —preguntó.

Las otras mujeres sabían que estaban a punto de escuchar un sermón, lo cual les entusiasmaba.

—En primer lugar, nació en libertad de la opresión y el alcance de reyes, a diferencia de nuestro Señor, quien fue obligado a huir por la ira de Herodes —comenzó Anne. Si alguna se preguntaba cómo podía estar Boston lejos del alcance del rey Carlos, se lo guardó. Desafiar la corona era una postura política popular—. En esta condición, el bebé llega en compañía de los justos —continuó—. Nos determina nuestra propia fe, como congregación libre. Pero nada de esto importará si el bebé trae consigo la mancha de pecado al mundo. Mírenlo. ¿Dónde está la mancha? ¿Qué ha hecho, débil y desamparado como un minino, para merecer la censura de Dios?

Ése era el meollo de la pregunta, el cual provocó que algunas de las mujeres del fondo se aclararan la garganta nerviosamente. Pero las mujeres la protegerían, sin importar lo que dijera en esa habitación. Los hombres puritanos lo sabían, y Anne contaba con ello. El recién nacido había pasado por manos de todas y había vuelto a ella, quien le besó la frente. Para las mujeres que rodeaban a Anne, esto era casi una bendición.

—Entonces, ¿está salvado? —preguntó una de las mujeres más jóvenes.

—Eso espero —murmuró Anne—. Pero Cristo me habló y me dijo que estoy salvada, y que ese camino está abierto para cualquiera. El espíritu está lleno de gracia y es perfecto en todos los creyentes.

¿Cristo había hablado con ella personalmente? Las mujeres de la habitación estaban asombradas.

A un fuereño se le perdonaría que tomara las palabras de Anne como algo inocente, pues la gracia y el espíritu eran monedas habituales en todas las iglesias. Pero, para los puritanos, estos términos tenían una fuerte carga de peligro y esperanza. Los viajeros que se atrevieron a cruzar el mar habían apostado sus almas en un desafío cósmico. A simple vista, los puritanos habían desembarcado en una trampa, pues cambiaron el mundo familiar del hogar por una naturaleza salvaje. Pero ese supuesto hogar era un nido nauseabundo. Al menos aquí podían distinguirse como los elegidos, favorecidos por Dios para construir una ciudad en la colina.

Excepto por un escollo. Cuando los fuereños, los no puritanos, llegaran a América, podrían atacar individualmente sin importar las consecuencias. Los santos sólo podrían subsistir si permanecían juntos.

Cada domingo, los predicadores de Boston se inclinaban sobre el púlpito para hablar de tormento y maldición.

—¡Trabajen! ¡Trabajen! ¡Trabajen! Esfuércense por sus almas sin cesar, hermanos y hermanas. Si alguno de ustedes resbala, la fosa del infierno se abrirá para todos.

El escollo era que nunca sabías si tu esfuerzo había sido suficiente. El pecado original era una mancha invisible que traían hasta los recién nacidos, y por el resto de sus vidas sólo Dios sabría si esos bebés eran unos de los elegidos o unos de los condenados.

Anne había crecido aprendiendo esa única teología. Su padre la tomó de la mano un día, cuando tenía siete u ocho años. El hombre aún no era el agitador que terminaría en prisión por sus sermones contra los obispos. La familia vivía apaciblemente en Londres, y su casa estaba cerca del Támesis.

Su padre señaló al sur, del otro lado del agua lenta y parduzca.

—Dime qué ves —dijo él.

Anne estiró el cuello para ver por encima del parapeto que franjeaba la orilla del río.

—Botes pequeños, botes grandes. Hombres pescando. Y esas lindas banderas —dijo y señaló hacia los teatros de Southwark, el banco opuesto, los cuales izaban sus banderas los días soleados para indicar que habría función. Estaban bordadas con colores brillantes y ostentaban emblemas de leones y bestias mitológicas.

—No son lindas banderas, hija mía —la corrigió su padre—. Del otro lado del río está Sodoma, donde el pecado se anuncia descaradamente. Ahí, los malvados tientan a quienes están a un ápice de volverse malvados.

Nada mostraba la división entre los elegidos y los condenados tan bien como los teatros, que a los ojos de los puritanos eran un muladar de depravación. La diversión y el entretenimiento ofrecidos ahí eran engaños diabólicos. Incluso en las raras ocasiones en que se montaba un drama religioso decente —y no las desagradables obras de un discípulo del diablo como Shakespeare—, los teatros estaban rodeados de posadas que albergaban todas las noches la bebida, el juego, el hostigamiento de osos y las peleas de gallos. Un ciudadano honesto podría arruinarse con tan sólo poner un pie en las calles. Fieles a su nombre, los carteristas vagaban entre las multitudes con los cuchillos listos para cortar el bolso con dinero de sus víctimas y huir.

El padre de Anne tenía una expresión sombría.

—Te prometo, mi niña, que un día Dios aniquilará esta inmoralidad de la faz de la Tierra o nos enviará a un lugar donde pueda prevalecer la virtud.

A Anne le asustaba escuchar esas cosas. El temor por su alma paralizaba la otra parte de su naturaleza, la cual quería tomar uno de los esquifes para cruzar el río y ver con sus propios ojos la cara de la inmoralidad; para ser franca, parecía que podía ser divertida. Fue apenas un capricho momentáneo, si es que acaso existió. Pero Anne se quedó con algo más de ese día.

—¿Estoy a un ápice de volverme malvada? —preguntó.

Su padre sonrió.

—Por supuesto.

Sólo dijo esas dos palabras. No convirtió el paseo en un sermón, pero Anne sintió el golpe al corazón. "Por supuesto" que estaba en peligro de ser condenada; su propio padre podía afirmarlo con una sonrisa de satisfacción. Durante su infancia nunca le mencionó a él lo que esas palabras le habían provocado. Las circunstancias se volvieron tumultuosas en poco tiempo. Su padre fue apresado y liberado, y luego trasladado a una vivienda remota en Alford, lejos de Londres, en Lincolnshire, donde no causaría problemas. Pero él siguió arremetiendo contra los obispos, y luego su humilde vivienda le fue arrebatada y fue puesto en arresto domiciliario. Los altibajos nunca terminaban. Si Anne no se hubiera casado dos años después de la muerte repentina de su padre, posiblemente habría terminado siendo una sirvienta pobre.

Anne creció familiarizada con la penuria, pero cada golpe de la vida tenía un significado divino, como todas las pruebas. El significado era que Dios no eliminaría la nueva Sodoma de la faz de la Tierra, sino que mostraba con cada revés y cada crueldad que los puritanos debían buscar el mundo en otro lugar. No tenían otra opción. No obstante, cuando llegaron a las colonias, los elegidos lanzaron los dados. La naturaleza salvaje representaba peores amenazas que cualquier obispo en casa. Londres fue azotada por la peste bubónica, pero este nuevo lugar era azotado por la "enfermedad". Londres tenía carteristas, pero las colonias tenían salvajes. La única esperanza era ser más rígidos, estrictos y vigilantes que nunca.

—¿Por qué estamos siendo puestos a prueba de forma tan dolorosa? —clamaban los predicadores—. Porque estamos muy cerca de la meta. Dios debe lavar cada mancha de pecado antes de admitirnos a la compañía de los benditos. Está a la vuelta de la esquina.

Era un mensaje que nadie cuestionaba, o, si lo hacían, huían de Boston cuando nadie los miraba y no volvían jamás. La naturaleza pronto los juzgaría. La única amenaza que conmocionó a los puritanos llegó sin advertencia, desde adentro. Anne Hutchinson había sido visitada personalmente por Cristo, quien le mostró otro camino.

No había por qué acusarla públicamente; al menos no al principio. La casa de los Hutchinson, la cual estaba muy cerca de la del gobernador, atraía cada vez a más gente que quería escuchar a Anne revelar la gracia de Dios. No eran sólo las mujeres de los *chismorreos*, aunque sin duda influía que ella había atendido casi todos los nacimientos como partera. Los predicadores llegaban en sus carretas desde pueblos aledaños. Los hombres libres de la colonia, siendo los miembros más importantes de la Iglesia, elegían un nuevo gobernador cada año, y en 1636 era el joven Henry Vane, quien apenas si tenía treinta y apoyaba la tolerancia religiosa, lo cual confirmaba al pasar sus tardes en la casa de los Hutchinson. En una buena noche, hasta sesenta personas entraban por su puerta abierta.

Pero afuera siempre había ojos que observaban. Algunos eran de familias que sentían que la colonia era su propiedad privada, pues habían sido de los primeros en establecerse, habían invertido su dinero en acciones y se aseguraban de que Massachusetts fuera una colonia estrictamente puritana. Los advenedizos eran temidos. Había presión sobre la corona para que cambiara el decreto original, el cual permitía que casi cualquiera se estableciera en la colonia de la bahía. La vieja guardia reforzaba su control sobre Boston.

—La tolerancia está bien —murmuraban—, hasta que la tolerancia nos aniquile.

Boston era demasiado pequeño como para que los miembros de ambas facciones no se cruzaran en las calles a diario. Un ex gobernador viejo, John Winthrop, era el más agudo y franco de la vieja guardia. Si hubo quien fuera el primero en usar la palabra *sedición* para hablar de Anne, fue él o algún hombre agarrado de sus faldones.

—No me digan que debo dejar de hablar porque un viejo rígido cree que es más poderoso que Dios —declaró Anne. Estaba decidida, pero también lo estaba Winthrop, y era preocupante que él hubiera logrado que lo eligieran vicegobernador, lo cual le dio un lugar desde el cual atacar al joven Vane, recién llegado de Inglaterra.

—No durará. Apuesto a que ni siquiera se quedará —declaró Winthrop a puertas cerradas.

Cuando William Hutchinson salía a hacer sus cosas, los saludos amables en las calles se convirtieron en cabeceos cortantes y luego en nada. La influencia de Winthrop era como una tormenta invernal.

—Dice que tú ofreces el camino fácil —le dijo William una noche a Anne después de que la compañía se fue. Estaba de pie en camisón junto a la angosta cama que compartía con su esposa, acomodando piedras calientes envueltas en tela mientras ella se aseguraba de que las velas estuvieran todas apagadas.

—¿Fácil? En Inglaterra podía salir a mirar la luna en diciembre sin el riesgo de congelarme y morir. Aquí no hay camino fácil.

—Ya sabes a qué se refiere.

—Se refiere a que Dios quiere que todos los colonos se rompan la espalda hasta que John Winthrop diga: "Ya casi es suficiente, hermano. Sólo diez años más, por favor".

William se mordió el labio.

—Sólo digo que no pases por encima de él a menos que sepas lo que estás haciendo.

Anne tenía tanta confianza que podría haberle contestado: "Que intente él pasar por encima de mí. Sería como pasar por encima de Dios". Pero un grano de humildad la hizo guardarse el pensamiento para sí misma. Sin embargo, nadie podía dudar de que la mejor defensa de Anne era la Biblia y su conocimiento profundo de la misma. Las escrituras tenían una madeja enredada que ella iba desenmarañando con facilidad, pasando de los profetas a los evangelios, del rey David al Rey de Reyes, sin tener que buscar los pasajes con el dedo. Era una maravillosa mujer piadosa para cualquiera, excepto para quienes la odiaban.

El rostro largo y angosto de Winthrop parecía estar diseñado para transmitir desaprobación, así que era imposible saber si su estado de ánimo estaba empeorando. Pero él nunca dejaba de cavar un túnel y otro. Después de su gestión de un año, Vane fue enviado de vuelta a Londres, y Winthrop volvió a ser gobernador. Los predicadores que simpatizaban con Anne se acobardaron, excepto unos cuantos.

De pie en la rampa de desembarco, antes de que su barco partiera, Vane observó el pueblo de Boston.

—Está construido sobre tres colinas, pero no es una ciudad en una colina, ¿o sí? —murmuró—. La nueva Jerusalén no está frente a mí —su sueño se iba desvaneciendo con rapidez.

Vane prometió a Anne y a sus seguidores que obtendría un nuevo decreto del rey para anular la colonia. Eran palabras valerosas, pero Vane no tardó en verse inmerso en su propia forma de sedición. La revolución era su llamado, y lo que lo esperaba era la decapitación.

Anne no había previsto ésta o las otras calamidades que se avecinaban. La primera llegó con suficiente rapidez.

—Debe haber un juicio —dijo William semanas después de la partida de Vane.

—¿Por qué? —preguntó Anne.

—Por lo peor de todo: herejía.

—Envía a la corte un mensaje. Si quieren un juicio justo, tendrán que acusarse a sí mismos de herejía al mismo tiempo.

Los juicios puritanos eran asuntos simples. Al acusado se le atiborraba de culpas aun antes de que se le imputaran los cargos. El proceso de obtener una confesión era casi inmediato. Winthrop estaba en pie con la intención de aplastar a la señora Hutchinson como a todos los demás.

—Sostienes asambleas en tu casa, cosa que no es tolerable a los ojos de Dios y no es apropiado para alguien de tu sexo —empezó Winthrop—. Alteras la paz de la mancomunidad y de nuestras iglesias.

—Aún no escucho cuál es el cargo legal —replicó Anne.

—Ya los nombré, y puedo nombrar más.

—No he escuchado uno solo. ¿Qué he dicho o hecho?

Su firmeza ponía nervioso a Winthrop.

—Eres parte de una facción que…

Anne lo interrumpió.

—¿Cuál facción? ¿Cuándo me uní a ella?

Winthrop titubeó en busca de palabras.

—Es bien sabido que recibes a esa gente en tu casa.

—Ya se lo pedí una vez: nombre mi delito.

Lo estaba haciendo pedazos con pequeñas incisiones, desmenuzando cada ráfaga de acusaciones.

—Tus opiniones van en contra de la palabra de Dios. Quizá seduzcan a almas inocentes que se te acercan. Si sigues así, el único curso de acción será reeducarte o encerrarte.

Anne casi esboza una sonrisa.

—Puede hacerlo, si acaso tiene órdenes directas de Dios.

Con esos ataques, Winthrop no tenía esperanzas. Él lo sabía y por eso explotó.

—¡Nosotros somos tus jueces, no tú la nuestra!

Anne tenía una respuesta a eso también, pero el juicio se aplazó conforme caía la noche. No podían hacerla confesar, lo cual frustraba a todos, pues las cortes no tenían otra función que ésa.

William se fue con las esperanzas en alto. Winthrop estaba hecho un desastre.

Pero Anne estaba seria, y esa noche su esposo durmió sin su mujer a un lado. No era costumbre de Anne rezar toda la noche, pero ésta era la noche más extraordinaria de su vida.

A la mañana siguiente, parecía cambiada, y no era meramente el cansancio del ejercicio del alma.

—Querida —la abordó William con cautela.

Anne apretó la quijada.

—Está bien. Sé cuál es la verdad. Dios dice que debo hablar.

Se puso de pie frente a los magistrados antes de que pudieran decir una palabra en su contra.

—Si me lo permiten, les diré lo que Dios me ha revelado. El fundamento de mi creencia es que Él me ha bendecido. Él me ha mostrado cómo oír la voz de Moisés y la voz de mi amado Jesús. Puedo escuchar también a Juan el Bautista y al Anticristo.

Un juez intervino.

—¿Cómo sabes que fue el Espíritu?

—¿Cómo supo Abraham que fue Dios quien le dijo que sacrificara a su hijo? —reviró Anne.

—Escuchó una voz inmediata proveniente del cielo.

—Igual que yo.

Sabían que la habían atrapado con ese argumento. La revelación era la piedra angular de la creencia cristiana. Cuando Cristo fue arrebatado, la nueva fe habría muerto si los apóstoles no hubieran escuchado al Espíritu Santo. Por desgracia para Anne, venerar las viejas revelaciones no era igual que creer en revelaciones nuevas.

Los jueces se inclinaron hacia delante, instándola a repetir lo que acababa de decir, pero Anne se negó.

—Ustedes tendrán poder sobre mi cuerpo, pero el Señor tiene poder sobre mi cuerpo y mi alma.

La atmósfera era tensa y silenciosa. Estaba hablando de cosas que nadie podía refutar, y entonces sus seguidores vieron un rayo de esperanza. Si tan sólo se hubiera detenido ahí. Pero no lo hizo.

Volteó hacia Winthrop y hacia los demás, y levantó la voz:

—Les aseguro que si siguen adelante con este juicio y el curso que está tomando, descenderá sobre ustedes y sus descendientes una maldición. *La palabra del Señor lo ha dicho.*

Se escuchó entonces un gruñido colectivo, seguido de preocupación. Los seguidores de Anne creyeron en su mensaje y se estremecieron. Sus enemigos estaban contentos de que la herejía estuviera tan claramente sobre la mesa. Sólo unos cuantos guardaron silencio, probablemente por cínicos. Sabían que la condena era inevitable. La vieja guardia había ganado. Pero, sin importar quiénes fueran, todos los testigos creían en la revelación divina. Tenían que dudar. ¿Acababa Anne Hutchinson de revelar un mensaje de inspiración divina o sólo estaba jugando el mismo juego de culpas del que ningún puritano podía escapar, ni siquiera ella misma? Fuera cual fuera, Anne se condenó a sí misma por su propia boca. Winthrop declaró que la señora Hutchinson estaba delirando, y la corte la declaró culpable de sedición.

Anne apenas si escuchó la sentencia de destierro cuando la enunciaron. Alzó la voz una vez más, pero moderadamente:

—Deseo saber la razón por la cual se me destierra.

—La corte sabe cuál es la razón y está satisfecha —contestó Winthrop.

En su corazón, Anne quería irse, como también los ministros que creían en la tolerancia. Se dispersaron hacia el norte y hacia el sur, fundando nuevos pueblos hasta Maine y Connecticut. La vieja guardia hizo más estrictas las reglas, volviendo ilegal que cualquier persona hospedara a un nuevo colono bajo su techo por más de tres semanas. Después de ese tiempo, un magistrado decidiría quién pertenecía y quién no. La fe y la política habían encontrado la forma de forjar los mismos grilletes.

Anne dirigió a su familia a través de tierras salvajes junto con otras dieciocho personas. ¿Escuchaba entonces la voz de Moisés? El grupo fundó un nuevo pueblo en Rhode Island, un lugar más seguro para escuchar revelaciones. Con la mirada puesta en el mar, en el cual aún se veían los chorros expulsados por las ballenas, Anne temía que la facción de Winthrop se extendiera y devorara los nuevos asentamientos. Ella y sus hijos menores se fueron todavía más al sur, más allá de cualquier decreto inglés. Pero aun así el espíritu no la dejaría descansar.

William fue el afortunado, pues murió antes de que se trasladaran de nuevo. Anne nunca vio una nueva ciudad. Llegó a un bosque perdido entre asentamientos desperdigados, al norte de la colonia holandesa de Nueva Ámsterdam. Estaba desarraigada de su propia gente. La mirada de Dios estaba puesta sobre ella, de eso nunca dudaba. Su mirada estaba puesta en ella cuando escuchó las voces. Estaba sobre ella cuando leía el libro de la Creación. Debe haber estado sobre ella aquella noche de 1643 en la que los indios locales, furiosos por la forma en que habían abusado de ellos los holandeses, atacaron la casa de Anne.

Quienes estaban a su lado, incluyendo seis de sus hijos, fueron asesinados esa noche. La horripilante noticia que corrió fue que les habían arrancado el cuerpo cabelludo, y que una hija menor de apenas nueve años, de nombre Susanna, había sido capturada por los indios. Y el cautiverio era un destino que ninguna mujer podía divisar sin temor.

La leyenda dice que, en medio de la confusión del ataque, la joven Susanna huyó y se ocultó en medio de una enorme roca partida con forma de caparazón de tortuga o lomo de ballena jorobada. Leviatán la ocultó de los peores actos salvajes, hasta que los atacantes la encontraron y la arrastraron hacia el bosque. Para entonces ya habían saciado su sed de sangre. Al relatar la historia años después, los colonos nombraron Roca Espiritual a la formación de roca partida en la que se había ocultado la niña.

La parte de la familia Hutchinson que quedaba en Boston nunca dejó de buscar a Susanna. Era apenas una bebé de brazos cuando sus padres se hicieron a la mar para llegar a las colonias. Los indios la criaron en cautiverio —rara vez relataba los detalles— y después de unos años se la vendieron a los ingleses. Regresó a Boston y, para soportar la brecha inenarrable de su ausencia, fue tratada como una desconocida y reintroducida a la sociedad como alguien completamente nuevo. Más tarde se casó y tuvo hijos, y murió de vieja.

¿Quién podría detener la mente para que no conjurara imágenes de esa última noche de vida de Anne? La casa tendría apenas unas cuantas ventanas, las cuales estaban abiertas porque había sido un día de agosto muy caluroso. Entonces ocurrió. El sonido de cristales rompiéndose, los pasos amenazantes de los invasores, los gritos de los niños; todo se mezcló con una escena de la que podemos estar seguros: Anne enfurecida defendiéndose y ordenando a los asesinos que salieran de su casa, en nombre de Dios.

Revelando la visión

Para los primeros colonos de Nueva Inglaterra, Dios le estaba dando a la humanidad una segunda oportunidad. La podredumbre moral de Europa podía ser dejada atrás a cambio de un paisaje prístino que extravagante recibía el nombre de Nuevo Edén. Entusiasmaba a las almas de esos protestantes radicales la idea de reescribir la caída de la humanidad. Se habían quejado con amargura de la corrupción de las iglesias católica y anglicana, aunque su fervor por la pureza de todas las cosas los había convertido en el hazmerreír, hasta del propio Shakespeare. (Un personaje en *Noche de reyes* se burla de ellos: "¿Qué te crees, que tu rectitud nos va a dejar sin cerveza y sin pasteles?") No obstante, este optimismo ferviente se topó con varios obstáculos aplastantes que pudrieron la manzana. No era una serpiente, sino la terca naturaleza humana y los inviernos impíos de Nueva Inglaterra que arremetieron como un golpe arrasador contra algunos puritanos, mientras que otros se aferraron y lograron una vida agreste que parecía más un castigo que una recompensa divina. La deidad no permitiría un nacimiento fácil de los nuevos Adán y Eva.

No vivimos en un mundo en el que Satanás esté atento a ver si vamos al cine. Nuestras almas no están en peligro cuando nos permitimos comer un helado de chocolate. Pero los puritanos creían firmemente que los alicientes del placer habían sido creados para tentar a los justos a pecar. Los primeros colonos de Massachusetts fueron abrumados por colonos nuevos que tenían creencias

distintas y más tolerantes, pero la vieja cepa puritana, con su mo-
jigatería, culpa, fuego del infierno y condena, se mantuvo en la
mente colectiva. El Nuevo Mundo tenía una marca indeleble de
puritanismo, con o sin mayúsculas.

Es imposible mirar la Colonia de la Bahía como una curiosidad
sombría. La salvación yace en el corazón de ser protestante. Anne
Hutchinson, como todos a su alrededor, creían que Dios estaba
muy cerca. Bajo su mirada, todas las almas estaban desnudas. Por lo
tanto, dependía de cada creyente entrar en una negociación del
alma con el Señor, la cual podía salir mal en cualquier momento.
La resbalosa cuesta al infierno era mucho más fácil de encontrar
que la empinada escalera hacia el cielo. Desde nuestro punto de
vista privilegiado, el acuerdo era una especie de relación abusiva,
en la que sólo se podía conservar el amor del Padre si se actuaba
como el hijo perfecto, sin importar con cuánta frecuencia Dios se
enfureciera e impusiera castigos aleatorios sin dar razón alguna.

El castigo en los primeros años del asentamiento de los peregrinos no fue aleatorio, sino constante, y mientras más gente pe-
recía de hambre o de la afección misteriosa registrada en la historia como la "enfermedad", más rígida se volvía la mentalidad de
los colonos que buscaban en el pecado la causa de todo infortunio. Anne Hutchinson compartió con todos la creencia de que
leer el "libro de la Creación" les revelaría señales de su falta y su
debilidad internas.

Sería la mártir perfecta si no tuviéramos la transcripción del
juicio de 1637 en el cual un pseudotribunal se aseguró de que su
tábano local fuera desterrado. Todo lo que condenó la vieja guardia
en Boston (si recordamos que "vieja" era la compañía que desem-
barcó en el Nuevo Mundo cuatro años antes que los demás) fue
venerado en la historia estadounidense. La tolerancia, a pesar de ser
imperfecta, remplazó al fanatismo sectario. La libre expresión se
convirtió en un derecho asentado en la Constitución y, a la larga,
el surgimiento del movimiento de defensa de las mujeres reivin-
dicó aún más la figura de Anne.

Por desgracia, existe el registro de ese juicio, el cual revela que
la acusada deliraba, era una fanática o estaba seriamente equivocada

en su camino espiritual. Escucharla maldecir a los jueces que estaban a punto de condenarla significa, a ojos de los puritanos, que deseaba que recayera en ellos la maldición eterna. No es precisamente la imagen de una profeta amable guiada por Jesús a la que nos gustaría acoger. Es más bien una mujer que salió a anunciar públicamente que escuchaba las voces de Moisés, Jesús, Juan el Bautista y el Anticristo, y que por eso hoy en día sería recibida con la misma hostilidad que en ese entonces. ¿Cómo podemos alabar la revelación y mirarla con profunda suspicacia al mismo tiempo?

Éste era un dilema crucial para todo el movimiento conocido como protestantismo. Las batallas interminables —y, desde nuestro punto de vista, sin sentido— contra las herejías, la persecución sanguinaria de brujas y la división de nuevas sectas contenciosas demostraron que la relación íntima con Dios es un arma de doble filo. Si eres la única autoridad en la palabra de Dios, ninguna otra autoridad puede desafiar tu verdad. Volviendo a los primeros días del cristianismo, parecería que conocer a Dios de manera directa, creencia conocida como gnosticismo, probablemente fue parte de la fe durante las décadas siguientes a la crucifixión. También lo fueron las tendencias que ardían en el corazón de Anne Hutchinson: la resistencia a la autoridad, el derecho de las mujeres a predicar y el ansia de tener revelaciones.

Conforme se erigió la Iglesia oficial, se contrapuso al gnosticismo, y cuando el emperador Constantino le puso el sello imperial al cristianismo como religión del Estado, en el año 313, una de las campañas iniciales emprendidas por los primeros obispos fue aniquilar la herejía gnóstica; de hecho, durante siglos lo único que se sabía de los gnósticos provenía de las fervientes condenas de sus enemigos. Las políticas del poder nunca han dejado de meter mano en la religión, como descubriera Anne Hutchinson, y con consecuencias fatales. No obstante, el gnosticismo, la creencia de que Dios puede ser contactado por cualquiera, nunca se ha extinguido.

Un pasaje del Nuevo Testamento contiene la semilla del problema. El versículo 1 Juan 4:9 suena inocuo en algunas traducciones: "En esto se mostró el amor de Dios para con nosotros: en que Dios envió al mundo a su Hijo unigénito, para que vivamos por Él". Sin embargo, la primera frase también puede traducirse como: "En esto se manifestó el amor de Dios en nosotros". El cristianismo ha debatido sobre qué significa "Dios en nosotros". Anne Hutchinson lo interpretó como que el Espíritu Santo estaba en igual medida en todo el mundo, un mensaje recurrente entre todos los místicos del mundo. Pero, según la tradición que deriva de la caída de Adán y Eva, el pecado también existe en toda la gente. Entonces, ¿cómo se relacionan ambos polos del bien y el mal entre sí en nuestra naturaleza dividida? Esta pregunta se extiende más allá de la banda curiosa y solemne de puritanos que luchaban por sobrevivir en el agreste Nuevo Mundo.

De algún modo, la muerte de Cristo, la cual redimió al mundo del pecado, no eliminó el pecado. Este hecho es evidente a simple vista, pero, para los cristianos fervientes, todo asesinato y todo acto violento posterior a la crucifixión es distinto de los asesinatos y los actos violentos que la precedieron. La diferencia es la salvación. Al rendirnos ante Dios a través de su hijo, nuestros pecados son perdonados y nuestra alma es redimida. Es así que la muerte de un solo individuo marcó el punto de quiebre en la historia de la humanidad. Quienes no son cristianos no reconocen ese punto de quiebre, pero tal es la naturaleza de las religiones: marcar el terreno exclusivo de sus particulares versiones de Dios. El Dios cristiano espera que los pecadores aprovechen el acuerdo cósmico que derrotará al mal entero para la eternidad; la decisión es nuestra.

Para los puritanos, dicho acuerdo cósmico era tan palpablemente real que empezaron a examinarlo con microscopio y leyendo hasta las letras más diminutas. (La facción representada por John Winthrop incluso se hacía llamar legalista.) ¿Cómo se cumplía el contrato? ¿Uno aceptaba la palabra de Dios en su sentido literal, o acaso Él debía demostrar que uno era aceptado? ¿Los recién nacidos siempre estaban en riesgo de morir muy pronto como pecadores irredentos, o el bautismo lo resolvería? Y si no el bautizo, ¿qué? Dado que el acuerdo cósmico estaba escrito con tinta invisible, estos detalles minúsculos pero decisivos plagaron el protestantismo incluso antes de que zarpara el barco al Nuevo Mundo.

Así como Europa se había separado por detalles teológicos, los colonos continuaron dividiéndose, y desde los magros asentamientos originales, diminutos grupos de renegados se adentraron en el bosque para fundar pueblos nuevos, desde Maine hasta Nueva York, y lo que tenían en común era que querían respirar su propio aire y adorar a su propia versión del Dios protestante. Hoy en día miraríamos con recelo a cualquiera que estuviera dispuesto a morir de hambre por una cuestión delirante como la condena de los infantes no bautizados, pero cuando nuestra alma está en riesgo, esos detalles nos llevarán a la condena eterna si acaso olvidamos leer la letra pequeña.

Anne Hutchinson se enfrentó al legalismo con una certeza arrebatadora. Declaró también que "las leyes, las obligaciones, las reglas y los edictos" existían sólo para quienes estaban ciegos y no veían la luz. El camino a la salvación era claro para "quien tiene la gracia de Dios en su corazón". Esta mujer emerge del lado "bueno" de la lucha fanática, pero su exhortación a la gracia en realidad no ganó. No bastaba con una sola persona, sin importar qué tan misericordiosa fuera su vida, para convencer al mundo de que el pecado era perdonado por completo si simplemente se le conocía desde el interior. Lo que en realidad triunfó fue la convicción de Winthrop de que uno debe trabajar arduamente para obtener el favor de Dios —la famosa doctrina de la "santificación"—, lo cual para él era una verdad evidente en sí misma. Si uno no trabajaba duro, sin duda caería en la ruina, y eso difícilmente podría ser una señal del amor de Dios. Por lo tanto, incluso si uno no se sentía salvado ni particularmente favorecido por la Providencia, su trabajo arduo demostraría que estaba dispuesto a esforzarse por alcanzar la salvación. La fe encontró una salida visible. Gracias a la prevalencia de la ética de trabajo protestante (que además es sinónimo de "ética de trabajo puritana"), John D. Rockefeller Jr., el primer millonario por mérito propio del mundo, pudo aprovecharse de ella de manera triunfante. Cuando se le preguntó de dónde sacó sus riquezas, Rockefeller pasó por alto sus despiadadas tácticas de negocios, las cuales llevaron a la ruina a muchos de sus competidores, y dijo: "Dios me dio mi dinero".

Anne Hutchinson no puede considerarse victoriosa, pero sí representa una división que perturba la naturaleza humana. La fe sigue siendo invisible, sin importar cuántas buenas obras hagamos, incluyendo obras de caridad y de altruismo desinteresado. Esto implica que Dios no se ha retractado de la maldición impuesta a Adán y Eva. No obstante, la culpa ha pasado a ser una cuestión psicológica, más que religiosa. Aun así, en tiempos de crisis, la posibilidad de que haya un dios vengativo siempre asoma, y con demasiada frecuencia se desata la violencia con el pretexto de apaciguar a Dios. ¿Qué puede complacer a Dios más que atacar a sus enemigos, quienes están obligados a devolver el favor puesto que creen en su propia versión de Dios?

¿Dónde queda entonces la gracia? Quizá donde siempre estuvo, como un medio de comunicación privado entre Dios y el mundo interno de cada persona. Anne Hutchinson murió de forma violenta, y no es difícil imaginar a sus enemigos justificándose con que la hereje recibió el castigo divino que merecía. Sin embargo, el secreto de la gracia es que ellos jamás habrían sabido si estaban en lo correcto. La gracia, si se recibe de verdad, trae consigo una paz absoluta. El camino del trabajo duro, por otro lado, jamás pierde su cualidad ansiosa; en el momento en que se percibe que Dios exige algo, es posible que nunca se le pueda satisfacer. En el clima duro del puritanismo, Anne Hutchinson habló de forma rigurosa: "Uno puede predicar un contrato de gracia con mayor claridad que otro… Pero cuando se predica un contrato de trabajo a cambio de la salvación, eso no es verdad".

Muchas de las tradiciones de sabiduría del mundo estarían de acuerdo con ella. Y las que no lo estarían, heredan una existencia ansiosa que convierte la fe en Dios en una apuesta riesgosa.

9

BAAL SHEM TOV

"Vivir es servir a Dios"

Avraham Gershon, hijo de un gran rabino, no podía creer que Dios fuera tan torpe. Sus tiempos nunca eran precisos. No había otra forma para describirlo.

—Espera al hombre apropiado, a aquel que tiene algo que dar. No puedes casarte con ese *nebbish*. Te lo prohíbo —dijo, preso de la rabia.

Su hermana, Chanah, estaba consternada. Con las manos sobre el regazo, mantuvo la mirada en el suelo.

—Es maestro y la gente lo ama, según dicen —en realidad nunca había visto a Yisrael, aunque le habían dicho el nombre de su prometido.

—¿Amarlo? —dijo Avraham bruscamente—. Dime, ¿eso con qué se come? Lo que puedes tener por seguro es que jamás le daré un centavo.

Avraham miró por la ventana. Según el calendario cristiano, el año era 1716. La primavera estaba empezando en Polonia, y el zar no podía arrebatarles eso a los judíos.

Chanah tenía una voz tímida, pero era tenaz:

—¿Entonces debo obedecerte a ti antes de obedecer a mi padre? ¿Dónde está escrito?

—Nuestro padre está muerto —le espetó Avraham—. Conoce a este don nadie mientras viaja a predicar en los *shtetls*. Tontamente le promete la mano de su hija. Y luego, ¿qué hace nuestro padre? Se come una pata de pollo, se siente un poco mal, y luego muere en medio de la noche. ¡Es ridículo!

El viejo rabino se había ido a los pueblos de las afueras, los *shtetls*, porque había habido un brote de fiebre mesiánica. Un movimiento,

de hecho. Fue a intentar hacer entrar en razón a la gente, sobre
todo a los ignorantes analfabetas. Algunos empezaron a adorar a
un rabino de Ucrania que había muerto, y susurraban que estaba
haciendo milagros. Pero, en lugar de acabar con la fiebre, el padre
debe haberse infectado. Tenía que ser una especie de broma, o una
prueba. Después de volver a casa, lo único que pudo decir es que
había comprometido a Chanah con Yisrael ben Eliezer.

El futuro novio, quien era tan pobre como un cosechador de
nabos, llegaría esa tarde. Era un día ominosamente brillante. El
hombre llegaría a tiempo y con una sonrisa. ¿Por qué no? Su novia
era uno de los mejores partidos en el próspero pueblo de Brody.

Avraham echaba chispas por los ojos.

—Y no me hables sobre lo que está escrito. La mujer, y, sobre
todo, la mujer soltera, no tiene derecho a hablar de la ley al hombre.

Avraham le estaba dando la espalda a su hermana y, como ella
no respondió, sintió un destello de esperanza de que lo había escuchado. Pero cuando se dio la vuelta notó que ella ya no estaba.
Podría haberle ordenado que volviera. Hasta que estuviera casada
y se volviera responsabilidad de su marido, estaba bajo la autoridad de su hermano. Avraham suspiró. No era un monstruo, sólo
quería que su hermana fuera feliz.

Como muchas otras familias judías prominentes, tenían una
sirvienta *goyishe*, una cristiana, quien hacía los quehaceres en el
Sabbath, cuando los judíos tenían prohibido hacer cualquier trabajo. La muchacha encendía velas, rebanaba el pan y hasta abría y
cerraba las puertas. La chica, de nombre Marya, entró la habitación. Había un hombre en la cocina, un campesino que se rehusaba a irse, aunque la cocinera le había tirado basura a los pies.

Avraham estuvo a punto de ordenar que lo sacaran a patadas,
pero se detuvo. El hombre justo es debilitado por la ira. Si realizaba un acto de caridad, pensó, algo bueno saldría de ello. Después de
la muerte del viejo Rebbe Ephraim, su congregación había quedado a merced de los oportunistas. Los menos tenaces ya se estaban distanciando. La corte rabínica que Avraham había heredado
resolvía cada vez menos demandas. El sonido familiar de las esposas
que lloraban por sus desleales maridos y de los vecinos acusados

de robar huevos se había silenciado, y el silencio ponía nervioso a Avraham. Fue hacia la puerta trasera, buscando en sus bolsillos un *zloty* para dar como limosna.

El mendigo era un hombre joven, de menos de veinte años, que usaba prendas desgastadas, pero no apestaba. Avraham le extendió la moneda, con la esperanza de no estar siendo caritativo con un borracho.

El mendigo sonrió.

—¿Rabí Gershon?

—¿Cómo sabes mi nombre?

—¿No debería saberlo si vamos a ser familia?

Con su mayor sonrisa, el mendigo abrió los brazos, pero Avraham dio un traspié involuntario hacia atrás.

Para no ser desairado, el mendigo vio una abertura y se escabulló hacia la cocina, pasando junto a su futuro cuñado.

—El camino. Es duro para los pies —dijo con alegría. Puesto que no traía zapatos y había caminado hasta Brody con los pies envueltos en harapos, la afirmación tenía sentido.

—¿Qué es ese olor? ¿Budín de fideos? ¿Kugel? —preguntó.

—El camino. Es más duro para el estómago —intervino Avraham con frialdad—. Te estábamos esperando. Sólo que no precisamente así.

—Lo sé, lo sé —dijo el futuro novio en tono de disculpa, incapaz de ofenderse. Volteó hacia la cocinera, quien estaba jugueteando con su delantal grasoso, sin saber cómo reaccionar frente al intruso, quien se estaba dando palmadas en todo el cuerpo para entrar en calor.

—Te perdono por echarme desperdicios de repollo en los pies. ¿Cómo te llamas? Yo soy Yisrael ben Eliezer, y sería una bendición saber qué tan sabroso te queda el *kugel*.

Avraham le dio un jalón del brazo.

—No importa cómo se llame. Ya llegará la hora de comer. Ven.

Yisrael se frotó las suelas de los pies contra el pantalón para quitarse la capa de lodo que traía pegada a ellas. Luego siguió a Avraham a una agradable estancia calentada por la crepitante chimenea. El visitante parecía asombrado. ¿Con qué estaban recubiertas las paredes? Podría ser seda. En lugar de acercarse de inmediato a la chimenea, Yisrael ben Eliezer cerró los ojos, y su sonrisa asumió una forma distinta, inusual. ¿Estaba rezando? Avraham Gershon no podía creerlo. Este don nadie estaba agradeciéndole a Dios la existencia de una chimenea encendida.

—Antes de que preguntes, ella no va a bajar. No son el uno para el otro —dijo Avraham en tono firme.

—Qué lástima. Oí que tu padre murió, que haya paz en su memoria —el tono de Yisrael era empático, como si no hubiera escuchado la mala noticia de que no pondría sus manos en la dote de Chanah—. Ah, casi lo olvido —dijo y metió la mano al bolsillo de su abrigo de piel, el cual estaba parchado y manchado. Luego sacó una pequeña bolsa atada con un hilo—. ¿Qué opinas?

Avraham frunció el ceño.

—¿Qué son?

—Semillas. Para plantar. Por misericordia de Dios nada del trigo del pueblo se puso mohoso en invierno.

Con un gesto humilde, pero ceremonioso, Yisrael le entregó la bolsa a su anfitrión.

—Esto es una ciudad. Aquí compramos harina. No plantamos trigo —dijo Avraham lentamente, como si estuviera hablándole a un retrasado.

—¿No crees que es tiempo de que alguien lo haga? No tú, claro está, sino los pobres condenados. Los vi de camino a la ciudad. Son judíos que no tienen nada que comer y viven a la sombra de la sinagoga —dijo Ysrael, en un tono cada vez más sobrio.

La casa no era lo suficientemente grande como para que las voces de ambos hombres no llegaran al piso de arriba. Se escucharon pasos ligeros afuera del salón y, antes de que Avraham pudiera impedir que el intruso la mirara, Chanah apareció. Yisrael sonrió como si acabara de ver las puertas del paraíso abrirse.

—Soy Yisrael —logró tartamudear.

Chanah se quedó callada, con la mirada vacía. Su hermano se alegró un poco. El futuro novio sin duda no era un espectáculo prometedor, sobre todo cuando se dio vuelta y se quitó su abrigo de viaje. Traía un traje negro tan viejo y tan raído que parecía lo suficientemente brillante como para reflejarse en él.

—Yisrael cree que sería buena idea hacer cultivos alrededor de la sinagoga —señaló Avraham con gesto radiante.

—¿Qué? —murmuró Chanah.

El visitante se aclaró la garganta.

—No precisamente, querido hermano. Creo que mejoraría las vidas del montón de judíos que mueren de hambre, que se mudaran a campos donde pudieran producir comida. Sus niños están muriendo. Sería mejor para todos —Ysrael volteó a ver a Chanah con timidez—. ¿Qué opinas?

Avraham intervino antes de que su hermana pudiera contestar.

—Ella no tiene opinión al respecto. Ninguna en absoluto.

Su falta de tacto estuvo mal calculada. Chanah sintió compasión por el pretendiente raído y dio un paso al frente. Le dijo su nombre, e Yisrael sonrió. Esa noche cenaron sopa de esturión y *latkes*. Fue una reunión incómoda, como había previsto Avraham. Yisrael sorbió el caldo sin mostrar buenos modales y, entre bocados, hablaba con entusiasmo sobre el apuro de los judíos en el campo.

—El padre de ustedes emprendió una misión justa, según su propio juicio. ¿El Mesías, aquí en Polonia? Claro que en el *shtetl* uno escucha hablar todo el tiempo del rabino milagroso. Tiene bastantes seguidores.

—¿Cómo se llama? —preguntó Chanah, quien debía llenar los vacíos en lugar de su hermano, quien no compartía el vino y se quedaba mirando su copa antes de rellenarla.

—Sabbatai Zevi. Se le consideraba muy sagrado. Descaría haber estado vivo para conocerlo.

—¿De qué sirve ver a un charlatán, o incluso quizá hasta un loco? —murmuró Avraham.

Yisrael se inclinó hacia su sopa.

—Uno nunca sabe —dijo en voz baja.

—¿Acaso no sabríamos si el Mesías ha llegado? —preguntó Chanah.

Yisrael se encogió de hombros.

—Nada nos asegura que él mismo lo sepa. Dios oculta la verdad tanto como la revela.

Aunque estaba aturdido, una luz iluminó de pronto a Avraham.

—No le fomentaste esas locuras a nuestro padre, ¿cierto? Sí, fuiste tú. Debes haber sido tú —Avraham se levantó dando tumbos—. ¿Y ahora te atreves a venir aquí?

—¡Hermano! —gritó Chanah.

—No te metas. Me esfuerzo día y noche por convencer a la gente de que Ephraim de Brody no estaba loco. El que antes fuera un hombre grandioso de pronto se pone a balbucear sobre el Mesías. Si eligió este saco de huesos para que fuera tu esposo, debe haber perdido la razón por completo.

—Donde vivo casi todo mundo pasa hambre. ¿Eso es pecado? —preguntó Yisrael en voz baja.

—¿Cómo habría de saberlo? —dijo Avraham, perdiendo la paciencia—. Pregúntale a Dios por qué sufres. ¿Por qué no se lo preguntas a tu falso Mesías?

Después de arrojar la servilleta y tirar la copa con descuido, Avraham salió del salón de prisa y subió de golpe. En el silencio resultante, Chanah se veía pensativa.

—¿Qué le pasó a nuestro padre en realidad? ¿Puedes contármelo?

—No estoy seguro de tener permiso para hacerlo. Pero podría decírtelo después de que nos casemos —contestó Yisrael—. Marido y mujer son uno —a pesar del alboroto, no empujó su plato, sino que siguió comiendo. No quedaba duda de que no había tenido una comida así en mucho tiempo.

—Lo haces sonar como un secreto aterrador —dijo Chanah.

—Es secreto, pero no aterrador. Más bien es gozoso, diría yo —Yisrael miró a su alrededor, esperanzado, y Chanah tocó la campana. Más valía que trajeran el budín de fideos, aunque ella no fuera a probarlo. Tenía los nervios de punta, pero igual sentía como si el mundo acabara de dar un giro repentino sobre su propio eje.

Tenía frente a ella a un futuro esposo nada prometedor, que además no sabía comer con propiedad en la mesa. Pero Chanah había oído un secreto de boca de su padre que Avraham desconocía. A pesar de vivir en absoluta pobreza, Yisrael era amado por la gente del pueblo porque podía sanar en nombre de Dios. Un rabino como él era llamado Baal Shem por sus obras milagrosas. No era por sus modales en la mesa que el gran Ephraim de Brody había elegido al esposo de Chanah, sino que lo vio con los ojos del alma.

Cada palabra que decía el Baal Shem era de suma importancia, y Chanah hizo lo mejor posible para absorber la sabiduría de los comentarios ordinarios de Yisrael, no porque lo respetara —pues apenas si lo conocía—, sino porque estaba comprometida con cumplir los deseos de su padre. Éste debía ser su esposo, aun si su secreto, una vez que fuera revelado, resultara ser todo menos dichoso.

Avraham mantuvo su palabra. Después de sacar a Yisrael de su casa, desheredó a su hermana y se negó a darle un solo centavo. Chanah mantuvo su promesa a Dios y a su padre, y se casó con el Baal Shem bajo el follaje, sin conocer a nadie de los presentes y sin que hubiera alguien dispuesto a entregarla.

Había humillado a Avraham y a su familia, aunque al final él cedió un poco.

—Tu esposo anda por la ciudad vestido como campesino —dijo—. Si ésa es su vida, necesitará un caballo.

Así que empezaron su nueva vida con un caballo como única posesión terrenal. Los primeros años los pasaron en una pobreza agotadora. Yisrael se dedicó a labores manuales, cavando barro para hacer ladrillos. Chanah encontró una carreta a la cual sujetar el caballo, y con ella hacían entregas a familias aún más pobres que ni siquiera tenían caballo.

Y el secreto fue revelado, casi tan pronto como hubieron dormido separados por la sábana matrimonial e Yisrael hubo desflorado a su mujer sin verla.

—¿Recuerdas cuando hice enojar a tu hermano tanto por hablar de las noticias sobre un Mesías? —preguntó, y Chanah asintió—. Le dije: "Uno nunca sabe", y él salió de golpe del salón. Tenía una razón para contestar eso.

Chanah se sentía débil. Tenía frío en esa cama matrimonial, dentro de una choza desvencijada que dejaba entrar el viento. De pronto la abrumó la soledad. Sería excesivo si Yisrael creyera que el Mesías había venido. ¿No podría esperar a la mañana siguiente para contárselo?

Al ver su expresión de aflicción, Yisrael se quedó callado. Se quedaron ahí acostados, mientras él le acariciaba la mejilla; pero fue sólo una pausa breve.

—Ten calma. No formo parte del movimiento mesiánico, pero sí tengo creencias secretas.

Lo que reveló era desconocido para Chanah. Tenía que ver con el judaísmo místico, conocido como cábala, nada de lo cual la ponía ansiosa. Avraham era considerado una autoridad en la cábala, la cual estaba muy extendida en la región.

—Los judíos no pueden ser abandonados por Dios —declaró su hermano—. Nos ha dejado mensajes sobre nuestro destino. Y los mensajes están ocultos. Eso es todo.

Chanah estaba acostumbrada a despertar en medio de la noche y espiar a su hermano, agachado en la oscuridad con una vela titilante a un lado, revisando el Talmud en busca de números y códigos secretos. A ella no le correspondía pensar en tales cosas, pero ahora no tenía opción. Era útil que los brazos de su esposo fueran cálidos mientras la abrazaba con ellos.

—Dios tiene todas las razones para destruir el mundo —dijo Yisrael—. ¿Alguna vez te has preguntado por qué no lo hace? Hay suficiente pecado, incluso entre los judíos, para que Dios abandone a la raza humana. Este problema me inquietaba mucho cuando era menor. La respuesta no está expuesta, como heno que se seca al sol. Debe estar oculta a propósito y, si es así, ¿dónde se esconderá? En los corazones de quienes saben.

—¿Tú eres uno de ellos? —preguntó Chanah.

—Si alguien pregunta si soy uno de ellos, lo único que puedo contestar es lo que le dije a tu hermano: uno nunca sabe. Así de profundo está enterrado el secreto.

—Eso no tiene sentido. Cualquiera que esconda un secreto sabe que lo tiene —objetó Chanah.

—No este tipo de secreto.

El Baal Shem le rogó que fuera paciente y le expuso un plan cósmico. Mientras ahondaba en la cábala, el joven Yisrael descubrió el más místico de los números, que es el treinta y seis. ¿Por qué? Porque ha sido revelado que treinta y seis hombres justos han sido elegidos por Dios para impedir la destrucción del mundo. Ese número exacto, ni más ni menos.

—Los *Lamed Vav* —dijo Yisrael—. Debes recordarlo. Toda nuestra vida juntos depende de esto.

Parecía algo que hasta un niño recordaría, pues *lamed* era la trigésima letra del alfabeto hebreo y *vav* era la sexta. ¿Por qué un hombre adulto se obsesionaría con…?

Yisrael interrumpió sus pensamientos antes de que pudiera terminarlos.

—¿Cuándo tenemos por seguro que Dios habló? En la Torá, cuando comenzó el mundo. Nuestros padres escucharon la verdad de la boca de Dios. Por ejemplo, cuando Sodoma cayó en la depravación absoluta, Dios levantó la mano para borrarla y eliminar a todos los que vivían entre sus muros. Pero Abraham le rogó a Dios que salvara a la gente. Dios aceptó con una condición: que Abraham encontrara cincuenta hombres justos en Sodoma. Abraham recorrió la ciudad en vano, y, dado que no pudo encontrar cincuenta, le rogó a Dios que cambiara su exigencia. Dios exigió entonces que encontrara sólo diez hombres justos, pero incluso entonces no logró encontrar a diez. Abraham pidió que fuera sólo un hombre justo, y lo encontró. Su nombre era Lot.

—Pero igual Sodoma fue destruida —le recordó Chanah.

Yisrael estaba demasiado entusiasmado como para ser interrumpido.

—Lo que importa es que Dios encontró la forma de mantener viva a la raza humana. Hoy en día está haciendo lo mismo. ¿Ha disminuido el pecado? ¿Ha venido el Mesías a salvarnos? No, así que debemos salvarnos a nosotros mismos. Eso es lo que están haciendo los treinta y seis, los *Lamed Vav*. En secreto, ellos son los hombres justos que mantienen contenida la ira de Dios. ¿No es maravilloso?

Chanah agradeció al Señor que Yisrael no hubiera expresado estas ideas durante el tiempo en el que vivió bajo el techo de Avraham y la cortejó. Lo último que le faltaba eran dos cabalistas luchando entre sí por saber quién tenía el número mágico. Se fue a dormir exhausta, pero feliz. Si ése era el secreto de su esposo, no sería difícil de guardar ni nada de qué avergonzarse.

Pronto descubrió que el secreto no era nada privado. El Baal Shem, aunque apenas contaba con dieciocho años, tenía un grupo de seguidores fervientes. Se hacían llamar a sí mismos los "justos", y todos aceptaban la creencia de que los treinta y seis debían existir en secreto y sin que la gente los conociera, o de otro modo el mundo se terminaría. Quizá era una creencia extraña, pero era de lo único que hablaban. Por lo tanto, era lo único que Chanah escuchaba.

Un día de julio, Chanah se encontraba tallando ropa junto al río. Era un día abrasador, y ella estaba inclinada sobre una roca, exprimiendo la ropa gruesa para quitarle el jabón. No sobraba un solo centavo para contratar a una joven campesina que hiciera los quehaceres, como en casa de su padre. Para cualquier viandante, Chanah no era más que una joven campesina.

La mujer que estaba a su lado no paraba de balbucear acerca de los treinta y seis, hasta que Chanah intervino.

—¿De qué nos sirven? No somos más que un par de judías pobres exprimiendo la ropa contra las rocas. ¿Esto es la salvación?

Como era de esperarse, el Baal Shem se enteró de lo ocurrido. Chanah sabía que así sería, así que se preparó. Cualquier cosa que él le dijera, ella se la respondería. Yisrael llegó a casa esa tarde y se sentó a la mesa sin decir una palabra; así estuvo, incluso cuando ella sirvió la sopa de repollo y cortó el pan negro.

Y así comieron, sin decir una palabra, pero sin incomodidad. Chanah conocía bien a su esposo y sabía que no estaba enojado. Pero esperó su reacción.

A la mitad de la comida, Yisrael sonrió.

—Ya no sorbo, ¿te has dado cuenta? Ésa fue una de las tres promesas que hice cuando te casaste conmigo. Esta muchacha creció en una buena casa y no merece sorbidos.

Chanah sabía que iba a irse por la tangente para llegar al tema, así que participó del juego.

—¿Y cuáles fueron las otras dos promesas?

—Amar a mi querida esposa y mantenerla a salvo. Sólo que no puedo mantenerte a salvo —el Baal Shem señaló hacia la puerta abierta, la cual dejaba entrar la brisa puesto que la choza no tenía ventanas—. Allá afuera hay enemigos. El zar al este, los alemanes al oeste. Si anduviera tres días a caballo, ¿qué encontraría? Una tierra incinerada en la que los turcos mataron a todos. ¡Los turcos! Cruzaron el Mar Negro para encontrar judíos y aniquilarlos.

Chanah se mordió el labio, pues nunca lo había visto de un humor tan sombrío.

—Sé que Dios quiere mantenernos a salvo, y sé que soy demasiado débil para ayudar. Es por eso que Él me envió la visión de los treinta y seis, para que no perdiera el ánimo. Debo asegurarme de que lo sepa todo y que sus hijos estén bien cuidados.

—Pero pensé que tú eras uno de los treinta y seis —dijo Chanah—. Tus seguidores te veneran. Por eso lo asumí.

—Lo siento, pero no. Los *Lamed Vav* están ocultos entre nosotros. Nunca se revelan al mundo. Quizá es posible que ni siquiera sepan cuál es su misión sagrada. Lo único que saben es que Dios quiere que lleven la vida más santa posible. Vivir es servir a Dios. Esto ha sido revelado en sus corazones.

Aunque lo estaba escuchando, Chanah no pudo evitar sonreír para sus adentros. Su esposo trabajaba día y noche para lograr que la gente creyera en los treinta y seis, ¡y ni siquiera era uno de ellos! Sólo había emprendido una tarea tonta e ingrata. Le quedó muy claro. La única cualidad redentora era que quizá era la tarea que Dios le había encomendado.

Conforme Chanah se iba acoplando a su vida, Dios le jugó una nueva treta. Su hermano, conmovido por la pobreza de su hermana, acordó ponerle un negocio a Yisrael, pero el negocio que eligió fue la contabilidad de una taberna. Esto no le era permitido a los judíos e iba totalmente en contra de la vida justa que Yisrael predicaba a sus seguidores. Pero el Baal Shem despejó sus objeciones diciendo que el espíritu de la ley implicaba ser generoso con todo mundo, incluyendo los borrachos y los de moral débil.

Las malas lenguas se pusieron en marcha por otras razones.

—El rabí y su esposa siguen siendo como recién casados —decían los chismosos a espaldas de Chanah—. La mantiene despierta toda la noche, ¿se imaginan?

Era verdad, pero no en el sentido que insinuaban. El Baal Shem rezaba hasta altas horas de la noche. Una noche, Chanah salió descalza de la cama y fue a su lado, con una vela en la mano.

—¿Qué pides, noche tras noche?

—Nada.

—¿Cómo es posible? —preguntó ella.

—Quiero dejarme a mí mismo e ir adonde está Dios. Si rezo con suficiente amor, me deja ir a ese lugar, y entonces todo es perfecto —contestó con una sonrisa inocente—. Perdóname. Debo parecerte muy egoísta.

—No puede ser egoísta buscar a Dios —dijo ella. A veces, antes de irse, Chanah besaba a su esposo en la frente o le tocaba el pecho. Si llevaba mucho tiempo rezando, tenía la piel caliente. Era lo que él llamaba el "ardor", una señal corpórea de que estaba en un estado de éxtasis.

Llevaban una vida tan al día que Chanah seguía preguntándose cómo podía rezar sin pedir a Dios alguna pequeña bendición o alivio a su sufrimiento. Chanah albergaba sus propios pensamientos privados. Por ejemplo, pensaba que su esposo debía preguntar a Dios directamente si él era uno de los treinta y seis. ¿No era mejor saberlo de una vez por todas? Pero, si insinuaba alguna de estas dudas, Yisrael negaba con la cabeza y se negaba a discutir el tema.

Conforme fue envejeciendo, le fue concedido un regalo, igual que a todos los judíos de la región, que pasaba de manos de Polonia a Ucrania y viceversa, dependiendo de qué gobernante fuera lo suficientemente codicioso como para pelear por ella.

—El gobierno nos necesita ahora —les dijo el Baal Shem a sus seguidores—. Los turcos han sido expulsados, y la tierra que invadieron está devastada. Mataron a todos los que encontraron y los dejaron pudrirse en las calles —se contuvo y volteó a ver a Chanah—. Lo siento si preferirías no estar escuchando esto.

Sin importar lo que ella hubiera preferido, los hombres del grupo arrastraron los pies con incomodidad, por lo que Chanah se dio cuenta de que no era requerida. El Baal Shem le contó después que la región en cuestión, Podolia, despoblada por los invasores, necesitaba con urgencia campesinos que se trasladaran a ella. Las autoridades polacas estaban adoptando una postura tolerante e invitaban a los judíos a asentarse ahí.

—¿Ves cómo Dios nos cuida? —dijo Yisrael—. Tierra para los pobres judíos; pero, mejor aún, un lugar para nuevas ideas.

Esta nueva tierra se convirtió en tierra de cultivo para sus seguidores, quienes fueron conocidos como los jasídicos. El nombre significaba que eran piadosos, pero también amorosos y amables. ¿En verdad la naturaleza humana cambia con tanta facilidad que cada *jasid* de pronto era un santo? Los escépticos no estaban convencidos, pero los campesinos empezaron a intercambiar relatos acerca del Baal Shem. Iba a cada casa donde hubiera enfermedad y proporcionaba hierbas y un mensaje sagrado para guardarlo doblado dentro de un amuleto. Éstos eran nombres místicos de Dios que tenían el poder de sanar.

Avraham tomó nota cuando viajó para visitar a su hermana.

—Entonces tu esposo estaba actuando un papel con su brillante traje negro. Hay una criatura mágica detrás de su humildad. Un rabino milagroso, dicen. Debes estar orgullosa.

En ese momento, el Baal Shem entró a la habitación.

—El orgullo es el único pecado que es imperdonable. Esto lo aprendimos de los ángeles caídos, ¿no es verdad?

Avraham no quería iniciar una pelea. Había cabalgado alrededor de los campos, y la ignorancia de los judíos que venían de todas partes —Rusia, Polonia y Ucrania— lo tenía sorprendido.

—Lo único de lo que oigo hablar es de Mesías y milagros. Circulan las historias más absurdas. ¿Acaso estamos en el país de las hadas?

Sus palabras no eran producto meramente del prejuicio. De algún modo, al ser liberados de la opresión de las ciudades, estos judíos habían liberado también su imaginación fantástica. Cada árbol caído que bloqueaba el camino podía ser la travesura de un *golem* o *dybbuk*, espíritus profanos que caminaban sobre la tierra. Los huevos que no daban polluelos eran obra de *gremlins*, y cuando el invierno era oscuro y gélido, se avistaban fantasmas que danzaban entre los copos de nieve.

—¿Tú fomentas estas supersticiones? —le dijo Avraham al Baal Shem en tono de acusación.

—¿Qué debería hacer en lugar de eso? —contestó Yisrael.

—No finjas frente a mí. Tú sabes qué nos hace judíos. Una cosa y sólo una: la ley. Sin ella, habríamos desaparecido de la faz de la Tierra.

—Entonces, déjame preguntarte algo —dijo el Baal Shem en tono apacible—. ¿Alguna vez alguien ha amado la ley?

Avraham se quedó paralizado. Las palabras *amor* y *ley* no iban de la mano. No era la intención de Dios que así fuera, lo cual demostraba qué tan cercano a la locura estaba el Baal Shem. Al partir, Avraham le dijo a Chanah que la compadecía, pero que ya no podía seguir protegiéndola.

—Escucha lo que te digo. Los judíos piadosos deben irse de este lugar. Aquí el Talmud está muerto —afirmó.

Avraham tenía razón en su mundo, donde la ley, como había sido interpretada por generaciones de estudiosos, hacía del Talmud un vínculo de vida con Dios. En sus libros estaba preservado cada pensamiento sabio y sagrado que era justo. Pero había otro tipo de vínculo de vida, el cual no tenía nada que ver con la ley. La gente es capaz de creer en leyendas que les levantan el espíritu, y algo preciado se mantiene entonces con vida.

"Uno nunca sabe" se fue convirtiendo en una filosofía útil a medida que el Baal Shem fue envolviéndose en un mito. Cuando se iba de una granja o un *shtetl*, dejaba tras de sí volutas de leyenda. Un zorro se escabulló al gallinero, pero en lugar de morder a una gallina en el cuello, vio una mezuzá clavada a la puerta. De repente, el zorro empezó a rezar y se fue sin robar siquiera una sola gallina.

—¿Ves? El Baal Shem me dijo que clavara una mezuzá en la puerta, y yo no tenía ni idea de por qué. Ahora lo sé —dijo el granjero haciendo un gesto de reconocimiento. ¿Sería cierto? Uno nunca sabe.

Conforme se extendió su popularidad, el Baal Shem se trasladó de un lugar a otro, haciendo buenas acciones y reuniendo discípulos. Pero en casa nada parecía cambiar, y dado que las mujeres no asistían a las casas de oración, Chanah tenía poca idea de la reputación de su esposo. Le sorprendía levantarse a veces por las mañanas y encontrar ofrendas en su puerta; un ramo de rosas salvajes, una hogaza de jalá festivo…

—¿No sería pecado que empezaran a alabarte? —dijo Chanah con preocupación.

—Corta el pan y pon las flores en un florero —contestó él—. Al menos tendremos algo agradable mientras oro a Dios en busca de una respuesta.

No obstante, no fueron estas ofrendas las que inquietaron a Chanah, tanto como el asombro que mostraba toda la gente que rodeaba al Baal Shem. No era cuestión de ofender a Dios, pues los judíos jasídicos hacían honor a su nombre como hombres piadosos, y ni siquiera sus peores enemigos podían señalarles fallas, pues el Baal Shem exigía que se cumplieran de la forma más estricta las oraciones y los rituales.

Incapaz de deshacerse de su molesta curiosidad, Chanah intentó averiguar a cuál de los hombres podía cuestionar sin que la descubrieran. Un día, después del Sabbath, el Baal Shem emergió de la casa de oración seguido por sus discípulos. Era su costumbre dar un paseo agradable por el campo para romper el Sabbath, y Chanah lo esperaba con su mejor chal sobre los hombros. Sin embargo, ese día él no la saludó. Pidió una carreta que fuera lo suficientemente grande como para transportar a todos sus seguidores inmediatos, asintió sin decirle nada y se fue con los demás hombres, dejándola atrás.

Regresaron tarde la noche siguiente. Chanah estaba despierta esperándolo para oír la historia, pero el Baal Shem la besó en la frente y le dijo:

—Sé lo que está en tu corazón. Por esta única vez, busca al más joven de mis seguidores, quien es apenas un niño, y dile que no tiene nada de malo satisfacer tu curiosidad.

A la mañana siguiente, Chanah corrió a buscar a un niño de nombre David, quien acababa de celebrar su bar mitzvah la semana anterior. Puesto que ya se consideraba un hombre, estaba reacio a contar cosas sobre su maestro, pero después de una intensa labor de convencimiento, relató la historia.

Los hombres se habían reunido como solían hacerlo para festejar el comienzo del Sabbath juntos. Por respeto al Baal Shem, la atmósfera era silenciosa y contenida.

—Estoy segura de que sabes —dijo David— que él lee los mecanismos secretos del mundo. Sabe por qué pasan las cosas y cuál es la voluntad de Dios. Así que hasta el más mínimo gesto del Baal Shem contiene misterio dentro del misterio.

Chanah, quien sin duda no sabía nada de esto, ocultó su sorpresa y pidió al muchacho que le contara más.

Cuando el Baal Shem estaba a punto de decir una oración por el vino, de pronto empezó a reír sin parar. No eran risitas, sino grandes carcajadas que sobresaltaron a todos sus discípulos. Éstos esperaron una explicación, pero el maestro terminó su oración, para después carcajearse por segunda vez, y luego, cuando se atenuó ese ataque, una tercera. Todos se quedaron sentados boquiabiertos, pero no recibieron explicación alguna, y el resto del Sabbath continuó como si nada inusual hubiera ocurrido.

Sin embargo, al poner un pie fuera de la casa de oración al día siguiente, cerca del fin del Sabbath, el Baal Shem dijo:

—Vengan.

Llamó una carreta y todos se apilaron en ella; sin embargo en vez de ser un paseo agradable, el viaje duró toda la noche, y durante el trayecto el Baal Shem no dijo una palabra. A la mañana siguiente, llegaron a un pueblo de aspecto ordinario.

Tan pronto el maestro puso un pie fuera de la carreta, todos los judíos supieron que algo importante estaba ocurriendo. Los ancianos se reunieron de prisa y preguntaron a qué debían esa visita sorpresa.

El Baal Shem los miró y dijo:

—Sé que son buenos judíos, pero a quien necesito ver es a Shabti.

—¿A Shabti el encuadernador? —preguntó el anciano mayor—. Es un alma sencilla sin aprendizaje alguno. Transita entre el cielo y la tierra sin que nadie lo note.

Un tanto ofendidos, los ancianos mandaron llamar a Shabti, quien llegó con sombrero en mano.

—Sé que pequé en el Sabbath —confesó—. No sé cómo te enteraste, pero dime cuál es mi penitencia y yo obedeceré tu buen juicio.

El Baal Shem hizo un gesto con la mano.

—Antes de llegar a eso, diles a todos qué ocurrió.

Sonrojado, Shabti empezó a tartamudear.

—A Dios gracias, me he ganado el pan toda la vida y nunca he necesitado pedirle nada a nadie. Mi único objetivo es tener dinero el quinto día de la semana para que mi esposa salga y compre lo que necesita para el Sabbath: harina, pescado, velas. Pero, como verán, cargo el peso de la vejez y la semana pasada no tuve nada que darle, ni un centavo siquiera para mantener una luz en la mesa. Suspiré y supuse que Dios querría que ayunara este Sabbath. Así sería entonces. Le dije a mi esposa que debía esperarme en casa mientras yo iba a orar. Tenemos buenos vecinos de buen corazón. No veían luces en nuestra casa, así que corrieron a ofrecernos velas y pan y demás. Pero yo no acepto limosnas. Le ordené a mi esposa que no aceptara caridades, y, cuando me lo prometió, me fui a orar con el corazón acongojado.

Shabti era tan devoto que empezaba sus oraciones en la décima hora del día antes del Sabbath y volvía a casa después del anochecer el día siguiente. Mientras caminaba de vuelta a casa en la oscuridad, vio una luz en la ventana y, cuando entró, se le llenó el olfato del olor a pan fresco y esturión horneado.

Su esposa lo esperaba con un resplandor en el rostro y, siendo Sabbath, no se atrevía a enojarse con ella. Había mostrado cierta debilidad femenina y aceptado limosnas. Se sentó a rezar por el vino cuando ella tomó la palabra.

—Es la festividad más espléndida que hayamos tenido en años. El vendedor de vino se sorprendió cuando le pedí su mejor botella —exclamó la mujer.

Shabti no pudo contenerse y estuvo a punto de reprenderla, cuando ella levantó las manos al aire. No lo había desobedecido en lo absoluto. Por el contrario, cuando se quedó sola en casa con sólo media vela, decidió limpiar todo de pies a cabeza, pues parecía algo sensato antes del ayuno. Se encontró con un baúl lleno de prendas amarillentas, remanentes de los años de inocencia cuando estaban recién casados.

—¿Quién lo hubiera creído? Levanté una blusa andrajosa, suponiendo que aún podría percibir un rastro de perfume en ella —dijo—. Y se cayó un botón de oro, el cual recordé haber perdido hace mucho tiempo. Corrí con el orfebre, quien dijo que era un trabajo muy fino, del tipo que ya nadie hace en estos tiempos. Me dio tantas monedas por él. ¿Qué opinas? ¿Es un milagro?

Shabti estaba anonadado y encantado. Empezó a rezar por el vino, pero estaba tan feliz que se soltó a reír y le dio vueltas a su esposa por la habitación como si bailaran.

—Supe que estaría mal a los ojos de Dios, pero me superó la alegría y lo hice un par de veces más —confesó Shabti—. ¿Qué tan malo es mi pecado, maestro?

—Dios se ofende cuando no sentimos alegría —declaró el Baal Shem—. Cuando te carcajeaste, él se regocijó.

El joven David le lanzó una mirada seria a Chanah.

—¿Lo ves? El maestro vio todo esto desarrollarse en los mecanismos secretos del mundo. Estaba tan contento por la alegría de Shabti que se soltó a reír tres veces, cada vez que el encuadernador lo hacía.

Los ojos se le llenaron de lágrimas a Chanah, y era difícil contenerse de abrazar a David, pero no quería que se diera cuenta de que jamás había oído esas cosas sobre su esposo. Claro que él sabía que David se lo contaría. Cuando Chanah volvió a casa, el Baal Shem le sonrió con la misma inocencia de siempre, acompañada del habitual encogimiento de hombros. Uno nunca sabe.

Su fama no hizo más que aumentar, hasta que un día murió, cuando tenía apenas sesenta y dos años. Chanah lo había precedido, pero de no haberlo hecho, habría sido homenajeada el resto de sus días. A los ojos del Baal Shem, estaba rodeado de buenos judíos, cada uno de los cuales era un receptor de su bendición mística, un rayo de luz enviado por Dios a través del alma del Baal Shem.

Nunca pidió ser venerado.

—¿Qué he hecho? El sol no se detuvo exactamente en el cielo. Y Dios ha enviado a un Mesías para que se ría de mí.

Justo antes de su muerte, una figura extraña había surgido en la región, un rabino milagroso de nombre Jacob Frank, quien formó a un culto a su alrededor y declaró que era el Mesías. Frank viajó con un séquito ordinario al que hacía pasar por sus doce discípulos.

Así que los jasídicos se vieron atrapados entre los talmudistas de un lado y los simpatizantes de Frank del otro. Para unos enemigos eran demasiado místicos, mientras que para otros no lo eran lo suficiente. El brillante y nuevo Mesías se volvió un espectáculo en todos los pueblos que alguna vez se maravillaron con el Baal Shem. Llegó un punto en el que Frank, según se decía, quería que sus seguidores fueran bautizados.

Un *jasid* conmocionado corrió a la casa del anciano Baal Shem para contarle esta aberración. El maestro lo tomó con filosofía.

—En qué creerán los judíos y en qué no creerán —murmuró—. ¿Ha habido jamás alguna otra pregunta?

Revelando la visión

Para el mundo cristiano, la llegada del Mesías cambió el curso de la historia, el cual derivará inexorablemente en un punto final: el día del juicio final. Ahora bien, la resurrección también influyó en el pasado, pues justifica siglos de espera. Jesús demostró que la espera no fue en vano. El judaísmo sigue esperando, pero la historia no, así que hay una tensión creciente entre la vida moderna y la representación arcaica de Yahvé en la Biblia. Dios necesita mantenerse actualizado; de otro modo, la religión corre el peligro de colapsar desde el interior. El judaísmo enfrentó este problema a través de una larga tradición de comentarios doctos registrados en el Talmud. Si las escrituras no hacían comentarios directos sobre cómo dirigir un negocio en Berlín o comprar verduras en el mercado en Varsovia, los rabinos doctos llenaban el vacío con una interpretación. Por lo tanto, la ley nunca dejó de ser funcional.

Pero ¿dónde queda el amor?

Actualizar las reglas no equivale a salvarse, ni siquiera a saber que Dios sigue prestando atención. En ese contexto, la reafirmación proviene de los místicos, los cuales forman una extensa tradición en el judaísmo. Los místicos revelan el amor de Dios aquí y ahora, y el amor está por encima de la ley. Pero ¿puede prevalecer? Esta pregunta resultó crítica para visionarios judíos como el Baal Shem Tov. Surgió en una época de fermento, cuando la turbulencia social casi siempre implicaba problemas para los judíos, quienes por lo regular serían acusados y perseguidos. Durante siglos, desde que los romanos destruyeron el templo de Jerusalén, la supervivencia significó un apego estricto a la ley, e incluso la cábala, la interpretación mística del judaísmo, estaba al alcance de comentadores doctos, no de un rabino rural que vivía como campesino entre campesinos.

Al principio, la visión de Yisrael ven Eliezer parece críptica. Incluso su título lo es. *Baal* significa "maestro", y *shem tov* significa "buen nombre". Otros maestros rabínicos habían recibido el título honorario de Baal Shem, pero Tov se agregó específicamente para referirse al fundador del jasidismo. Su nombre puede leerse de dos formas: como "maestro con buen nombre" o como "maestro que practica maravillas con el nombre de Dios". El Baal Shem Tov fue el más renombrado de los rabinos milagrosos, pues predicaba su visión de los *Lamed Vav*, los treinta y seis hombres piadosos que impedían que Dios destruyera el mundo pecaminoso, época tras época. Por asociación, se convirtió en uno de ellos, pero ésa no era su intención. De hecho, puesto que el orgullo era el único pecado imperdonable y la humildad era la marca más pura de rectitud, el Baal Shem Tov sostenía que cualquiera que declarara públicamente ser uno de los *Lamed Vav* debía ser un fraude.

Los dos falsos Mesías mencionados en la historia sí existieron en esa época, lo cual nos da cierta idea de cuán tumultuoso debió ser el judaísmo oriental. El Baal Shem Tov se declaró con firmeza

en contra de tales afirmaciones, aunque irónicamente casi todo
lo que se sabe sobre él consiste de maravillas, milagros y acciones
santas que se consideran legendarias. A lo largo y ancho de los
shtetls campesinos analfabetas, su nombre se asocia con sanaciones,
con ser salvado de los desastres y encontrar la buena suerte en medio del infortunio. Como siempre, aparece el tema de la fe simple
como la mayor de las virtudes. Pero las leyendas surgieron de una
verdad innegable: el mito nutre el alma anhelante. Los *tzadikim*, las
sectas piadosas ocultas, prosperaron en el judaísmo polaco, y el Baal
Shem Tov es ejemplo de su bondad y su pureza.

Sin embargo, más allá de su época, su visión era panteísta, pues
encontraba a Dios en todo. También puede aceptarse que incluye
a toda fe, puesto que los treinta y seis no tenían que ser necesariamente judíos. La Creación relucía con la misma presencia divina —la luz de *shekinah*, como se conoce en hebreo— y hasta los
pecadores estaban incluidos. En el transcurso de la historia, el movimiento jasídico siguió siendo ultraortodoxo. Luego viró hacia sus
adentros, y la universalidad del Baal Shem Tov fue opacada, si no
es que se perdió por completo.

Aun así, sigue siendo un ícono espiritual, una especie de parábola con la que cualquiera puede identificarse. Es la parábola del
errante, el hijo perdido incapaz de encontrar el lugar al que pertenece. Ésta fue una cuestión dolorosa para los judíos que se dispersaron durante la diáspora. Ser los elegidos y sufrir más que quienes
no lo eran requería una enorme cantidad de fe. Y había una presión aún mayor de sujetarse a la ley, cuyas reglas y rituales mantenían unida la identidad judía. En ese sentido, el Baal Shem Tov no
fue un rebelde, sino parte de la continua e inquietante interrogan-
te sobre qué significa ser judío.

Para él, significaba alegría. El jasidismo se trata del fin de la
ansiedad, y en varios dichos del Baal Shem Tov (es difícil separar
los verdaderos de los ficticios) se repite lo malo que es que los
judíos se sientan desalentados y abatidos. Su propia iluminación lo
hizo ver la posibilidad de la perfección en cualquier persona: "Tu
compañero es tu espejo. Si tienes la cara limpia, la imagen que
percibirás también será impecable".

La razón por la cual hacía énfasis en la oración y en el cumplimiento total no era para sujetarse a la ley, sino para abrir un camino hacia la pureza. El mundo como se refleja en los ojos de un alma pura es perfecto, y la sensación que despierta es dicha, una señal segura de la conexión con Dios. Las implicaciones de impureza eran igual de evidentes: "Pero si al ver a tu compañero encuentras manchas, es tu propia imperfección la que estás encontrando; se te está mostrando aquello que debes corregir dentro de ti".

Al Baal Shem Tov lo horrorizaban los maestros cínicos que presentaban milagros falsos, y lo horrorizaba aún más el surgimiento de un Mesías autoproclamado, Jacob Frank, quien a la larga llegó tan lejos que hasta quería que sus seguidores fueran bautizados, como cristianos. Es fácil olvidar que, cuando se escribió el Nuevo Testamento, uno de sus objetivos era demostrar que Jesús de Nazaret era un buen rabí, que cumplía la ley, en lugar de romperla. El Baal Shem Tov también pareciera cruzar esas fronteras, como cuando cita del Levítico: "No te vengues, ni guardes rencor contra los hijos de tu pueblo. Ama a tu prójimo como a ti mismo" (19:18).

En un sentido amplio, todos somos viajeros errantes que intentamos encontrar nuestro lugar adecuado en el mundo; la dimensión espiritual viene cuando preguntas si tu lugar es servir a Dios, lo cual implica que "lugar" no está determinado por tu casa en la tierra. En el *shtetl*, la enseñanza popular se realizaba a través de analogías familiares. Además de su mensaje puramente místico, el Baal Shem Tov pertenece a la larga tradición de hacer humano a Dios: "Cuando el padre castiga al hijo, el sufrimiento que inflige sobre él mismo es mayor que cualquier cosa experimentada por el niño. Lo mismo pasa con Dios: su dolor es más grande que el nuestro".

Esto no era una forma de hacer inevitable el sufrimiento. Es fácil entender que ya existía una variante de teología judía que hacía inevitable el sufrimiento. ¿Cómo podía no hacerlo si eran personas que habían sido marginadas durante diecisiete siglos cuando Yisrael ben Eliezer nació? En vez de eso, el Baal Shem Tov alzó las vidas más simples, prefigurando el ideal de León Tolstoi de que el campesino está más cerca de Cristo. Los más pobres son los sirvientes de Dios, y el Baal Shem Tov creía que vivir era servir a Dios. Por lo tanto, los pobres les muestran a todos los demás una verdad profunda: "La simplicidad absoluta del judío simple toca de paso la esencia completamente simple de Dios... Cuando uno sostiene parte de la esencia, la sostiene toda".

Para casi cualquier persona en estos tiempos, este mensaje resulta incómodo. Ya no vemos a los pobres como los amados hijos de Dios; una capa de vergüenza y compasión nos cubre los ojos cuando miramos la pobreza interminable. El Baal Shem Tov enseñó en una época distinta, aún muy cercana a la medieval, cuando la pobreza era un hecho inescapable. Después de pasar una tarde cosechando trigo con los campesinos, Tolstoi se retiraría a tomar el té en su casona sobre cojines de terciopelo. El Baal Shem Tov pasó algunos de sus primeros años bajo condiciones muy cercanas al trabajo de un esclavo, e incluso cuando fue famoso jamás alcanzó las comodidades mundanas.

El panteísmo puso el predicamento judío de cabeza. En lugar de vivir en ningún lado, buscando en vano una casa, los judíos podían mirar a su alrededor y ver el cosmos entero como su verdadero hogar. Según el jasidismo, la naturaleza entrega mensajes de Dios constantemente. No hay evento que escape a su mirada, y nada debe ser considerado accidental. "Todo existe por la Divina Providencia. Si la brisa voltea una hoja de un árbol, lo hace sólo porque así se lo ha ordenado específicamente Dios."

Naturalmente, esto hace eco de una visión puritana como la de Anne Hutchinson. El Baal Shem Tov fundó un movimiento para purificar la fe y, dado que necesitaba desesperadamente la confirmación de Dios, era inconcebible que éste fuera una deidad ausente. Dios debía estar mirando en todo momento, enviando señales de aprobación o desaprobación a través de situaciones cotidianas. A Anne Hutchinson le entusiasmaba encontrar sermones en las piedras, pero también al Baal Shem Tov.

Aun hoy en día, que las comunidades jasídicas son enclaves cerrados prácticamente invisibles para la población general, hay un lazo teológico entre ellas y los cristianos fundamentalistas: el lazo de leer los telegramas privados de Dios enviados directamente a los puros de corazón. La evolución de Dios en esta etapa es más un recordatorio de que Él sigue prestando atención. Cada persona debe decidir cómo vivir bajo la mirada de la eternidad. La historia antigua y moderna están vinculadas por ese deber.

10

RABINDRANATH TAGORE

"Soy el misterio interminable"

Hubo un alboroto y gritos cuando llegó el tablero de güija. Las niñas más jóvenes de la familia soltaron un chillido de emoción, mientras que una sirvienta cortaba el cordel y rompía el papel café del envoltorio. No parecía extraño que un paquete como éste hubiera llegado desde Londres hasta Calcuta. Todo llegaba por el correo, excepto los suministros diarios de la cocinera, quien corría cada mañana al mercado en cuanto salía el sol para conseguirlos.

—¿Para cuántos cocinas? —le preguntó el verdulero mientras empacaba los frijoles espárrago y los chimbombos en un saco.

—No seas chismoso —le dijo la cocinera en tono áspero.

Nadie sabía qué pasaba detrás de esas paredes. Antes de llegar a la edad escolar (o antes de encontrar marido, si eran niñas), los infantes Tagore nunca salían del complejo.

—¡Corran! ¡Corran! —gritaban los niños mientras trotaban por los pasillos para reunir a los catorce infantes. El más joven, Rabi, no corría. Se quedaba en su lugar casi todos los días, mirando por la ventana abarrotada la ciudad en la que no tenía permitido poner pie.

Cuando Jyotir, uno de los hermanos mayores, apareció en la puerta, Rabi volteó la vista. (El nombre completo de Jyotir era Jyotirindranath, así como el de Rabi era Rabindranath, pero todos se llamaban por sus diminutivos.)

—¿Qué es esa cosa que llegó? —preguntó Rabi. Le gustaba el alboroto, como a cualquier niño normal. Pero una cautela natural le impedía unirse a él.

Jyotir estaba fuera de sí.

—¡Una línea telefónica para hablar con los muertos! ¿Puedes creerlo?

Con ese tipo de introducción, era imposible resistirse al nuevo objeto, aunque al verlo resultaba decepcionante, pues no era más que un tablero barnizado como del tamaño de una charola de servicio en la que estaban pintadas grandes letras y números. No importaba. Rabi sabía bien con cuál de los muertos quería hablar. Las horas pasaron lentamente. Era un día afortunado, pues su padre, Debendranath Tagore, quien era rico, iría de visita a casa esa tarde antes de partir de nuevo en uno de sus interminables viajes.

Si tan sólo supiera más sobre el lugar que dejaba atrás cuando salía por la puerta. Es una desgracia cuando un niño es víctima de la crueldad, y se duplica cuando la crueldad está enmascarada como mentira. Siempre la misma mentira: "Es por tu propio bien".

A espaldas del padre, todos se sentían libres de darle a Rabi un coscorrón casual. Cuando le sostenían la cabeza bajo el agua en la pila de estaño, los sirvientes de la casa se aseguraban de sacarlo justo antes de que se desmayara. Escupía y jadeaba, mientras se preguntaba por qué sonreían los demás.

—Un día nos lo agradecerás. Te estamos haciendo fuerte —le decían. Todos se enorgullecían de cuán moralistas eran, además de ser estrictos con su religión.

El muchacho tenía buenos instintos y sabía que era mentira, aunque saberlo no le servía de mucho. Los Tagore vivían en una casa gigantesca, aislada del exterior por un muro alto, y aunque era un laberinto intrincado, no había posibilidad de escapar de él. Cada una de las alas tenía sirvientas resentidas, una institutriz autoritaria si acababa de nacer un bebé, barrenderos explotados y jardineros exteriores; los victimarios no se acababan. Puesto que el muchacho era tierno y gentil, los golpes que recibía eran tan desconcertantes como dolorosos. Pero como su mamá lo había mimado, tomó la decisión de demostrarles que no era un llorón.

El único sirviente amable detrás del cual podía ocultarse era Kailash, el viejo mozo que parecía tan polvoriento y gastado como Calcuta misma. Kailash era un bromista, y siempre andaba cerca de las puertas para molestar a quien entrara o saliera.

"Qué bonita hermana tienes", decía cuando llegaba una muchacha con su anciana abuela, o "Te han bendecido a la perfección los dioses", cuando un vanidoso caballero de mediana edad aparecía sin las canas que había tenido la semana anterior.

Mientras recogía a mano las hojas secas de un segmento de césped perfecto (que mantenía inmaculado para demostrar a los colonizadores que un indio podía exceder a los británicos en su especialidad) Kailash agradecía a Dios no ser un mendigo en las calles. Jamás olvidaba poner la ofrenda diaria de caléndulas a los pies de la estatua de Krishna que se erigía con sonrisa seductora en la parte trasera del jardín.

—Él me protege. Nos protege a todos —le explicó Kailash cuando tenía cuatro años y todo le daba curiosidad.

—¿Cómo? —preguntó el niño.

—Al mantener lejos a los *rakshasas*, los demonios.

Dos de los peores *rakshasas*, la hambruna y la enfermedad, merodeaban justo detrás del muro alto, y la vieja parte de la ciudad donde estaba la mansión se había degradado hasta convertirse en un lugar de hurto y prostitución. Rabi no sabía por qué Krishna no los protegía a ellos también, pero cuando oía gritos y maldiciones afuera de su ventana en las noches, era muy sensato convertir el recinto en una prisión privilegiada. Se aferró a Kailash por necesidad. Sus hermanos y hermanas mayores estaban casados o en la escuela, sobreviviendo por sí solos. Su padre tenía muchas fincas de las cuales ocuparse en toda India, y sus viajes, que duraban meses, dejaban un vacío.

—Vivimos en una *siervocracia*, hermano —dijo Jyiotir cuando encontró a Rabi agachado un día bajo la palmera, sobándose un moretón fresco. Rabi no entendía esa nueva palabra, o por qué Jyiotir se había reído al decirla, pues acababa de inventarla. Pero sabía suficientemente bien que quienes estaban hasta abajo podían odiar por completo a los de arriba.

Lo mejor de ocultarse detrás de Kailash era que el viejo hilaba historias adictivas. Cuando estaba de humor, tejía romances complicados que involucraban a Rama, a Sita y a Krishna, mezclando de pronto uno que otro héroe occidental que iba de pasada —un

Galahad por aquí, un Lochinvar por allá—. Estos últimos llamaban la atención de Kailash cuando se entretenía bajo las ventanas mientras leían novelas a los niños reunidos. Aprender era una actividad constante en la mansión Tagore, que aumentaba siempre que el padre iba a casa, pues él era un erudito en historia, astronomía, música y pintura, por decir lo menos. Sus conversaciones eran un desparramamiento de hechos. ¿Acaso sabía Rabi que en el año en el que nació, 1861, Lincoln fue a la guerra para liberar a los esclavos? Fue el mismo año en el que el zar liberó a los siervos en Rusia.

Rabi se sentía mareado. Jamás había visto a un esclavo o siervo. ¿Eran como los intocables? Aunque después de pasar horas estudiando, lo que más se le antojaba eran los romances de Kailash, pues el viejo sirviente era cauto al mencionar los nombres de los príncipes nobles, los pretendientes y los guerreros, "buen señor Rabindranath". Un relato se le grabó en la mente, sobre dos amantes épicos, el príncipe Rama y su amada esposa, Sita.

—Eran ricos y hermosos. La vida era demasiado buena —dijo Kailash solemnemente—. Así que Rama fue expulsado al bosque durante catorce años.

Rabi, a quien no le interesaban los detalles, lo interrumpió:

—Ve a la parte sobre el ciervo dorado.

—Había un ciervo hecho de oro, o sea que podías morirte de hambre antes de poder comértelo.

Rabi dio un zapatazo.

—Ésa no es la historia. Olvidaste al demonio.

Kailash, cuya memoria se estaba volviendo un tanto débil, de pronto recordó:

—Ravana, el rey de los demonios, posó su mirada en Sita y se enamoró al instante. La deseaba con tanta desesperación que diseñó un engaño. Le ordenó a uno de sus sirvientes mágicos que creara un ciervo de oro para atraer a Rama y que corriera tras él con su arco y sus flechas. El engaño funcionó. Los demonios son odiosos, pero inteligentes. El hermano de Rama era Lakshmana, y él era mejor hermano que cualquiera de los tuyos. Se había reunido con la pareja en el bosque, y luego dibujó un círculo en el suelo alrededor de Sita. "No te salgas del círculo —le ordenó—. Mi deber es protegerte, y mientras Rama y yo perseguimos al ciervo dorado, tú estarás a salvo aquí."

—Pero ella no lo va a hacer —dijo Rabi, a quien le encantaba predecir partes de un relato que se sabía de memoria.

Kailash suspiró.

—Es muy cierto. Cuando los hermanos se fueron, Ravana se disfrazó de pordiosero, lisiado y encorvado y llorón. "Ay, ay, amable señora, ¿no me daría unas migajas que comer?" Sita se compadeció de él y se salió del círculo. Y ¡zaz! El rey de los demonios volvió a su forma natural. La agarró y se fueron volando en su carroza voladora mágica.

Rabi asintió sabiamente.

—Pronto el hombre aprenderá a volar.

Kailash negó con la cabeza.

—No lo creas. Es igual que pedirle a Ravana que regrese.

A pesar de la emoción del secuestro de Sita, ambos sabían que sólo era cuestión de tiempo antes de que Rama persiguiera a Ravana para cortarle las diez cabezas y los veinte brazos. Pero un día Rabi se negó a oír el relato de nuevo. Un sirviente chismoso lo había escuchado y, a la mañana siguiente, acompañado de otros dos sirvientes, sacaron a Rabi de la cama, dibujaron un círculo de tiza en el suelo y lo pusieron en medio.

Fue justo después del amanecer, y la naturaleza llamaba, pero cuando el niño se levantó para usar el orinal de la habitación, los sirvientes lo golpearon con palos.

—Sé buenita, Sita —lo molestaban. Era otra provocación que se guardaría para sí mismo.

Antes de que acabara el mes, el viejo Kailash murió repentinamente de fiebre. Con apenas siete años, Rabi sentía más curiosidad que tristeza. ¿Qué significaba morir? ¿Dónde estaba Kailash ahora si no cerca de las puertas para burlarse a expensas de la gente rica?

Esa misma tarde trajo la llegada de lámparas de carruaje y sirvientes, requeridos por la madre de Rabi, que se apresuraron a descargar el equipaje del amo con antorchas en las manos. Debendranath abrazó a su esposa y observó a su progenie con satisfacción alegre. El orgullo que le daba tener tantos hijos e hijas era como una burbuja iridiscente que ninguno de ellos quería reventar al contarle sobre la *siervocracia*. El padre se dirigió hacia la recepción, dejando a su paso instrucciones y promesas.

—He planeado un viaje a una estación montañosa cerca de Nepal. ¿Quién quiere ir? Y compraremos un piano para que escuchen música los occidentales que vengan a casa. Oh, tengo unos caramelos en mi valija. Díganle a la cocinera que no son para hornear, que nos los comeremos después de cenar —en esa tónica, cada palabra era como un regalo otorgado por un benigno benefactor. La güija también había sido un regalo, pero el padre levantó la ceja al ver el tablero colocado sobre la mesa del té y rodeado de cojines en los cuales se sentaban los niños—. Ah, eso. ¿Yo lo ordené? Debo haberlo hecho.

Le gustaban tanto las curiosidades que no había posibilidades de que ignorara el artilugio sobrenatural o de que lo devolviera. Los Tagore se apresuraron a cenar para reducir el suspenso antes de llamar por teléfono a los puertos. Rabi era el consentido, así que empezarían por lo que él quisiera.

—Kailash. Tendrá un chiste para nosotros. La muerte no lo detendrá —dijo.

Su padre estuvo de acuerdo y se sentó frente al tablero, colocó suavemente las puntas de los dedos sobre la planchita, el pequeño mecanismo que se deslizaba sobre el tablero para ir deletreando las palabras conforme el muerto las iba enviando. Los niños mayores no creían en el juego y ponían cara de aburrimiento. El libro de instrucciones decía que todos los participantes podían poner un dedo en la planchita, pero el padre decidió que al principio sólo Rabi podría hacerlo.

Atenuaron las luces y se acomodaron en los cojines distribuidos en el suelo. Aunque el salón estaba lejos de la cocina, se alcanzaba a percibir el dulce aroma del azafrán y del pan *naan*. Rabi quizá se habría mareado si no hubiera tenido los nervios de punta.

—¿Qué hacemos ahora?

El padre entrecerraba los ojos mientras intentaba leer las instrucciones casi en la oscuridad.

—Llame al muerto por su nombre.

Así que padre e hijo pusieron una expresión solemne, sentados uno frente al otro con los dedos colocados sobre la planchita.

—Kailash, soy yo. ¿Estás ahí? —preguntó Rabi, dirigiéndose al aire sobre su cabeza, que era la ubicación más factible para el cielo.

Al principio no pasó nada, pero poco a poco la planchita empezó a estremecerse, y luego a una gran velocidad se deslizó hasta la palabra "sí" que estaba grabada en una esquina del tablero.

—La moviste a propósito —lo acusó el padre.

—No, te lo juro —dijo Rabi bruscamente.

—En esta casa no juramos. Te creo. Yo tampoco la moví. Qué extraño —murmuró el padre—. Hazle al viejo pillo una pregunta. No tenemos nada que perder.

Rabi no dudó un instante.

—¿Cómo es estar muerto?

Los otros niños se rieron, pero el padre asintió permisivamente. ¿Qué mejor pregunta le podías hacer a un muerto?

La planchita empezó a moverse de nuevo, y, mientras hacía pausas sobre ciertas letras, se dieron cuenta de que Kailash no iba a abreviar su respuesta. Alguien corrió por lápiz y papel. Rabi estaba demasiado ocupado gritando letras como para agruparlas en palabras. De pronto, el mensaje estuvo listo y todos a su alrededor sonreían.

—¿Qué dice?

Le pasaron el papel, que decía: "¿POR QUÉ TE SALDRÍA TAN BARATO OBTENER LO QUE YO TUVE QUE MORIR PARA AVERIGUAR?"

—Ese granuja —murmuró el padre, pero detrás de tanta diversión, Debendranath estaba un poco impresionado. El juego continuó y los otros niños fueron tomando su turno, alejando a Rabi del tablero. Kailash se negó a comunicar nada más, así que Rabi se fue a dormir esa noche aferrado al papel. Para él no era un trozo de palabras garabateadas, sino un pedazo de su único amigo vuelto a la vida. ¿O acaso Kailash había logrado morir sin morirse?

Esa noche, Rabi vio en sueños un océano interminable. Una mancha diminuta se mecía sobre las olas. Resultó ser un bote de remos. Era Kailash, remando, con la misma apariencia polvorienta y gastada que tenía cuando recogía hojas del césped, y su pasajero era la mamá de Rabi. El niño estaba seguro de que era ella, aunque la mujer nunca volteó a verlo. A la mañana siguiente, el niño despertó con lagañas en los párpados, como si fuera posible llorar mientras se dormía profundamente.

Cuando tenía once años, Rabi logró ver la estación montañosa que su padre le había prometido. Llegaron hasta el norte poco a poco, haciendo paradas en varias de las fincas de la familia. Cuando pasaba su vagón, los campesinos locales dejaban sus arados y corrían hacia el camino para postrarse sobre la tierra.

—¿Eres su dios? —preguntó Rabi, pero su padre no contestó. Ni siquiera esbozó la habitual sonrisa indulgente que esgrimía cuando su hijo hacía una pregunta inteligente.

Conforme ascendían y se acercaban a los Himalayas, los caminos del norte se iban haciendo más sinuosos. Rabi asomó la cabeza por la ventana, a pesar del frío aire de abril, para aspirar ese mundo verde de barrancas profundas y cascadas de agua. El denso bosque pronto daría paso a las vistas de los picos elevados. El niño jamás había visto nieve, pero la sentía sobre los hombros tan sólo mirar las cubiertas blancas de las montañas.

Cambiaron del tren a una carreta jalada por caballos, y luego, al doblar la curva, encontraron un pueblo llamado Dalhousie. Rabi se soltó a reír. Era un racimo de casas de pan de jengibre que graciosamente imitaba un pintoresco pueblo inglés.

—Es la añoranza del hogar —susurró su padre.

Las estaciones montañosas habían sido construidas para las familias británicas como lugar de retiro veraniego, como escapatoria de las terribles fiebres que aniquilaban a muchas mujeres y a niños si se arriesgaban a quedarse en Delhi o en Calcuta. Sin embargo, después de la sorpresa inicial, Rabi no veía otra cosa que las maravillas naturales del lugar. Puesto que había estado encerrado en una mansión toda su vida, había fantaseado mucho

sobre el mundo al que no podía entrar. Ahora ese mundo explota-
ba en todas direcciones, y su enormidad lo mareaba. Tenía la extraña sensación de ser el centro de todo lo que veía, un punto de
asombro invisible.

También había algo más. Recibió el cordón sagrado, que era
un gran paso hacia la adultez para los muchachos indios. La cere-
monia, llamada *upanayana*, era antigua y solemne, un rito de paso
por el que Rama se habría arrodillado con tal de recibirlo. Los
sacerdotes cantaron mantras en una atmósfera cargada de incienso, frutas y flores, y había un fuego sagrado en el cual se hacían
ofrendas. Rabi sintió como si los humos fragantes lo estuvieran elevando. Cuando el cordón de algodón de tres hebras fue colocado
sobre sus hombros, el muchacho se estremeció. Una leve descarga
le recorrió el cuerpo, y con los ojos bien abiertos volteó a ver a su
padre, quien entendió.

—Es real. Las cosas invisibles pueden ser reales —murmuró su
padre.

Rabi le creía. Era como esa fría capa de nieve sobre los hombros. La sintió al leer sobre las montañas; en la mente se le formaron imágenes misteriosas y vívidas, incluso antes de haber visto los
verdaderos picos cubiertos de nieve. Pero se preguntaba por qué
siempre parecía que tenía encima el cordón sagrado.

Se quedaron en la estación montañosa durante tres meses, en
un búngalo rentado con vista a las enormes montañas y cerca de
un arroyo gélido en el que padre e hijo se bañaban cada mañana.
Recibió biografías para leer, libros de historia, lecciones de astronomía (las cuales le encantaban, pues podía sacar los mapas de estrellas por las noches y mirar el cielo increíblemente claro que
parecía un cristal negro) y tablas de verbos sánscritos. Rabi no
conocía otra vida, por lo que nada de esto le parecía inusual, ni
siquiera la comida frugal y las horas de meditación que su padre le
imponía. La rutina compartida era el lazo que los unía.

Un día habían salido a caminar cuando su padre recordó algo.

—¿Me preguntaste si nuestra gente creía que yo era un dios?
—su padre siempre decía "nuestra gente", porque le desagradaban
palabras como *campesino* o *sirviente*.

Señaló a un niño harapiento agachado a un lado del camino. Era un paria, considerado intocable por la tradición y por los prejuicios históricos. El niño miraba hacia el suelo, intentando ser invisible hasta que pasaran. Cuando Debendranath le hizo un gesto, el paria titubeó. En las excepcionales ocasiones en que alguien de casta superior le daba una pequeña moneda, siempre se la lanzaban para no tener contacto con él. Algunos brahmanes se iban a casa y se bañaban si los tocaba la mera sombra de un paria.

Cuando el niño se acercó lo suficiente, Debendranath le habló:

—Siéntate con nosotros. Quiero contarle a mi hijo por qué tú eres un dios.

Desconcertado, el paria tartamudeó.

—Pero, necesito bañarme.

Se sonrojó por haber dicho algo tan tonto. De entrada, no lo hacía muy feliz estar en presencia de extraños acaudalados. Pero el padre de Rabi le extendió una bolsa de agua.

—Bebe y descansa en la sombra. A mi hijo le interesan los dioses, y no podemos decepcionarlo.

El paria hizo lo que se le ordenó.

Debendranath volteó a ver a Rabi.

—¿Por qué este niño es un dios? Si tú fueras su madre, dirías que es excepcionalmente hermoso, como una estatua en un templo. Nuestros ojos se sienten atraídos hacia la belleza naturalmente, sin que se lo ordenemos. La belleza tiene un poder propio, ya sea que se presente en una linda jovencita o en el árbol bajo el cual estamos sentados.

El paria se quedó boquiabierto, pero Rabi estaba acostumbrado a esa forma de hablar de su padre. Lo único que lo hizo encogerse fue la mención de las lindas jovencitas.

—La naturaleza es rica en belleza —continuó el padre—. No preguntamos por qué. Simplemente lo aceptamos. Pero ¿qué pasa cuando la linda jovencita desaparece de nuestra vista? ¿Qué pasa cuando dejamos el templo y sus estatuas? La belleza permanece. Nuestros ojos no tienen nada que ver, pero algo permanece en el corazón. Nos sentimos tocados y, si algo es lo suficientemente hermoso, nos inspira.

Rabi no entendía todas las palabras, pero sabía a qué se refería su padre. Cuando se iba a dormir a su cuarto en el búngalo, la oscuridad se llenaba con una presencia como perfumada. Incluso le contó a su padre al respecto.

—A eso le llamo el aroma de la belleza —dijo su progenitor—. Si sigues el perfume que flota por un pasillo oscuro en la noche, puede llevarte a cualquier parte. Podría conducirte incluso a un peligro, pero igual lo sigues. De igual modo, seguimos la belleza, con ansia de encontrar su fuente, pues sin duda estar en los brazos de tu madre es mejor que simplemente recordar su aroma.

La madre de Rabi se había quedado en casa, pero él no tenía dificultad para recordar su aroma a pachuli. Si cerraba los ojos, el aroma volvía por sí solo, como una voz proveniente de una tierra lejana.

Debendranath miró entonces al paria, quien sostenía la bolsa de agua a medio camino de la cara.

—Puedes beber de ella —le dijo el padre de Rabi mientras asentía.

El niño titubeó. No parecía posible que no fuera a contaminar el agua. Pero el día se había vuelto demasiado caluroso, incluso cerca de las montañas, así que bebió a grandes tragos el contenido. Rabi se quedó en silencio, absorto en sus pensamientos, hasta que su padre alzó la voz.

—Presta atención a lo que estoy diciendo. La belleza nos insta a seguirla. Todo mundo lo sabe, pero casi nadie ve el misterio. Creen que el camino para alcanzar la belleza es correr tras la siguiente jovencita linda que los embriague. O quizá es el dinero lo que los embriaga, o el poder. Pero la belleza es un misterio porque proviene de Dios. Te traje a la estación montañosa para que puedas ver a Dios por doquier, aunque en realidad lo que ves es el aroma que deja tras de sí. O llamémosles *mensajes secretos*.

—¿Qué dicen los mensajes? —preguntó Rabi, a quien le gustaban los acertijos.

—Dicen: "Sígueme" —contestó su padre.

—¿Adónde?

Sin contestar, el padre le dio un ligero golpecito en medio del pecho.

—No puedes poseer a Dios. El misterio sigue siendo interminable, todos los días de tu vida. Pero puedes sentir en tu interior y
estimar ese sentimiento, como si fuera una perla preciosa.

El paria estaba aburrido, pues nunca había escuchado una conversación así. No le interesaba Rabi, aunque ambos niños eran más
o menos de la misma edad. Sin duda, el hijo del extraño lo ape-
drearía tan pronto su padre se diera la vuelta. Los dos extraños se
quedaron callados el tiempo suficiente para que el paria escapara.
Puso la bolsa de agua en el suelo y se escabulló.

—Nos tiene miedo —dijo Rabi cuando se dio cuenta de lo
ocurrido. El paria seguía estando a la vista, pero ya se había alejado casi cincuenta metros.

—Tendrá mucho más miedo si le dices quién es en realidad.
La gente anhela escuchar que es parte de Dios, pero, cuando en
verdad se lo dicen, siente vergüenza. Es una lástima.

Su padre se había retraído hacia alguna clase de indiferencia
pasmada. Rabi conocía bien ese estado de ánimo; de hecho, era
predecible. Cada vez que su padre se apasionaba con un tema, de
inmediato parecía ser absorbido hacia sí mismo. Este retraimiento
no lo ponía triste, pero se volvía inalcanzable durante instantes u
horas. Rabi entendía, pues él también era así. Así que dejaron al
paria escapar sin darle siquiera una rupia. Padre e hijo miraron las
nubes juntarse como vellón neblinoso sobre los lejanos picos. Puesto que el misterio es distinto para todos, nadie podría afirmar que
estaban teniendo los mismos pensamientos. Pero al menos com-
partían el mismo cielo, y con eso bastaba.

Rabi descubrió que Dios era como perseguir un tren. De camino
a la estación, tu carruaje es bloqueado por ganado. Cuando llegas a
la plataforma, con el rostro enrojecido y sin aliento, el tren se ha
ido y sólo ha dejado tras de sí volutas de humo y el aroma acre de
las cenizas. Pero debes llegar a Delhi, así que te diriges hacia la siguiente estación, donde también acaba de irse el tren. Eso mismo
te ocurre pueblo tras pueblo, y sólo alcanzas el tren hasta que ya
viajaste hasta Delhi y lo encuentras sentado en el patio, sonrién-
dote. La diferencia con Dios es que la mayoría de la gente alcanza
la muerte antes de alcanzar Delhi.

La muerte siempre había sido el problema en la familia. Después de que falleciera Kailash, el viejo sirviente, fue el turno de la madre de Rabi, quien pereció cuando él tenía trece años. Luego fue su padre, pero entonces Rabi ya tenía más de cuarenta, por lo que el mundo lo consideraba natural. Era otro anciano, pero rico y famoso, por lo cual recibió un obituario obsequioso. El mundo no tenía idea. Rabi no sólo había crecido a las narices de sus padres, sino que había visto la vida y el amor a través de su madre, y había visto la mente y el servicio a través de su padre.

¿De dónde provenían estos regalos? ¿Adónde fueron?

Se sentó en el pórtico mirando hacia los campos de su finca. Nadie lo llamaba Rabi, sino Rabindranath. La gente murmuraba su nombre cuando se inclinaba a tocarle los pies. Todo giraba alrededor de él: una familia, una escuela, los campesinos locales, la lucha por la independencia de India. En medio de tanto alboroto, Rabindranath sólo sabía una cosa: estaba persiguiendo el tren a Delhi.

Cuando el sosegado aire del mediodía frenaba las actividades de la finca, Rabindranath disfrutaba dictar. Y eso era justo lo que estaba haciendo ese día.

—Dormí y soñé que la vida era alegría. Desperté y vi que la vida era servicio. Actué y observé que el servicio es alegría —hizo una pausa y miró al joven secretario agachado en el pórtico—. ¿Lo anotaste?

El secretario asintió y sonrió. El calor no era demasiado sofocante cerca de la fresca casona, y él tenía el privilegio de servir al mejor escritor de Bengala. En eso se había convertido Rabi. El secretario se inclinó modestamente sobre su cuaderno de notas, listo para anotar el siguiente verso. ¿En qué estaba pensando en realidad? Quizá en nada. Quizá se sentaba a los pies de Rabi en asombro silencioso. No serviría de nada preguntárselo. Todos somos misterios para nosotros mismos, y, cuando empezamos a pensar, estamos espiando los mensajes enviados desde más allá.

Ése podría ser el siguiente verso, pero se le escapó de la mente antes de poder enunciarlo. Una hermosa jovencita se acercó corriendo vestida con un sari azul cielo adornado con hilo de oro. Era su sobrina, la hija de uno de sus hermanos, por lo que no fue raro que lo tomara de la mano e intentara llevarlo con ella.

—No tan rápido —protestó él. Era una broma, porque todo el mundo se maravillaba de que, a sus cincuenta años, tuviera la incansable energía de un muchacho. Jugó a dejar que su sobrina lo arrastrara de mala gana por el césped. El espectáculo no podía empezar sin él. Los bailarines de hoy eran niños del pueblo local. Tagore se esforzaba mucho para mejorarles la vida.

Muchos eran parias, lo cual era irónico. Tagore había escrito incontables poemas e historias sobre los intocables. Las vidas internas de esas criaturas conmocionaban a sus lectores, y sus luchas los conmovían. Era una nueva forma de mirar a la gente que solía avergonzarse hasta de su sombra. El dinero recaudado por las ventas servía para pagar la escuela donde eran criados los parias. Debía ser la primera vez en la historia en que el dinero provenía de amar a los intocables y no de explotarlos hasta la muerte.

Había mucho ruido en el salón cuando entró, pero al instante todas las voces se silenciaron. Los padres que venían con sus hijos los callaron. Tagore subió al escenario y se acercó un trozo de papel a los ojos. Cualquier recinto al que entrara esperaba palabras suyas, las cuales eran recibidas cual escrituras divinas. ¿No lo había nombrado caballero el rey de Inglaterra? Pero sir Rabindranath rechazó el honor como protesta al colonialismo.

Empezó recitando lentamente, sabiendo que para tres cuartos del público, quienes no sabían leer ni escribir sus nombres, muchas palabras podrían ser difíciles.

Aquel día en que floreció el loto, no lo noté y me fui con las manos vacías.

De cuando en cuando me levanto de pronto sobresaltado de mi sueño y percibo una extraña fragancia que erra en el viento del sur.

Su vaga ternura traspasaba de dolor nostálgico mi corazón. Me parecía que era el aliento vehemente del verano que anhelaba completarse.

¡Yo no sabía entonces que el loto estaba tan cerca de mí, que era mío, que su dulzura perfecta había florecido en el fondo de mi propio corazón!

Un murmullo de agradecimiento recorrió el salón. Lo que la gente no entendía, lo sentía. Unos cuantos empezaron a aplaudir, o al menos los que eran lo suficientemente sofisticados como para saber que se puede aplaudir la poesía; en realidad no eran escrituras sagradas. Los niños se apresuraban a subir al escenario con sus disfraces, y el *sitar* y los tambores empezaron a sonar antes de que Tagore tomara asiento en la primera fila.

Su sobrina lo miró, consternada. Él conocía bien esa mirada. Desde 1905, año en el que murió su padre, la muerte había olisqueado a otros a quienes amaba: su esposa y luego dos de sus hijos. Una tragedia. Todo mundo lo decía y se preocupaba por él. Pero ¿algo de eso era real? La pregunta perforaba su pena y, cuando se iba a dormir por las noches, a veces imaginaba el olor de cenizas. Columpiando la muerte entre sus dedos, Dios se apresuraba a la meta.

Por eso la muerte permeaba tantas de sus historias de parias. La gente con la que creció, los ricos y los buenos, no sabían cómo morían sus sirvientes más cercanos y creían que debía ser como animales tontos que sufren en silencio y luego dan unos cuantos chillidos antes de cerrar los ojos. En la familia Tagore, Kailash había muerto de esa forma, pero no otro anciano a quien Rabi amaba. Ése murió de forma extraordinaria.

Srikanath Babu era como una fruta rolliza y redonda con piernas. Tenía el rostro brillante y bien rasurado, y la cabeza calva tan suave como un mango. Kailash había atraído a Rabi construyendo historias románticas a su alrededor, pero Srikanath Babu fue su primer crítico, y quizá el más perfecto que tuvo jamás. Nada de lo que Rabi escribía era recibido con menos que éxtasis.

—¡Ah, podría cantar esas palabras de camino al cielo! —exclamaba Srikanath Babu.

Era tan febril su entusiasmo que, antes de que el precoz muchacho hubiera terminado de recitar un nuevo poema, el anciano se levantaba, corría a la habitación del padre de Rabi y se ponía a cantar los primeros versos. Muchos de esos poemas eran *kirtans*, o canciones religiosas. Srikanath Babu, quien era amante de la música, nunca salía sin *sitar* en mano. A su lado siempre había una *hookah* humeante, que era una pipa de agua.

Srikanath Babu cantaba de forma peculiar mientras rasgueaba el *sitar*, pues ya no tenía un solo diente. Curiosamente, eso también era motivo de alegría.

—¿Por qué habría de molestar a mi pobre boca con colmillos afilados? —decía.

No toleraba oír hablar de la muerte o del sufrimiento. Los hermanos de Rabi sabían cómo atormentarlo hasta el punto de hacerlo llorar. Bastaba con que le leyeran leyendas del príncipe Rama o del guerrero Arjuna, en las que algún personaje era atravesado por flechas o apuñalado con una espada. Srikanath Babu daba manotazos, como si intentara ahuyentar a una serpiente, y les rogaba que se detuvieran.

Llegó un día en el que el padre de Rabi se postró en cama para padecer su última enfermedad. Estaba descansando en la frondosa finca junto al arroyo, cerca de la ciudad de Chinsura. Srikanath Babu estaba desesperado por verlo una última vez. Él también estaba muy enfermo y sólo podía caminar con la ayuda de su hija mayor. Ambos tomaron un tren a Chinsura, aunque la idea de emprender ese viaje despertaba gran ansiedad. Srikanath Babu era capaz de ver sólo si se sostenía los párpados con los dedos para abrir los ojos un instante.

Sobrevivió al viaje y fue llevado de inmediato a la habitación de Debendranath. Srikanath Babu se levantó los párpados y lloró al ver a su amigo. Casi no pudo hablar, y de hecho se fue sin decir una palabra mientras el paciente dormía.

—¿No querías saludarlo? —le preguntó su hija.

Srikanath Babu, que estaba tarareando para sus adentros, negó con la cabeza.

—Toqué el polvo de sus pies. Sólo a eso vine.

Dos días después, murió en la pequeña cabaña junto al río que le habían proporcionado. La muerte había despachado a todos en la vida de Rabi de formas distintas. La mayoría de las veces fue en paz, excepto una: la muerte de la esposa de su hermano Jyotir, quien le señaló uno de los puntos débiles de un poema nuevo y luego se arrebató la vida esa misma noche. Cada vez que alguien cercano moría, Tagore no podía escapar al conjuro de una depresión oscura.

Al mismo tiempo, se preguntaba más y más que significaba morir. Había cosas que uno debía saber si quería descifrar los secretos de la vida: el amor, la verdad, la belleza, pero también la muerte. Tomaba nota de cualquier pensamiento que pudiera brindarle una respuesta, y la parte sorprendente era que, cuando sentía que estaba cerca de develar el misterio, lo mismo sentían sus lectores.

A veces aludía de paso al dolor envuelto en tristeza:

> Mi corazón late en ondas
> sobre la costa del mundo.
> Y escribe su nombre en llanto
> con estas palabras:
> "Te amo".

Pero otras veces se preguntaba cosas que no era posible expresar con palabras:

> ¿Qué anhelo?
> Algo que se siente en la noche
> mas no se ve durante el día.

Debía haberse inmerso en esos pensamientos, porque lo siguiente que supo fue que el salón se llenó de aplausos. La presentación había terminado. Los padres sonreían, orgullosos, mientras los niños en el escenario hacían reverencias y los músicos miraban a su alrededor, impacientes por alcanzar el *tiffin*, la comida de la tarde.

Nadie podía levantarse antes que el amo, así que Tagore les sonrió a los niños y les dijo:

—¡Vayan! ¡Vayan!

Bajo una carpa junto al salón había mesas servidas con refrigerios. Su sobrina lo esperaba en la puerta, y al verlo volvió a poner cara de preocupación. Habría sido más útil que usara la risa inextinguible de Srinakath. Su jovialidad habría sido considerada ridícula en otra persona, tal vez hasta idiota. Pero la gente jamás se burlaba de él a sus espaldas.

—¿Alguna vez piensas en Dios? —preguntó Rabi cuando era niño.

—Siempre. ¿En qué otra cosa se puede pensar? El mundo se hace cargo de sí mismo, sin importar cuánto se esmere la gente en gobernarlo.

—¿Y qué sabes de Dios? —preguntó Rabi.

—Sólo una cosa —contestó Srikanath Babu, aspirando su *hookah*—. Dios es un misterio interminable.

Tagore le dio una palmadita a su sobrina en la mano cuando ella lo tomó del brazo. Empezaron a cruzar el césped hasta la carpa de los refrigerios.

—¿Recuerdas al viejo Srikanath Babu? —preguntó—. Pareciera que hoy he escuchado su voz.

—¿Cómo habría de recordarlo? Ni siquiera había nacido —contestó su sobrina. Mantenía los ojos alerta por si había algo en el suelo con lo que pudiera tropezarse su viejo tío, como si estuviera dirigiendo a una muñeca de trapo a una fiesta de té.

—Él me quería mucho —musitó Tagore—. Y tuvo un buen final. Pero eso no es lo que tengo en mente. Me enseñó lo único importante que he escuchado sobre Dios —Tagore le repitió a su sobrina el comentario de que Dios era un misterio interminable—. Es gracioso que una oración tan simple se me haya grabado, pero así fue, durante años. Y luego entendí a qué se refería Srikanath Babu.

Habían llegado sin problemas a la carpa, y su sobrina miró a su alrededor en busca de una silla en la que no fueran a molestar a la muñeca de trapo.

—¿A qué se refería? —preguntó ella sin prestar mucha atención.

—Dios tiene que ser un misterio —contestó Tagore—. Porque el único que podría explicarse a sí mismo es Él mismo, y ya nadie se toma la molestia de pedirle que lo haga.

¿Qué lo motivaba? La inquietud. Se había convertido en una fuerza irresistible. Cuando Tagore llegaba a un lugar nuevo, como Buenos Aires o Shanghái, los reporteros lo atosigaban, rodeándolo y estirando los cuellos para verlo mejor. Era algo que no veían a diario, un viejo alto con una sotana de seda. Ostentaba una larga barba blanca, como un abuelo eterno o como el mago Merlín. Cuando se agachaba sobre los micrófonos y parpadeaba por los *flashes* de las cámaras, decía cosas edificantes.

—El amor no es una mera emoción; es la máxima verdad del corazón de la Creación.

Ésa era su moneda de cambio, la edificación. Nadie se reía, aunque algunos mentalmente ponían los ojos en blanco.

—Cada niño trae consigo el mensaje de que Dios aún no ha sido desalentado por la humanidad.

La voz era sonora; los ojos, excepcionales, grandes y húmedos. Pero ¿en qué mundo estaba viviendo Tagore?

Hitler iba en ascenso; los mercados habían colapsado en 1929. ¿Qué tenía que decir el sabio indio sobre las cosas importantes para el mundo real?

—Vivimos en el mundo cuando lo amamos.

Era inútil. Al menos Gandhi tenía una causa digna de la primera plana. Se sabía que Tagore no era entusiasta de las protestas masivas, ni siquiera para lograr la independencia de India. Los reporteros se agachaban sobre sus cuadernos de notas, pero todos los presentes sabían que ésta sería una historia catalogada como de "color local".

Sin embargo, continuaba su viaje —el cual ya llevaba décadas— a los confines más lejanos del mundo. Todos los poetas son incansables. La musa es una amante exigente. Pero tenía el misterio frente a él, siempre seguir, nunca capturar. Tagore no era ciego. Veía el escepticismo en las miradas de los periodistas y podía visualizarlos aflojándose la corbata después de que él salía de la habitación, felices de que hubiera terminado el sermón y de poder huir al bar más cercano a echarse un trago.

¿Adónde lo había arrastrado su inquietud esta vez? A algún lugar cercano a Potsdam, según decía el mapa.

—Un lugar apacible, sereno —murmuró al asomarse por la ventana del auto—. ¿Puedo caminar el resto del camino? Los árboles dan una sombra agradable.

El conductor, un alemán de rostro redondo, no quería decir que no, pero tampoco quería desviarse de la tarea que le habían asignado. El profesor estaba sentado pacientemente en su pequeña casa café con techo de tejas rojas. Un nuevo grupo de reporteros merodeaba en los alrededores; no sólo eran alemanes, sino también franceses, polacos y hasta algunos estadounidenses, los cuales siempre traían los mejores cigarros. Los árboles podían esperar. Pero el conductor dejó al viejo en el camino, a un paso de la entrada principal, para que pudiera tener su momento de serenidad.

Tagore se tomó su tiempo entre los delgados árboles que parecían muchachas con sus hojas delicadas que se mecían con la brisa. Tenía entonces setenta años, y el bosque era más significativo para él que Hitler. Los reporteros se aprovechaban de cualquier cosa que dijera en contra del pacifismo absoluto de Gandhi. "¿Gandhi quiere invitar a *herr* Hitler y a *signor* Mussolini para que tomen lo que quieran?"

El mundo real. Seguía avanzando a un paso frenético, atizado por la siguiente crisis. En un mundo así, ¿qué atiza la paz?

Se obligó a sí mismo a abandonar el bosque y anduvo por el camino hasta la casa. El profesor lo vio del otro lado de la ventana y se ajustó su abrigo formal para salir al pórtico. Éste era el momento. Las cámaras estaban sobre ellos. El gran Tagore estrechaba la mano del gran Einstein. Era como una colisión de planetas.

En medio del alboroto, Einstein se inclinó hacia él y le susurró al oído:

—Memoricé uno de sus versos: "Cuanto más grande en humildad, más cerca de la grandeza". Lo creo.

Tagore sonrió, no por el halago sino porque percibía algo. Cuando uno se acercaba, el famoso rostro de Albert Einstein —el enmarañado cabello cano, las cejas tupidas y los párpados caídos— no lo preparaba a uno para el secreto que traía dentro.

Tagore se inclinó hacia él y susurró también:

—Yo memorizaría sus palabras, pero, por desgracia, son números.

Entraron a la casa, donde había té y sillas cómodas. Después de un rato, ocurrió una cosa de lo más inusual: dos grandes hombres se interesaron genuinamente el uno en el otro. Einstein no quería hablar sobre la paz mundial, ni sobre los nazis y el peligro que lo obligaría a salir de Alemania si las cosas contra los judíos se ponían peor. En vez de eso, tenía a Dios en mente.

—¿Cree que Dios está separado de nosotros?

—No. La naturaleza humana es infinita, tanto que puede alcanzar la divinidad.

—¿Cómo?

—Al fundirse con la máxima realidad. Vivimos en un universo humano. La eternidad, por su parte, refleja al humano eterno. Mientras que usted se ha ocupado en estudiar el tiempo y el espacio, yo hablo del humano eterno, porque, sin nosotros los humanos, no hay tiempo ni espacio.

Einstein apoyó la espalda en el respaldo de su silla. Ambos hombres se miraron entre sí, y el primero notó de inmediato que había algo gigantesco en juego. Eligiendo sus palabras con cuidado, intervino:

—Siempre ha habido dos visiones del universo. Una dice que el mundo existe aun si los humanos desaparecen de la faz de la Tierra. La otra dice que no podría haber universo sin seres humanos.

Tagore asintió.

—Bastante cierto —dijo.

—Pero, si no hubiera nadie dentro de esta casa, la mesa seguiría existiendo.

—¿Por qué existe la mesa? —preguntó Tagore—. Porque alguien la percibe. Como individuo, te sientes separado de la mesa, por lo que aparenta ser independiente de ti. Pero la mente cósmica contiene todo. Nada puede existir a menos que sea percibido, y Brahma lo ve todo.

—En la ciencia reunimos datos que nos llevan a la verdad —replicó Einstein—. La gravedad existe desde mucho antes de que los humanos poblaran la Tierra, ¿está de acuerdo? —el tono de Einstein era certero. Era famoso por alguna vez haber dicho que esperaba que la luna siguiera existiendo aun si él dejaba de verla.

Tagore se encogió de hombros.

—Si hay una verdad absoluta en el exterior que los seres humanos podemos entender, ésta es inalcanzable por sus datos. El universo existe en la medida en que se vincula con los seres humanos.

Einstein se permitió esbozar una sonrisa malsana.

—Entonces yo soy más religioso que usted.

Sus palabras fueron anotadas por un periodista y le dieron la vuelta al mundo. La conversación duró tres días. La gente estaba dividida. Parecía sorprendente que Einstein, quien había desconcertado a las mentes más prodigiosas con la relatividad y había hecho que el tiempo se estirara como un elástico, le estuviera preguntando a un poeta su opinión sobre el universo. La opinión generalizada era que las respuestas de Tagore eran magnánimas, pero no podían competir con la ciencia. ¿El humano eterno? ¿La mente cósmica? Un famoso filósofo inglés le escribió a un amigo diciendo que tendría que evitar a Tagore la próxima vez que visitara Londres, pues sus ideas eran muy vergonzosas, un revoltijo inmundo.

Pero en la pequeña casa, donde estaban ellos dos solos, Einstein se fue tornando más pensativo. Había una famosa estatua griega de Apolo que vio en el Vaticano.

—Si ya no hubiera humanos —dijo—, ¿entonces el Apolo de Belvedere ya no sería hermoso?

—No.

—Estoy de acuerdo con respecto a la belleza, pero no si se trata de la verdad.

—¿Por qué no? —reviró Tagore—. La verdad también es descubierta por los humanos.

Einstein siguió hablando porque Tagore no lo avergonzaba. "La mente de Dios" era una frase que él mismo había usado. La gente religiosa que consideraba a la ciencia su enemigo, suspiró aliviada cuando Einstein dijo que quería conocer la mente de Dios. Él no practicaba ninguna religión, y no creía en Dios el Padre, el Dios de la tradición judía. No obstante, *algo* en el lejano horizonte del universo lo llenaba de asombro y lo maravillaba. No era su mente la que había descifrado la relatividad; era el asombro.

—Sin importar qué es Dios   —dijo Einstein—, quizá lo mejor es que se quede fuera de nuestro alcance. Lo desconocido me motiva, y yo resuelvo lo desconocido a través de la ciencia.

—Pero hasta la ciencia es una actividad de humanos científicos —respondió Tagore—. Sus datos no existen fuera del hombre que ve y mide.

Einstein negó con la cabeza.

—No puedo demostrar que mi concepción sea la correcta, pero es mi religión.

Al final, no hubo choque de planetas, sino que pasaron uno junto al otro. Al hacerlo, intercambiaron miradas. Si los veías bien, el aire era respirable en ambos y el paisaje no era nada fuera de lo común.

Otras noticias relegaron su reunión a las páginas interiores de los periódicos. Lo malo se estaba poniendo peor en todas partes. La gente empezaba a decir que esta depresión era la Gran Depresión. Hitler era cada día más aterrador. El tren se iba de la estación lleno de desilusionados. Tagore podía despedirlos desde la plataforma si se le antojaba hacerlo. De cualquier forma, ya estaba siendo olvidado.

Pero ésta no fue su experiencia, la cual siguió siendo luminosa. Dios siguió siendo escurridizo, pero cierto resplandor aparecía a diario. Dentro de él, una voz susurraba.

—Aquí estoy.

Tagore obedeció su inquietud hasta que no pudo hacerlo más. Su cuerpo se rindió a la enfermedad, y los días se convirtieron en una verdadera prueba de dolor. Estaba contento de estar a solas con el resplandor, el cual no se extinguió a pesar de su agonía física. Llegó otra guerra mundial y provocó catástrofes inenarrables. Tagore tenía casi ochenta. La muerte lo esperaba del otro lado de la puerta, pero tardó todavía un par de años más en entrar.

Tagore no se atrevía a ver a los ojos a la muerte, así que ella no podía hacer nada más que esperar. Las palabras debían liberar al poema antes de que lo hiciera su propia vida. Un día, Tagore pidió que alguien anotara un poema, aunque apenas si tenía suficiente energía para mojarse los labios con el vaso de agua que tenía junto a la cama. Comenzó, con voz enclenque.

> He entregado todo,
> todo lo que tenía que dar.

Se detuvo y dio una bocanada de aire. Aún no era momento de dejarse ir.

> A cambio, si recibo algo
> —algo de amor, algo de perdón—,
> entonces me lo llevaré conmigo
> cuando ponga pie en el barco...

No hubo más. La habitación se quedó quieta y en silencio. El viejo amigo que estaba tomando el dictado escuchó un zumbido en la garganta del poeta. Hubiera sido una pena si su último verso quedara incompleto.

El viejo amigo se levantó despacio para buscar a una enfermera, pero lo detuvo un movimiento que vio de reojo. Tagore había dado un manotazo débil. La voz enclenque regresó, y el viejo amigo se acercó a él para entender el leve murmullo que salía de la boca de Tagore:

> Cuando ponga pie en el barco
> que me lleve al otro lado,
> al festival de un fin sin palabras.

Y eso fue todo. La muerte dejó de esperar cortésmente en la puerta. Afuera, la brisa se redujo a una leve corriente. Apenas lo suficiente para hacer temblar las hojas en la copa de los árboles. Apenas lo suficiente para agitar el cabello de las muchachas.

Revelando la visión

"Hoy se apagó la luz del misticismo." En agosto de 1941, fecha en que murió Rabindranath Tagore, su obituario podría haber incluido esa oración. Él fue el último gran poeta místico que alcanzó fama mundial, y casi el último místico bajo el escrutinio público. Un cambio trascendental ocurrió cuando la ciencia remplazó a la religión en la vida moderna. Tagore fue un puente entre ambos mundos, gracias a una educación altamente occidentalizada a cargo de su padre. Eso lo convertiría en un místico en la línea de Giordano Bruno, quien no hacía distinción entre el asombro científico y el espiritual.

Para los cristianos de la era victoriana en la que nació Tagore, la era de la fe, que ya estaba en declive en tiempos de Shakespeare, aún daba bocanadas. Siempre que Dios no pudiera ser comprendido, mantenía poder. Los santos eran como científicos que emprendían un viaje a lo desconocido y volvían para informar, a través de sus experiencias místicas, que Dios era real.

Damos por sentado que la fe es inferior a los datos cuando se trata de decidir qué es real y qué es ilusorio. Tagore no aceptaba esta perogrullada, sino que insistía en que la realidad de Dios no se veía amenazada por los hechos científicos reveladores. No obstante, no estaba defendiendo la fe. Al referirse a un viaje místico interior, dijo: "No puedes cruzar el mar si sólo te paras junto a él y miras el agua". También podría haber agregado que tampoco es posible cruzarlo si sólo mides las olas del mar con un instrumento científico.

Su misticismo no fue descartado por estar alejado de la realidad, lo cual es sorprendente. Tagore le escribía a un mundo consternado, y, cuando la gente lee *Gitanjali*, su libro de cantos exultantes para Dios, es emocionante encontrar a alguien que se ha sumergido en el amor por lo divino, un amor tan totalizante que es como ahogarse.

> Me has hecho infinito, tal es tu placer.
> Esta nave frágil vacías una y otra vez,
> llenándola por siempre con vida fresca.

Los lectores quedan embelesados. La embriaguez de Rumi volvió, siete siglos después.

> Esta pequeña flauta que tocas y cargas con prisa sobre
> montañas y valles,
> y que respira de prisa a través de su melodía eternamente
> nueva.

Durante un tiempo, Tagore fue una sensación. Fue el primer no europeo en recibir el Premio Nobel de Literatura, el cual le fue otorgado en 1913, apenas tres años antes de la escritura de *Gitanjali*. Ese mismo año recorrió Estados Unidos y Gran Bretaña, exhibiendo la inquietud que lo llevó a los confines del mundo durante las siguientes dos décadas.

El entusiasmo occidental por Tagore fue febril, pero no estaba destinado a durar. Su mensaje de amor como misterio eterno no cuadraba con los horrores inenarrables de la Primera Guerra Mundial. ¿Qué era el arrebato en comparación con las metralletas y los tanques armados? De cara a la crítica, la certeza de Tagore era poderosa. Formó parte de una tradición espiritual que se remontaba cinco mil años, hasta los orígenes de la antigua India. Heredó una visión profunda de la vida que había sobrevivido a muchas catástrofes. Etiquetarla con una sola palabra —*mística*— es tratarla con displicencia. Todo lo que tiene que ver con la existencia humana, incluyendo el amor, la muerte, la verdad y la belleza, necesitaba los cimientos proporcionados por Dios. Dios justificó el misterio de la vida y dio a los seres humanos un alma y un señor ante el cual rendirse. La violencia y el conflicto inherentes a la naturaleza humana encontraron una válvula de escape en la creencia de que, más allá de la guerra, el crimen, las luchas de poder, la codicia y los hechos malignos, en esencia somos divinos.

Si la de Tagore hubiera sido una voz aislada, dudo que Einstein lo hubiera tomado en serio o que incluso hubiera aceptado reunirse con él. Sus conversaciones, las cuales tuvieron lugar durante tres días en 1930 en la pequeña casa de Einstein a las afueras de Potsdam, hicieron al mundo escuchar. Recuentos textuales extensos se reprodujeron en los principales periódicos del mundo. Pero ese encuentro no fue precisamente un choque entre religión y ciencia. Einstein solía ser consultado con respecto a sus opiniones acerca de Dios, pues era un hombre tan brillante como benigno. A diferencia de Darwin, quien se oponía con fuerza a la piedad religiosa convencional de la era victoriana, Einstein quería que Dios existiera de alguna forma. Una de sus frases famosas es ésta: "La ciencia sin religión es minusválida; la religión sin ciencia es ciega".

Dicho de otro modo, Einstein mantenía la esperanza en la cooperación, no sólo en el compromiso. La gente podía ver los horrores de un mundo pagano, y aun así Dios necesitaba ser compatible con la vida moderna. Cuando Tagore conoció a Einstein, el primero tenía casi setenta, mientras que el segundo pasaba de los cincuenta. Reconocieron el uno en el otro a dos hombres que habían meditado con profundidad acerca de la naturaleza de la realidad. Creo que por eso hablaron como iguales, aunque Einstein jamás se habría convertido en una persona religiosa. Tagore había hecho una afirmación sobre el amor que se volvió una cita muy socorrida: "El amor no es una simple emoción, es la máxima verdad del corazón de la Creación". Einstein, como el buen físico que era, no habría permitido que palabras como *verdad* y *creación* se utilizaran tan a la ligera. Sin embargo, siguió el camino de Tagore más allá de lo que cualquiera hubiera esperado.

Sus puntos de acuerdo son sorprendentes. Ambos sostenían que Dios era un misterio que iba más allá de la absoluta comprensión. Para Tagore, era un misterio interno, envuelto en el misterio del corazón humano. Para Einstein, era exterior, colocado en la orilla del universo conocible. No obstante, curiosamente estuvo de acuerdo en que no se podía demostrar que el mundo material existía. De hecho, este punto ha problematizado la física moderna, lejos de los muros de cualquier iglesia.

La física cuántica no se dio a la tarea, a principios del siglo pasado, de destruir la imagen del mundo físico que percibimos a través de los cinco sentidos. No tenía intenciones de convertir los átomos en nubes de energía, de hacer que el tiempo se expandiera y contrajera, ni de declarar que el mundo subatómico estaba dominado por completo por la incertidumbre. Sin embargo, en 1930, todas estas cosas resultaron ser ciertas. La física se sorprendió a sí misma, y Einstein no fue el único pionero cuántico que miró con recelo y bastante temor aquello que acababa de descubrir.

Se vio obligado a elegir entre dos visiones de la realidad. Un grupo de físicos reconocieron la incertidumbre radical. Nada era verdaderamente sólido ni físico; los electrones se comportaban como ondas en una modalidad, y como partículas en otra. Si los ladrillos del universo ya no tenían propiedades físicas fijas y se convertían en fantasmas, entonces, ¿por qué creer que el universo en sí mismo era distinto? Einstein, quien decía libremente que quería conocer la mente de Dios, era incapaz de aceptar un universo aleatorio en el que cualquier evento fuera cuestión de azar. En cambio, creía que la naturaleza tenía una existencia ordenada y estable, aunque era incapaz de demostrarla. Su campo de estudio era mucho más reducido que el de quienes querían derribar todos los absolutismos, así que para 1930 quedó aislado y se convirtió en una figura pseudotrágica. Sus grandes descubrimientos habían quedado atrás, y él se aferraba a ideas que otros grandes físicos, como Niels Bohr, Erwin Schrödinger y Werner Heisenberg, habían descartado una década antes.

El público, con su imagen simplista de Einstein como la mente más grandiosa del mundo —si no es que de todos los tiempos—, no se dio cuenta de su posición actual. Pero se la expuso a Tagore, y la ironía es que el poeta místico indio sostuvo una visión que era mucho más cercana a la física cuántica, como llegaría a madurar después, que Einstein. Tagore declaró que el observador crea la realidad percibida y que la verdad absoluta era inalcanzable a través de datos objetivos. El suyo también era un mundo fantasmal, igual que el reino de las partículas subatómicas. Esas ideas tan radicales en las que Einstein no quería creer resultaron parecerle muy naturales a Tagore.

Debemos recordar que Tagore siempre fue más que un poeta; en términos modernos se le conocería como un polímata, pues fue criado en un hogar privilegiado en el que los niños aprendían matemáticas y ciencias naturales. Esos antecedentes le permitieron enunciar respuestas agudas en su entrevista con Einstein. La más aguda fue cuando Einstein destacó los cimientos de sus creencias. Una bella escultura, como el Apolo de Belvedere, según dijo, no sería hermosa si no hubiera seres humanos que la admiraran. Pero también dijo que no se requería un observador para crear verdad, refiriéndose a la verdad sobre lo que es real y sobre lo que no lo es. Si todos los humanos desaparecieran, la mesa de su salón seguiría existiendo.

Tagore respondió con una negación inmediata. Si la belleza depende de los seres humanos, lo mismo también pasa con la realidad. La mesa no debe su existencia a un solo individuo. Evidentemente, seguiría habiendo mesa si no hubiera gente en el salón. Pero la mesa necesitaba algo externo al materialismo —la mente cósmica— para existir. La cadena lógica es muy clara: sólo conocemos lo que es real a través de nuestra conciencia; si hay algo real fuera de la conciencia, seguirá siendo desconocido. Dado que la conciencia es tan central —pues nos permite ver, escuchar, tocar, probar y oler el mundo—, debemos descifrar de dónde viene. De otro modo, somos como soñadores que deambulan por un mundo que consideran real, puesto que nadie les ha dicho que están dormidos.

Entonces, ¿de dónde provino la conciencia? La única respuesta viable es que provino de sí misma. Ésta es la posición mística, que pocos han enunciado de forma tan hermosa en los tiempos modernos como Tagore, sobre todo cuando se representa a sí mismo como una diminuta mancha en el infinito de la creación de Dios:

> Al contacto inmortal de tus manos, mi corazoncito se dilata sin fin en la alegría, y da vida a la expresión inefable.
>
> Tu dádiva infinita sólo puedo recogerla con estas pobres manitas mías. Y pasan los siglos, y tú sigues derramando, y siempre hay en ellas sitio que llenar.

Esto significa que no estamos solos como seres conscientes. Dios o Brahma, o la mente universal —según la terminología que cada quien elija—, nos rodea. Es nuestra fuente y nuestro origen. La única razón que podemos empezar a entender es que las leyes y el orden del universo no son aleatorios. Cada átomo encaja en un esquema que es innatamente ordenado, por no mencionar hermoso, inteligente, amoroso y omnisciente.

Puesto que él también se preocupaba por estas cosas, Einstein entendía la lógica de la visión del mundo de Tagore. La física moderna ya había desmantelado el mundo físico lo suficiente como para que la realidad se viera cada vez más como un sueño. Aun así, Einstein se aferraba a lo que denominaba su religión: la creencia de que el universo era tan real como parecía, y que no necesitaba seres humanos que le dieran forma, color, sonidos y todo lo demás. Es bastante conmovedor ver a Einstein debatirse en medio de tan confusas emociones. Sus dudas lo habían desterrado del judaísmo y de la física cuántica al mismo tiempo, dejándolo de pie en terreno inestable.

Tagore, por otro lado, jamás titubeó. Al hablar del "humano eterno" y del "universo humano" estaba usando palabras engañosamente simples para expresar ideas antiguas y complejas. Éste era el viaje interno de Buda, Jesús, Lao Tse, Zaratustra, Platón, Rumi y cualquier otro buscador espiritual. Para todos ellos, la mente humana refleja la mente divina. Miles de años antes de Tagore, los sabios védicos habían declarado que "el mundo es como tú eres". No hay separación entre lo que ocurre "aquí" y "allá". Detrás de la cambiante apariencia de los Muchos —la actividad locamente diversa de la naturaleza—, está el Uno. El Uno es la realidad superior. Vemos por Él o Ella ve. Nos motiva la belleza, porque el Uno contiene belleza infinita. Cuando sentimos que tenemos certeza de algo, nuestras mentes tocan, aunque sea apenas por un instante, el alcance interminable de la Verdad absoluta.

La historia de Tagore termina con una enfermedad incapacitante y dolorosa antes de su muerte en Calcuta, donde descansó de sus viajes por el mundo. Al mirar a nuestro alrededor, es difícil encontrar hoy en día una conversación en la que se discutan la realidad y Dios con la misma delicadeza y el mismo respeto que Einstein le mostró a Tagore. El argumento para defender su tipo de idealismo, donde vivir en el mundo es amarlo, fue derrotado por una Segunda Guerra Mundial y por la amenaza de una era atómica. La victoria de la ciencia es galopante, y los gurús hacen fila detrás de los tecnólogos. No obstante, las dudas expuestas por Einstein no han sido resueltas. El punto actual de la evolución de Dios es ambiguo. Cada tendencia negativa del pasado —el clero suspicaz, el dogma rígido, la lucha contra la intolerancia— sobrevive junto a las tendencias positivas que son igual de antiguas —un Creador amoroso, humanos hechos a la imagen de la divinidad, el contacto directo con la presencia de Dios—.

El horror de un mundo sin dios perturba a millones de personas. La tecnología corre por delante y amenaza con abrumarnos. Más allá de la computadora personal, está la promesa de la computadora cuántica. La información se duplica cada par de años. Los *smartphones* son ley. Pero Dios no es susceptible a la obsolescencia. La divinidad habla en silencio en medio del estruendo de voces que gritan, y el milagro es que alguien, en algún lugar, sigue estando dispuesto a escuchar.

EPÍLOGO

"¿Estás ahí?"

Leer las historias de santos, sabios y visionarios provoca una sensación extraña, una mezcla de inspiración y duda. Somos como una cultura que alguna vez tuvo teléfonos hasta que éstos dejaron de funcionar. Intentamos hablar con Dios y sólo escuchamos silencio total del otro lado. "¿Estás ahí? ¿Bueno? ¿Bueno? ¿Hay alguien ahí?", es lo único que nos queda por decir. Con la conexión perdida, es imposible saber si Dios nos escucha. Tal vez Él o Ella también pregunta: "¿Estás ahí?" del otro lado de la línea.

Antes de restablecer la conexión con Dios, necesitamos hacer una pregunta esencial: ¿alguien, alguna vez, habló con Dios? La respuesta, si seguimos alguna lógica, es sí o no. Responder "tal vez" es darle la vuelta. Nadie guardaría un teléfono que no funciona, no durante todos estos siglos en los que los humanos hemos sentido que Dios o los dioses nos escuchan. Alguien sintió una presencia divina y la escuchó traer mensajes de un plano más elevado. He dado ejemplos de diez de esas personas, las cuales están conectadas por un hilo que recorre toda la historia de la espiritualidad. No las une la fe, sino la conciencia.

Ahora que la era de la fe está más que terminada, las personas de la modernidad tienen una exigencia razonable: si Dios existe, deberíamos poder verificarlo. Las escrituras no son suficientes. La autoridad de los santos no es garantía en un mundo que se basa en los hechos. Darle carta libre a lo divino con el argumento de que Dios está por encima de las dudas mezquinas no le ofrece tranquilidad a quien tiene esas dudas.

Se llega a Dios en un viaje interior, y todo el asunto de las pruebas se resolvería si se pudiera verificar esta travesía. Dios caminó alguna vez por el Jardín del Edén en una tarde fresca y nunca más. Desde entonces, la deidad ha dejado huellas invisibles; hasta ahora, tal vez. La investigación neurológica se ha vuelto lo suficientemente sofisticada como para poder asomarse al funcionamiento de áreas específicas del cerebro, y la neurociencia hace mapas de regiones del cerebro que antes eran *terra incognita*. Esos mapas nos dicen qué áreas de la corteza se encienden cuando alguien siente compasión, tiene mucha fe, o una visión divina, oye voces o reza.

"Ustedes son la luz del mundo", como Jesús dijo a sus apóstoles, ahora tiene un sentido literal. De hecho, las áreas de los lóbulos frontales que se asocian con las funciones más elevadas, como la compasión, son más grandes entre los monjes budistas tibetanos, quienes meditan sobre la compasión. Algunas frecuencias cerebrales en el rango delta se incrementan al mismo tiempo más que cualquier cosa que se haya visto antes. Después de todo, las huellas de Dios no eran invisibles, sólo estaban escondidas debajo de los huesos del cráneo, en el tejido suave y gris de nuestros cerebros.

Hacer nuestra conexión

¿Dónde nos deja todo esto a nosotros, los esperanzados buscadores? Al mostrar que la práctica espiritual modifica el cerebro, la realidad se expande. La única realidad que alguien puede conocer se debe registrar en el cerebro. Los ateos y otros escépticos ya no pueden decir que nada sucede durante las experiencias espirituales. La puerta está abierta para cualquiera que desee a Dios. Para ser más precisos, se han abierto cuatro puertas. Al revisar las historias de los visionarios en este libro, veremos que siguieron cuatro caminos para llegar a una realidad más elevada.

El camino de la devoción siempre ha estado abierto a aquellos que aman a Dios. Conforme su amor se intensifica, sienten la presencia de Dios más cerca. Esto era más fácil en la era de la fe. La vida diaria conllevaba rezar bastante y la iglesia local se encontraba en el centro de los nacimientos, las muertes, los matrimonios, las fiestas, la comunión y muchos otros días festivos en el calendario cristiano. Dado que es una travesía interior, el camino de la devoción es más difícil de tomar hoy en día. Requiere una inmersión en el maravillarse de Dios y de todas las cosas divinas. La Naturaleza es vista como el lienzo en el que se muestra el trabajo de Dios. La gran ventaja del camino de la devoción es su alegría. Pero, como demuestra Rumi, el devoto perfecto, este amorío con lo divino es tan tumultuoso y tan culpable de corazones rotos como cualquier amorío humano. Depende de ti saber si Dios ha tocado tu corazón.

El camino del entendimiento es el camino abierto a la mente. Conlleva una reflexión sobre las grandes preguntas de la vida: ¿Quién soy? ¿Para qué fui creado? ¿Qué significa mi existencia? Si sólo llegan a ti respuestas abstractas, sólo has hecho investigación mental árida. Pero la mente puede apasionarse por Dios, y entonces no puede descansar hasta no ver derribada cada ilusión que bloquee el camino. Cada uno de los cuatro caminos es un viaje de toda la vida, pero es posible que el camino del entendimiento sea el más estrecho. Debes tener un fuerte intelecto y una curiosidad insaciable. Pensar trae consigo sus propias alegrías, pero nadie podría decir que este camino está lleno de dicha. Al tomar a Sócrates como modelo, podemos ver que la sociedad no aprueba a los preguntones ni a quienes cuestionan el conocimiento recibido. Sin embargo, hay personas que no pueden dejar de pensar en Dios, a quienes la verdad de la realidad más elevada les satisface más que la dicha devocional.

El camino del servicio es el camino de la acción, encontrar formas de hacer el bien en nombre de Dios. La caridad es una manera de servir. Dar tu tiempo de manera desinteresada es otra. Pero se necesita más que buenas obras. La pregunta más profunda es descubrir qué acciones te acercarán más a Dios. Las religiones suelen apoyarse en la noción de que Dios quiere que hagamos ciertas cosas, como obedecer sus leyes, para ganarnos su favor. Yo creo que eso es, en su mayoría, política eclesiástica, una forma de mantener a los feligreses alineados. Al ser infinito, a Dios no le falta nada; por lo tanto, tampoco espera nada de nosotros. Nuestro amor propio limitado no es nada junto al amor ilimitado. El secreto del camino del servicio es deshacerse del ego, que sólo sirve para el "yo, mío y a mí". Para llegar a Dios, tu servicio debe ser a la vida misma, esto es, servir a todos los seres. Al tomar al Baal Shem Tov como nuestro modelo, vemos una existencia humilde que no necesita recompensas, sino que obtiene inspiración del dar.

El camino de la meditación es el camino de la conciencia. La devoción comienza con un sentimiento de alegría. El entendimiento empieza con un destello de percepción. El servicio comienza con un acto de humildad. Pero cuando emprendes el camino de la meditación sólo hay el ser. Para poder ser necesitamos sólo de una cosa: conciencia. Estás consciente de que existes. Un camino así podrá parecer exiguo si no es que polvoso. Ser no trae imágenes de diversión a la mente. No trae a la mente más que un vacío. Éste resulta ser el secreto, pues en ese aparente vacío está el principio de todo. La conciencia es el vientre de la creación. Todo lo que alguna vez pensarás, dirás o harás comienza aquí. En el camino de la meditación abrirás tu mente a una conciencia elevada como tu esencia misma. Al tomar á Juliana de Norwich como ejemplo nos damos cuenta de que éste es un camino solitario, porque la meditación requiere silencio y comunión con uno mismo. La gran ventaja de este camino es que el aislamiento no tiene que ser físico. Puedes meditar durante tu vida diaria. El tiempo no es un obstáculo si tu meta es lo atemporal.

Estos cuatro caminos fueron determinados en la India antigua hace miles de años. Han sido útiles y válidos para incontables generaciones. Diría también que son formas universales de alcanzar una realidad más elevada, no sólo formas orientales. Con el colapso de la fe como una herencia común, cada uno de nosotros debe emprender el viaje interior que escojamos, pero eso siempre ha sido verdad. Los santos y los sabios solían tener más prestigio del que tienen ahora. Las voces que oían no eran etiquetadas como alucinaciones esquizofrénicas, convulsiones *grand-mal* o síntomas de un tumor cerebral. Esas explicaciones surgieron en la modernidad tras dos guerras mundiales y el advenimiento de la bomba atómica, que minó por completo la fe de millones; el razonamiento vino después, casi como una idea residual, para justificar las enraizadas dudas sobre un dios piadoso y amoroso. Pero la "evidencia" médica está llena de palabras vacías porque cuando leemos el libro de Job, sobre Platón, san Pablo o Rumi, sus palabras sí significan algo. Nos estremecen lo suficiente como para sentirnos reconectados, sin importar qué tan breve o vagamente.

Prueba viviente

Para satisfacer a la ciencia, lo que necesitamos es algo que ya existe: el ciclo de la retroalimentación. Tu cuerpo funciona a través de una cantidad incontable de mensajes que se envían a trillones de células; estos mensajes crean una respuesta que las células devuelven al cerebro, y, según cuál sea esa respuesta, la siguiente tanda de mensajes será diferente. El cerebro escucha la retroalimentación y su conexión con el resto del cuerpo crea un ciclo. Sustituye ahora a Dios por el cerebro y a los humanos por las células del cuerpo. El ciclo de la retroalimentación permanece igual: mensaje y respuesta. Si sientes cualquier impulso de alegría, esperanza, belleza o fe, la fuente de ese impulso no puede estar fuera de tu propia conciencia.

Los mensajes divinos suceden dentro del campo de la conciencia. Si Dios estuviera fuera de la conciencia humana no existiría, al menos no para nosotros. El alcance de la realidad es infinito y eterno; esto siempre ha sido parte del misterio de Dios. Pero lo infinito y eterno se encerró en el tiempo y el espacio con la gran explosión, y lo mismo sucedió con la mente. Si la mente de Dios se limitara lo suficiente como para entrar en la mente de la gente ordinaria —que es el punto de Job, Platón, san Pablo y Rumi—, no sería un milagro. Nada dentro de los campos infinitos de la materia, la energía y la información que crea el universo visible puede conocerse hasta que sea reducido a una escala humana.

Einstein respetaba el misterio cósmico de manera que dijo que lo que más le sorprendía no era el universo sino el hecho de que podemos saberlo todo. Con esa misma actitud muchos científicos visionarios han empezado a reconocer que la conciencia es un campo de investigación y de estudio válido (en gran parte gracias a grandes avances en los mapeos cerebrales como las resonancias magnéticas). Algunos incluso llegan a considerar la espiritualidad como algo inherentemente humano: nuestros cerebros, nuestros genes y, por lo tanto, nuestros pensamientos están diseñados para buscar a Dios. Ésta es una aseveración alarmante con el trasfondo de la ciencia como la gran contraparte de la religión. No tenemos que pensar en ella como una afirmación: puede ser sólo una hipótesis.

Por ahora, llamémosla la "hipótesis del alma". Se puede formular sin siquiera hacer referencia alguna a Dios: somos seres conscientes que quieren saber de dónde viene su conciencia. Sólo la conciencia puede entender a la conciencia, de ahí que haya una larga tradición de viajes interiores. Los santos y los sabios del pasado eran los Einstein de la conciencia. Exploradores de la naturaleza de la realidad. Probaban la hipótesis del alma. Y si estos exploradores regresaron una y otra vez, siglo tras siglo, cultura tras cultura, con los mismos resultados, ¿por qué no darles validez a esos resultados?

De hecho, sus descubrimientos son sorprendentemente similares. La mente, dijeron, es como un río. En la superficie hay movimiento constante y turbulencia; la realidad se puede describir como cambio constante conforme el río fluye a través del tiempo y el espacio. Sin embargo, justo debajo de la superficie el río es más calmado y lento. No hay olas, y en la medida en la que entras a lo más profundo, la turbulencia de la superficie ya no se hace presente. La quietud predomina y en el fondo del río, si tiene la profundidad suficiente, el agua no se mueve en absoluto o su movimiento es imperceptible.

Nuestra conexión con Dios, entonces, es como ésa, entre una ola y las quietas profundidades. Un río es ante todo agua que fluye, pero la realidad en la superficie muestra ser muy diferente a la realidad más abajo. El gran descubrimiento de nuestros Einstein de la conciencia fue la revelación de que toda la conciencia es la misma. Si esto es así, no puede haber separación de Dios. Dios no puede morir, ni abandonar, ni ser indiferente como un creador despreocupado tras poner en marcha el mecanismo cósmico. Somos en esencia divinos porque Dios es sólo otro nombre para el origen y la fuente de la conciencia.

Ahora regresamos al ciclo de la retroalimentación. Si la mente de Dios es una versión infinita de nuestra mente, todos nuestros pensamientos son movimientos dentro de la mente divina. Es irrelevante si te dices creyente o ateo. La conciencia nunca deja de mandarse mensajes, en espera de una respuesta para luego ajustar la siguiente tanda de mensajes. Tenemos alma en tanto nos demos cuenta de que somos parte del ciclo de la retroalimentación. La única diferencia es dónde ponemos nuestra atención. Algunas personas se conforman con permanecer en la turbulenta superficie del río. Están fascinadas con la actividad constante, las idas y las venidas; la vida es un viaje en los rápidos. Pero nada impide a otras personas enfocarse en otro nivel de conciencia, en el que residen la calma, la paz, la sabiduría, el silencio y la inmensidad del misterio cósmico.

Mi mente vuelve en estos días a Rabindranath Tagore. Lo escogí como el explorador moderno de la conciencia y hay emotividad en su incansable viaje. Nació cuatro años antes del asesinato de Lincoln y murió cuatro años antes de que la primera bomba atómica estallara en la Prueba Trinity. Tanto como cualquier otra persona en la historia, Tagore sentía la urgente necesidad de escuchar un mensaje de amor eterno. En lugar de los arbustos en llamas o árboles bodi, el vehículo de Dios fue la conferencia de prensa en los muelles cuando el barco de Tagore atracó. Entre los terrores del siglo xx, qué asombrados debieron haber estado los reporteros mientras hacían notas sobre lo que él decía.

> Dejen que su vida baile con suavidad en la orilla del tiempo como el rocío en la punta de una hoja.
>
> El amor no reclama posesión, da libertad.
>
> La música llena el infinito entre dos almas.

¿Qué? Díselo a Corea del Norte y a Irán. Díselo a los genocidas en el Congo o a las seis millones de víctimas del Holocausto. El miedo y el terror son muy efectivos cuando quieres cortar cualquier comunicación con Dios. Cuando alguien se enferma, trillones de sus células reciben mensajes distorsionados y nocivos, y si las células mueren, pueden dudar que el cerebro exista o que piense en lo que es mejor para ellas. El rompimiento del ciclo de la retroalimentación conduce al aislamiento. Si peguntas: "¿Hay alguien ahí?" y no recibes respuesta, es natural sentir desesperanza e impotencia. La respuesta, hoy y siempre, es probar la hipótesis del alma por ti mismo.

Hay pistas más atractivas que nunca. La investigación neurológica nos ha provisto de la evidencia de que la conciencia es actividad elevada en la corteza. La física cuántica se encargó hace mucho de desmantelar el reconfortante mundo de los objetos sólidos y la limpia conexión entre causa y efecto. Hay razones de sobra para creer que el viaje interior no es una empresa de locos ni un delirio común impuesto por la religión organizada.

Es posible que sea necesario girar la cabeza hacia atrás para ver si la ciencia nos da su aprobación. Pero los poetas y los visionarios, los marginales y los místicos que constituyen el colorido tejido de nuestro pasado espiritual, sabían más. Al estar conscientes, nunca estamos lejos de lo divino, ni un solo segundo, incluso durante las noches más oscuras del alma. En algún lugar dentro de nosotros mismos deseamos reconectarnos y, si nos sentamos en silencio en esos momentos en los que la riqueza de la vida es demasiado abrumadora como para ignorarla, sabremos que Tagore tenía mucha razón:

> El amor es la única realidad y no es un mero sentimiento. Es la verdad definitiva que está en el corazón de la creación.

Y, ah, entonces nos damos cuenta de que hay alguien del otro lado de la línea.

Dios, de Deepak Chopra
se terminó de imprimir en mayo 2015 en
Drokerz Impresiones de México, S.A. de C.V.
Venado N° 104, Col. Los Olivos, C.P. 13210,
México, D. F.